博瑞森图书
BRACE

企业阅读 本土实践

管理 · 人文 · 生活

研发体系改进之道

靖 爽 / 陈年根
马鸣明 著

天津出版传媒集团
天津人民出版社

图书在版编目（CIP）数据

研发体系改进之道/ 靖爽，陈年根，马鸣明著 . —
天津 ：天津人民出版社，2019. 10
ISBN 978 - 7 - 201 - 15184 - 7

Ⅰ. ①研… Ⅱ. ①靖…②陈…③马… Ⅲ. ①企业创
新 - 创新管理 - 研究 Ⅳ. ①F273. 1

中国版本图书馆 CIP 数据核字（2019）第 185479 号

研发体系改进之道
YANFA TIXI GAIJINZHIDAO
靖 爽 陈年根 马鸣明 著

出　　版 天津人民出版社
出 版 人 刘 庆
地　　址 天津市和平区西康路 35 号康岳大厦
邮政编码 300051
邮购电话 （022）23332469
网　　址 http://www. tjrmcbs. com
电子邮箱 reader@ tjrmcbs. com

责任编辑 王昊静
特约编辑 李 羚
策划编辑 李俊丽
装帧设计 仙 境

印　　刷 河北宝昌佳彩印刷有限公司
经　　销 新华书店
开　　本 710 × 1000 毫米 1/16
印　　张 17. 75
字　　数 282 千字
版次印次 2019 年 10 月第 1 版 2019 年 10 月第 1 次印刷
定　　价 168. 00 元

导读

研发体系对企业的重要价值不断凸显，各种研发管理模式也层出不穷，它们各具特色、各领风骚。在近二十年的研发改进工作中，笔者一直努力汲取其精华，以充实自己的咨询工具库；也曾经试图提炼一套普遍适用的研发体系模型，以解决研发管理中形形色色的实际问题。然而在经历了大量的管理变革和改进过程之后，笔者开始反思以下问题：

➢ 为什么在 A 公司获得成功的管理模式，在 B 公司却困难重重？即使是下定决心、削足适履，也无功而返？

➢ 为什么试点运行时表现良好的管理体系，却无法获得更大范围的推广，研发体系重回原来的轨道？

➢ 是否存在一套优秀的管理体系，或是一套系统性的改进方法，能够为企业的研发体系带来真正的价值？

为了令人信服地回答上述问题，我们需要重新审视研发体系改进的本质：**针对企业研发领域的主要矛盾和业务需求，设计有效的改进方案，并在企业中落实，最终达到改进目标**。

研发体系改进的主要难点，来自每个企业特点和改进需求各不相同，各种典型的管理模式也存在很大的差异性，寻求契合改进方案的过程类似于将钥匙和锁进行准确的匹配，然而这个匹配工作颇具挑战性。

是否存在有效的方法，指引我们去获得契合的改进方案，提高企业研发改进的成功率和实施效果？

业界标杆公司的战略布局和优秀实践总是令人心驰神往，但受制于行业发展、资源配置和历史沿袭，每个企业均有其适当的阶段性目标，而不是一味地对标标杆公司。本书的主旨并非全面展示研发体系的各种优秀实践，而是提出一套系统性的方法与工具，指引企业务实地开展改进工作，少走弯路，提高成功率。在我国数量庞大的企业中，每时每刻都进行着研发体系的改进工作，如果能够使其更有效率、降低无谓的资源浪费、快速获得商业回报，就能把全部企业的收益累积起来，获得一笔巨大的社会价值。因此，笔者认为这是一项意义非凡的工作！

本书包括六个章节，主要内容如下：

第 1 章，阐述企业研发体系、管理体系的构成要素，揭示了研发体系的本质特征。

第 2 章，对企业研发体系进行深入调研，重点介绍聚焦核心问题的方法。

第 3 章，重点介绍研发改进方案的设计步骤，并从实战角度展现了研发体系典型模块的改进思路。

第 4 章，对解决方案进行验证、锤炼、优化、优选，目的是获得高质量的、成熟的解决方案。

第 5 章，重点介绍将解决方案在企业中落实的典型步骤和实施风险的应对措施，以及研发管理信息化系统的建设方法。

第 6 章，全景展示企业研发改进的工作历程，并指出研发改进的发展方向。

本书的全部案例均取材于长期的研发管理咨询和培训工作，由于保密原因，略去了公司名称和行业背景，但并不影响对案例本身的理解。由衷地感谢笔者在咨询项目中的合作伙伴和企业研发管理者，是你们提供了深入理解企业研发体系的机会，给予了本书的创作源泉。尤其是深圳市汉捷研发管理咨询有限公司的总经理胡红卫先生，对本书提出很多宝贵的指导意见，使得内容更加务实和系统，在此对胡总表示深切的谢意！

目录

第5章　推行解决方案

第6章　研发体系改进实践

第 1 章

研发体系改进概述

企业在向标杆公司学习的过程中可谓不遗余力，为何有的成绩斐然、有的却乏善可陈？是否存在切实可行的改进途径，让企业的研发体系获得实实在在的提升？若想获得真正的答案，需要从认识研发体系的本质入手。研发体系的内涵与构成是什么、什么样的研发体系才能称之为卓有成效、如何看待著名的研发管理体系，本章将会为您逐一揭晓这些关键性的问题，澄清一些广为人知，却又似是而非的观念，以冷静务实的态度去审视研发体系的改进工作。

当我们在进行研发体系改进时，可曾考虑过研发体系的范围是什么？它包括了哪些要素？研发体系及其管理体系是否存在区别？看似简单的问题，实则决定了开展改进工作的边界和所能采用的措施。

比如面对研发资源紧张的状况，如何着手缓解？

我们可以将资源短缺分为绝对和相对两种情况：前者是指研发任务安排过度，资源已经满负荷运转，但是仍然无法满足需求；后者是指工作分配不合理，忙闲不均，资源使用效率不高。对于前者，有效的应对措施是增加资源、按照优先顺序减掉部分任务；对于后者，当务之急是通过管理改进，优化资源配置、减少窝工。

当我们没有意识到研发资源是研发体系中的一个重要组成部分时，就会将增加资源排除在解决方案之外。即使在管理改进方面做再多的努力，也无法对绝对性的资源紧张问题有实质性改善。

接下来，我们就从认识研发体系的范围谈起。

1.1 研发体系与管理体系

1.1.1 研发体系：管方向、管人、管事和管技术

某上市公司的股价阶段性表现不佳，公司领导要求各个部门寻找原

因。该公司的研发主管向笔者寻求帮助，期望笔者提供一套标准的度量指标，用于评价研发体系的运作效率。实际上，他的目的是想证明公司股价低迷并非研发体系低效所致。我们仔细考虑了诸多度量指标及各种组合，发现都不能准确、全面地衡量研发体系的运作状态。

在整个过程中，试图将研发体系从公司整体运营中隔离出来，单独评价它的成功与否，不但很困难，而且感觉很别扭。

研发体系作为企业的一个重要组成部分，和企业内部的诸多单元、企业外部的市场环境有着千丝万缕的联系。如图 1－1 所示①。

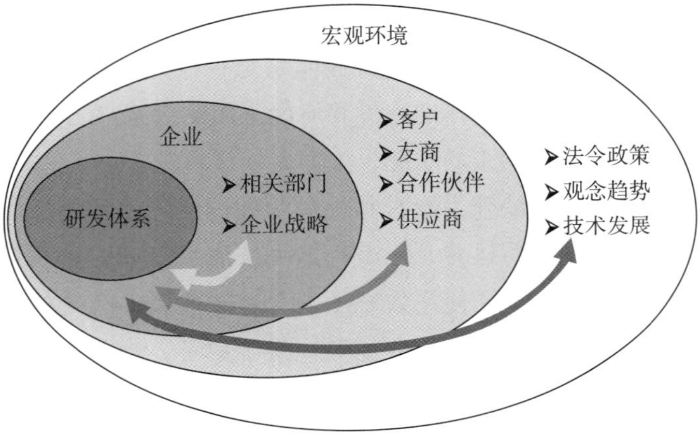

图 1－1　研发体系与外部环境的关系

外部环境时刻发生着变化，因此研发体系的运作是一个动态匹配的过程。比如某通信设备制造商力图转型为解决方案供应商，这需要研发体系从更高层次去理解和实现客户的业务需求，提供系统的整合能力，原来的竞争对手可能会转化为合作伙伴；某研究所在技术市场化的进程中，高端技术研究不再是关注重点，市场机遇的识别与把握、利用技术构建竞争性产品则成为该研发体系急需补足的短板。因此，评价一个企业的研发体系，需要将其放在相关环境的大背景中，否则无法解释很多曾经的业界翘楚为何如今难现辉煌。

研发体系是指企业履行研发职能的全部要素的集合，尽管不同企业中研

① 见 Karl T. Ulrich 所著的《产品设计与开发（原书第 5 版）》。

发体系的形态和组织方式存在很大差异，但是都包括产品、团队技能、管理体系和技术积累四个要素，分别对应着管方向、管人、管事和管技术。如图1-2所示。

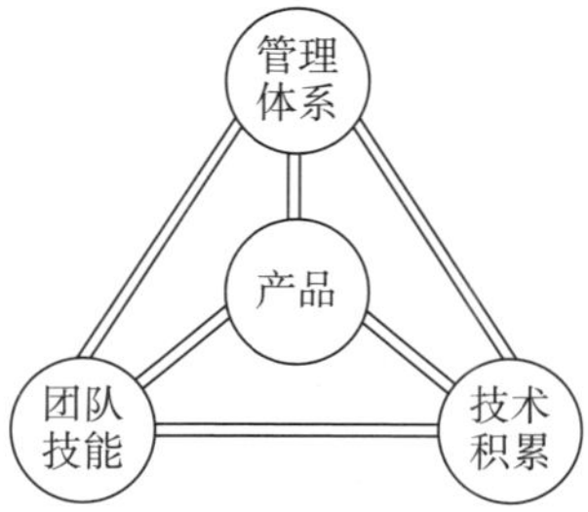

图1-2　研发体系要素

◎产品

即企业研发的产品。产品取决于企业战略，随着企业的发展，其方向和定位也在与时俱进。产品在研发体系中至关重要，可以称之为“定海神针”，决定了研发体系中的其他要素。

国内某手机厂商A，原本以研发面向运营商市场的中低端机型为主，随着竞争形势和公司战略的调整，A厂商期望转型主打大众市场，并且瞄准了高端机型。A厂商的主要做法是打造独立的品牌、在大众市场上大手笔进行广告营销、在原有产品上增加高端特性（比如金属外壳、大屏幕、高分辨率），结果产品上市后反响不佳，A厂商的转型之路走得颇为艰辛。

可以看到，A厂商力图在产品上有所突破，但并没有意识到运营商市场和大众市场是有本质区别的，在产品定位、功能规格和质量标准等方面都存在极大差异。即A厂商需要以开发新产品的方式来进入这一市场，而不是简单升级和包装既有产品。其研发团队的业务能力、技术积累还停留在原有水平，同时也沿用了原有的研发模式。结果新推出的产品和已有产品基本类似，与大众市场的需求并不相符，导致其市场转型失败。

相反的情况发生于某通信设备制造商B。经过多年的发展，B公司形成了比较成熟的产品系列平台，多数的研发项目是在现有产品基础上进行功能增强和局部优化的，项目难度低、数量多。

B公司现有的产品开发流程是早期面向全新产品开发而制定的。此流程尽管能够保证产品质量，但无法满足目前技术复杂度低、周期短、项目数量繁多等要求。因此，B公司对原有的研发流程进行了大幅度裁剪，定义了一套符合当前产品特征的研发流程和项目管理制度。通过实际项目验证，这种看起来“非常简陋的”流程却能够很好地满足实际需要，为项目团队节省了宝贵的时间和精力，使得项目团队从“带着镣铐跳舞”改为“轻装前进”，产品质量也没有受到影响。

产品是整个研发体系中的核心，也是研发体系的最终产出，它直接决定了研发体系的其他要素。如果企业的技术积累、团队技能和管理体系不匹配产品本身的要求，市场将会做出严厉回击。也就是说，产品特征决定了研发体系，而不是相反。

◎团队技能

团队技能是研发体系中最活跃的要素，它体现了研发团队的业务能力和开发效率。尤其是那些关键性能力，比如需求掌控能力、业务理解能力、系统工程能力、工艺设计能力、项目管控能力等，是一个企业的研发体系区别于其他企业的主要特征；没有关键能力支撑的研发体系，无论看起来多么漂亮，研发出的产品实则“泯然众人”。

当业务迅速发展时，企业通常会历经关键性资源的工作量不饱和、逐渐趋于饱和、直到资源冲突与短缺的状态。如果管理者未能意识到业务发展将造成资源短缺并及早进行资源储备，在关键性资源短缺的矛盾变得异常突出时才诉诸管理体系的优化去化解矛盾，往往收效甚微。

值得注意的是，“所发挥出来”并不等同于“实际拥有的”。如果配置不当、激励错位，团队无法发挥出应有的绩效。反之，团队在关键时刻能够克服困难，超水平发挥，就会像徐向前元帅“坚持最后五分钟”① 战斗

① 在临汾战役的关键时刻，徐向前元帅号召全体指战员“坚决、勇猛、顽强坚持最后五分钟，争取解放临汾的胜利”。按照他的指挥，我军全歼了守敌。

号令一样取得胜利。

团队研发能力与研发管理体系（主要体现在研发流程领域）之间，有什么关系？让我们看一个比较极端的案例。

前 Sun 的首席科学家 Bill Joy①，曾在 Berkeley 时主持开发了最早版本的 BSD②。1980 年初的时候，DARPA③要求在 BSD 里加上 BBN④ 开发的 TCP/IP 代码。但当时还是研究生的 Bill Joy 拒绝把 BBN 版 TCP/IP 加入 BSD，因为他觉得这个版本的 TCP/IP 写得不好。于是他自己出手，很快就写出了高性能的伯克利版 TCP/IP。当时 DARPA 斥巨资请 BBN 开发 TCP/IP 代码，谁知他们的代码还不如一个研究生的好。

BBN 问："你怎么写出来的？"

Bill Joy 答："简单，你读协议，然后编程就行了……"

如果按照现在典型的软件开发规范来评估，Bill Joy 的开发方式显然是不合格的：没有需求和设计文档、没有项目计划、没有充分评审、没有测试计划、没有配置管理，简直就是不良研发项目过程的标本！但是对于 Bill Joy 本人来说，却是最适宜的。这里，笔者并非否定规范的重要性，而是强调企业要以当前团队技能为基础，去构建自己的研发管理体系。

即使处于同行业的不同公司，由于研发团队技能的差异，在流程执行细节和复杂程度上也会呈现出明显不同。一般来讲，团队研发能力越强，流程制度越简练，尽量减少冗余环节和沟通成本，释放团队的最大效率。反之，研发能力越弱，则需要更加细致的流程制度，力求通过详细的规范去保证产品质量。

团队技能需要以适当的研发资源作为支撑。某高科技公司 C 非常重视

① Bill Joy，美国著名计算机科学家，创立了 BSD 和 Vi 编辑器。1982 年，联合创立了太阳微系统公司（Sun Microsystems），并作为首席科学家直到 2003 年。

② BSD，Unix 的衍生系统。

③ DARPA，Defense Advanced Research Projects Agency，美国国防高级研究计划局。

④ BBN，美国高科技公司，曾经参与 ARPANET 与 Internet 的最初研发，现为雷神公司的子公司。

产品规划工作，为此配置了专门的规划团队，规划成果也被公司上下认同。然而在执行过程中，项目却无法按照预期落实。咨询师仔细评估了C公司研发人力资源的负荷情况，发现关键性资源总是处于超负荷状态，源于规划时并没有充分考虑到人力资源的配置，导致执行时捉襟见肘。

◎技术积累

“在一个企业构筑研发能力，最具挑战的是对传统思维和传统商业逻辑的巨大冲击。”2017年度金蝶用户大会上，华为技术有限公司轮值CEO徐直军先生在演讲时坦陈：“因为研发的投入不可能立即带来效益，说三五年之内研发投入就能挣钱，没有这回事儿。尤其是我们搞研究，五年内要盈利几乎是天方夜谭。华为历史上走过的就是这样的一条路，每进入一个产品、一个产业持续研发投入，我们在相当长时间内是挣不到钱的。我们统计了一下，每进入一个产业，平均的当期盈亏平衡点是8年，对现在很多企业而言，投资研发要在8年之后才能创造效益，可能是很难接受的。但是我们又有一个深刻体会，只要持续投入，依旧能在这个产业上赶上来实现领先，最终在全世界领导这一行业。”

在研发领域长期不懈的、代价高昂的投入，使得华为构筑了坚实的研发能力。企业技术积累并没有捷径可寻。在李连杰主演的功夫电影《霍元甲》中，霍师傅教训徒弟时说道：“想练武，就得下功夫！功夫就是靠时间磨炼出来的！这一拳二十年的功夫，你们挡得住吗?”技术积累和练武有些相似，都是资源和精力磨炼出来的。一些企业在竞争中获得了令人瞩目的成就，实际上多是技术积累厚积薄发的结果。

技术积累包括企业对产业和技术的理解与储备、技术平台的建立与运用。企业技术水平与产品战略相匹配，则会提升产品实现的质量和效率，让市场成功显得“轻而易举”。反之，将阻碍产品战略的落实，令企业错失市场机遇。

以制造电动车而闻名于世的特斯拉公司，在Model3的量产过程中出现了问题：2018年2月20日至24日停产，特斯拉官方声明：“停产的这几天主要是用于提高Model3的自动化水平，并系统地解决Model3生产的瓶颈问题，以提高生产率。事实上，这种情况在生产中很常见。”

经历了生产线停产改进，特斯拉2018年一季度末Model3单周产量为2020辆，低于2017年年末财报给出的2500辆每周的目标。

特斯拉就像一颗耀眼的明星，在新能源汽车领域迅速崛起；但作为汽车工业的一员，特斯拉还是后来者。老牌汽车巨擘成熟的汽车自动化制造能力，却成了特斯拉在短期内难以跨越的障碍，归根结底是在该领域的技术积累不充分，无法满足业务快速发展的需要。如果特斯拉无法适时解决Model3的量产问题，其竞争对手将会利用这个机会实现赶超。

技术积累取决于企业研发的产品，但也不能局限于当前产品，而是需要以前瞻性的市场判断为基础，并始终为产品目标服务。

某软件公司主要向个人用户提供工具软件。为了进一步扩大市场规模，该公司决定进入企业级市场。在产品规划阶段，该公司充分考虑了两个市场的主要差异：相比个人用户，企业级用户需要产品功能更加完善、满足企业特定的业务模式、对数据进行高效安全的访问与管理。该公司决定技术先行，成立专门团队对业务流程引擎、大型数据库应用、大数据量的并发处理、信息安全与权限控制等专题进行技术储备。充分的技术积累为该公司新产品研发工作奠定了坚实的基础，使其顺利进入企业级市场。

技术积累还体现在企业的研发工作是否基于成熟而稳健的产品平台。产品平台可以使系列产品实现最大程度的共享，提高产品的研发效率和交付质量，同时也降低了对研发团队的技能要求。

某工业电源制造公司，根据其产品的技术特征划分了若干典型的产品系列，组建专门团队负责产品平台的建设与推广。产品开发团队则是在平台基础上根据用户的具体需求去构建产品。

通过两年多的努力，该公司70%以上的产品系列迁移到平台来开发。从统计数据看，基于平台的定制开发项目周期缩短至原来的1/3左右，交付质量与原来相比并不逊色。

随着行业发展，技术积累并非局限于单纯的技术领域，而是拓展到解决方案、业务平台等更加广泛的范畴。“降维攻击”出自科幻小说《三体·死神永生》，指的是由二向箔触发的三维降至二维的攻击。这个词在互联网领域曾经很时髦，大家普遍认为互联网企业通过拔高自己的维度而碾压传统行业，直接导致其毁灭，就像滴滴打车对传统约车行业形成的竞争优势。当技术积累达到一个崭新平台时，在此基础上构建的产品，将比上一代产品具有颠覆性的竞争力。

1.1.2　研发管理体系：并非只有流程

研发体系中最主要的工作就是产品设计与研发，研发领域的问题也集中体现在这项工作上面，因此很多情况下我们将研发流程的优化作为改进重点，但是研发管理并非仅仅是流程体系。进一步讲，流程体系也并非仅限于产品开发流程。

研发管理体系是企业在研发领域中当前阶段所执行的一整套管理机制。主要包括研发流程体系、研发组织模式和绩效管理体系三大要素。如图 1－3 所示。

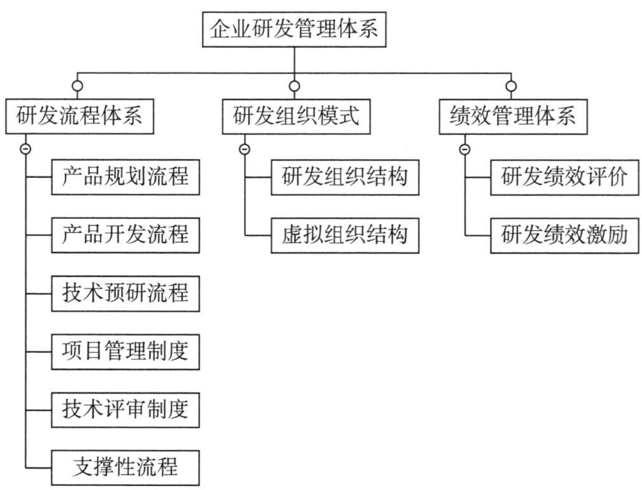

图 1－3　研发管理体系

➢ **研发流程体系：**主要包括从产品孕育直到推向市场的主干流程和相关支撑流程，典型的研发流程包括产品与技术规划流程、产品开发流程、技术预研流程、项目管理制度、质量管理制度、货架技术管理制度等。

➢ **研发组织模式：**主要包括两个维度：一个是显性的组织结构，从企业研发组织结构图上一目了然；另一个是虚拟组织，由于很多研发工作需要跨部门、跨专业去配合执行，同时对研发周期也有明确要求，因此很多情况下采用矩阵式的组织模式，比如产品研发团队、规划与决策团队都需要跨专业的虚拟团队去完成。

➢ **绩效管理体系：**包括研发体系不同层面的绩效评价与激励机制，牵引着研发体系的运作，影响了研发团队的工作投入和积极性。

这三个要素共同构成了研发管理体系，每一项都无法或缺，而且三者之间需要相互匹配。

比如研发管理者感觉研发绩效管理比较困难，不容易客观地评价研发团队和工程师的工作绩效。究其原因，可能在于企业缺乏明确的研发流程和项目评价标准，项目团队的工作目标不清晰，也有可能源自矩阵式的组织模式对绩效管理带来的较高要求。因此，无法简单评论某种绩效考核方式的优劣，每种方式都有其适用场景。

某公司为了解决产品研发中各职能协作不顺畅的问题，建立跨部门的项目团队，共同负责开发工作。但是实际执行情况却不理想，原因是该公司还执行着原来基于部门运作的开发流程：流程和组织模式的不匹配，造成了项目团队不知道如何配合协作，更谈不上解决协同不畅的问题了。

1.1.3 研发体系运作的奥秘

当我们观察一个企业的研发体系时，常常会认真阅读其组织结构图和流程体系文件，期望从中发现需要改进之处。笔者在阅读的同时，会在脑海里浮现这些流程和团队运作的场景，考虑他们是如何衔接、如何配合，甚至发生了什么矛盾，之后再带着这些疑问去深入了解。

同样的管理模式，是否会获得类似的工作成果呢？我们不妨回顾一个著名的励志寓言。

三个工匠正在盖教堂。看到三个人正在砌墙，一个行人问道："你们都在做什么？"

第一个工匠说："我在砌墙，天天都重复同一个动作，非常没意思。"

第二个工匠说："我拼命干活，为的就是养家糊口。"

第三个工匠回答的时候，望着远方，略有沉思，他说："我正在盖一座教堂，建成之后，它将成为这里最神圣的教堂，成为人们心灵皈依的净土。当人们在这里祷告后，洗去俗世的疲乏，面露微笑地步出教堂时，我与他们一样满足，我使人们的心灵得到慰藉，这里边永远有我的一份成就。"

从上述寓言中，我们可以强烈地感受到人的主观能动性是非常重要的因素，人是要有点儿精神的，对待工作的态度不同，体现出来的工作效率和质量也会不同。我们审视企业的研发体系，就需要将其看作一个动态运作的过程，单凭静态的流程或组织结构，我们无从探究其中真正的奥秘。

产品、团队技能、技术积累和管理体系构成了完整的研发体系，但是它们在体系中的地位并不相同。其中：

➢ 产品定位最为核心，它直接决定了资源配置、管理模式和技术积累的方向，因此顺应市场对产品的需求是企业研发体系有效运作的前提。

➢ 团队技能最为活跃，它不仅取决于研发组织的规模，更取决于研发组织的质量，即关键性资源是否与产品研发的业务要求相适配。

➢ 技术积累最为基础，却是产品进化的坚实根基，好比牛顿所说的"巨人的肩膀"：如果没有超越竞争对手的技术沉淀，仅靠一两款产品的成功无法长期维持企业的生命力，持续的市场成功需要孜孜不倦的技术积累。

➢ 管理体系最为全面，它就像无处不在的纽带一样将研发体系的诸多要素有机衔接起来，使之发挥最佳效能。

研发体系中各要素的内在关系，如图 1－4 所示。

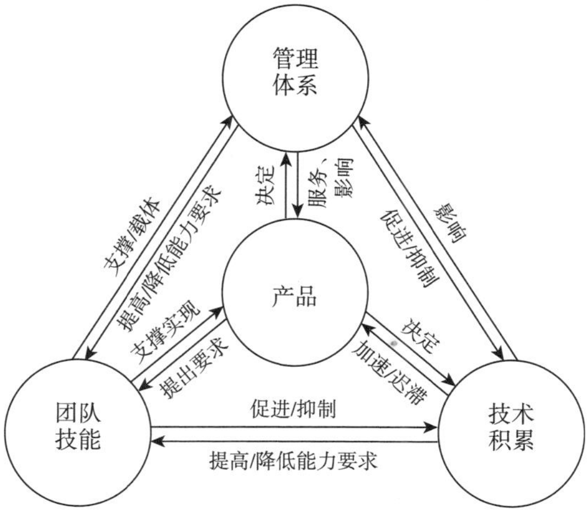

图1－4　研发体系中各要素的内在关系

以手机行业为例，在1G时代（即大哥大时代），摩托罗拉是当之无愧的王者，技术水平无出其右；到了2G时代（以GSM、CDMA95为代表），三星、诺基亚等公司迅速崛起。摩托罗拉曾经嘲笑三星“换个壳子就是一部手机”，却忽视了由于大规模集成电路的引入，其引以为傲的技术储备不再是必要的，再加上无法贴近用户，于是摩托罗拉渐渐被市场所抛弃。历史总是惊人的相似，同样的故事在诺基亚重演，随着iPhone横空出世，智能机迅速取代了功能机，曾经每秒卖出14部手机的诺基亚很快就被苹果所颠覆。未来，类似的故事或许仍将继续重复下去。

当诺基亚被微软收购时，CEO约玛·奥利拉沉痛地表示：“我们并没有做错什么，但不知为什么，我们输了。”

摩托罗拉、诺基亚这些昔日王者，为什么会令人惋惜地没落？

审视研发体系的诸多要素，其技术储备、管理体系、业务专家都没有多大的变化。但是，时代变了、客户变了、竞争对手变了，导致市场对产品要素的定义发生了变化。而这些公司却没有意识到这种变化，或是没有能力去拥抱这种变化。一方面，其研发管理体系还是沿袭以往的状态，按照典型的评价标准来看，甚至更加规范和成熟；另一方面，其研发体系不再适应于市场发展，不再像以往一样具备方向和效率。

研发体系中四个要素相互影响和制约，不断形成一个动态平衡，但是却无法彼此替代。比如企业进入一个崭新的产品领域，在缺乏技术积累的情况下，即使投入充足的研发资源，研发出来的产品在稳定性、可靠性方面也无法迅速达到该领域的主流水平；市场竞争对产品的功能和质量提出了更高的要求，企业却没能及时将混乱、随意的研发管理体系进行有效的规范，产品逐渐丧失竞争力，企业于是错失了有利的发展机遇。

一个醉汉在路灯下不停地转来转去找东西，路人问他丢了什么，他说家门钥匙丢了。路人帮他一起找，结果翻了几遍都没找到。

路人就问："你在哪里丢的钥匙？"

醉汉说："我一出家门钥匙就丢了。"

路人大怒："那你到这里来找什么？"

醉汉振振有词："因为只有这里有灯光啊！"

同样的，在进行研发体系改进时，如果无法准确辨析问题出现在哪个领域，就有可能像这个醉汉一样，无法寻求到解决问题的真正钥匙。通过了解企业研发体系和研发管理体系的内涵，可以使我们从更广泛的角度去审视研发体系的问题，进而提出合理的解决方案。

某公司从事数据通信产品的研发，其现有的低端路由器产品已经在市场上获得了良好口碑。在此基础上，该公司决定进军高端市场，以获得更大的利润。Router 1000 产品就是其倾心之作。为了研制好 Router 1000，该公司组建了骨干团队，采用严格的产品研发流程，进行了大量的技术论证和产品测试，流程中每个环节都做得认真细致，研发团队也竭尽全力。但是产品发布后仍然无法和竞争对手匹敌，出现了产品稳定性偏差、部分关键技术指标不达标、兼容性不佳等问题。导致公司上下对 Router 1000 产品的信心滑坡，对进军高端市场犹豫不决。

压力重重的产品研发团队很是郁闷，特请教咨询师：Router 1000 的问题到底出在哪里？如何通过研发管理体系的建设来解决上述问题。

孤立的分析其产品研发过程，很容易从管理中寻求问题，苛求于产品定义完整性、技术预研广度与深度、技术评审的质量、功能性能测试的充分性、项目进度控制严格程度等。假使该项目团队采用了一套更加“理想”的研发流程，在实际工作中是否能规避上述问题？

不必期待这会带来根本性的好转。在 Router 1000 研发体系的要素中，待开发产品是确定的，但是研发团队技能和技术积累这两个要素并没有达到高端产品研发的要求，即使有严格的管理体系加持，也无法弥补短板。因此，切实的改进建议是：短期而言，工作重心是招聘和投入更加资深的技术力量、对产品实施技术攻关，使产品尽快稳定下来；长期而言，需要在团队技能和技术积累两个方面做出更多努力，以保证在高端市场的竞争中具有韧性。

1.1.4 超级工程、乐高与探险

研发体系改进工作需要进行独立思考，但并不意味着改进者可以不受束缚、天马行空地寻求解决方案。它需要遵循一定的基本规则，其中很重要的一条就是产品要素对研发体系具有决定性作用。下面我们列举了三个常见的、特征鲜明的研发体系，形象地称之为超级工程、乐高和探险。如表1－1所示。

表1－1　超级工程、乐高和探险

类型	超级工程	乐高	探险
产品	对企业具有重大意义，业务风险、技术难度和研发工作量大，需要大量投入资源、技术、资金；比如5G通信系统、新型号高速列车等产品的研发	主要是对基础产品的改进与增强，此类产品的技术难度和研发工作量不大，项目数量较多，比如 Android 系统的迭代版本、针对行业客户定制的电气设备等产品的研发	对公司未来业务发展具有价值，尚未有成熟的产品标杆，技术难度和业务不确定性极高，比如第一代智能手机、下一代 OLED 显示面板等产品的研发
团队技能	系统工程、各专项领域的业务骨干；充分的研发资源配置；跨职能的管理专家	小规模的开发团队，具有迅速理解业务需求、解决方案创新、高质量定制的能力	具有技术趋势把握、技术攻关的能力
技术积累	关键技术的预研和储备	产品平台和共享技术的成熟与储备	积极吸纳相关研发成果，与行业机构进行合作

续表

<table>
<tr><th colspan="2">类型</th><th>超级工程</th><th>乐高</th><th>探险</th></tr>
<tr><td rowspan="3">研发管理体系</td><td>流程体系</td><td>➢产品规划和业务策略，保证产品商业成功
➢重量级的跨部门协同的产品研发流程和项目管理机制
➢严谨的支撑性流程，比如质量管理、技术评审等，保证产品的高质量交付</td><td>➢平台化的研发模式
➢高效的产品立项流程
➢简洁、灵活的产品研发流程，在保证质量的前提下快速交付产品</td><td>➢迭代式的研发过程
➢阶段性评价工作成果、确定后续工作方向</td></tr>
<tr><td>组织模式</td><td>矩阵式或者项目式的组织模式，实现跨部门的有效协作</td><td>以开发为主的小规模团队</td><td>以研发为主的小规模团队</td></tr>
<tr><td>绩效管理</td><td>面向商业成功、推动跨部门运作</td><td>促进产品快速交付</td><td>营造宽松氛围，促进研发成果的实现与转移</td></tr>
</table>

➢ 超级工程类产品的显著特征就是庞大和复杂，它几乎卷入了企业全部的专业领域和优秀资源，稍有不慎，将会令企业损失惨重、苦不堪言。为确保不出现重大商业和技术风险，超级工程需要采用重量级的管理流程。

➢ 乐高类产品强调的是快速交付，因此它必须以技术平台为基础进行开发，平台的适用性和团队的开发能力对产品成功产生了重大影响。

➢ 探险类产品代表着企业的未来，因此企业需要为此类产品提供一定比重的资源，营造宽松的氛围则有利于“探险”顺利。

如果产品特征和其他要素未能形成匹配，会出现什么情况呢？

设想将探险类的研发体系套用到超级工程类产品，由于缺乏结构化的研发流程和严格的管理监控机制，产品研发将会出现跨部门协作不顺畅、项目进度延期、质量缺乏保证等突出问题，这些都会对产品的市场成功造成负面影响；如果像超级工程一样去管理乐高类产品，项目团队将会对繁文缛节般的流程制度叫苦不迭，开发进程被拖慢，企业也会由于无法及时推出产品而丧失市场机会。

很多企业的产品类型并不单一，研发体系就需要包容主要的类型。比如某通信设备公司，产品类型包括复杂的程控交换设备、简单的网管软件，以及前瞻性的小型化通信设备。由于产品特征不同，其研发体系也呈现出较强的差异性。如果试图采取单一的研发体系，就会造成某些产品的研发效率和效果不理想。好比一套不合体的衣服穿在身上，上衣合适的时候裤子太长，裤子合适的时候上衣又太短，总是无法获得全部的适配。

IPD① 作为成熟的研发管理体系，集成了业界优秀的理念和管理实践。总体来讲，IPD 适用于以超级工程类产品为主的研发体系。根据企业产品的特征，对 IPD 体系进行适当调整，可以使其适用性大为增强。比如以 IPD 中典型的产品研发流程为基础，进行流程裁剪，使之分别适用于超级工程类产品和乐高类产品；通过产品规划和技术规划的有效衔接，使产品平台建设和技术开发都服务于产品线的持续市场成功，可以兼顾各类产品对技术储备的需求。

在进行研发体系改进时，首先需要准确把握产品的特征，进而关注研发体系中其他要素的匹配性。当产品方向发生重大调整时，其他要素也需要随之进行调整。下面是一个研发体系改进案例，它展现了研发体系内部各要素在产品进化过程中如何保持了匹配关系。

在轨道交通领域迅速发展的阶段，为了抢占市场机会，H 公司建立了一个技术能力和业务经验过硬的精干团队，适时推出信号监控系统，抢占了市场先机，获得了用户的认可。当然，由于市场并不成熟，也没有形成行业标准，因此产品并不完善，在稳定性、兼容性和管理能力等方面与用户的实际需要还存在一定的差距。鉴于该产品具有良好的市场空间，H 公司决定在研发领域加大投入，积极开发后续产品，力图提升其竞争地位。

在上述背景下，该公司应该如何扩充其研发体系？

对于 H 公司而言，首先需要判断“产品”这个要素在不同阶段的典型特征，由此获得其他要素的建设重点，再确定研发体系主要的改进思路。

以当前时间点为界，H 公司的产品开发过程分为两个阶段。如图 1－5 所示。

---

① IPD，Integrated Product Development，集成产品开发体系。IPD 的思想来源于美国 PRTM 公司的 PACE（Product And Cycle-time Excellence）理论，在这套理论中详细描述了业界最佳的产品开发模式所包含的各个方面。经过 IBM 公司的成功内部实践及优化发展，IPD 已经成为一套包含企业产品开发的思想、模式、工具的系统工程。

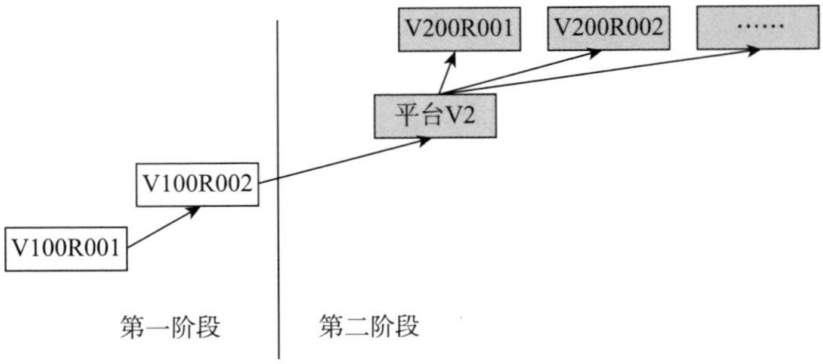

图 1－5　产品开发过程

第一阶段已经完成，主要开发了两个版本，后一个版本是对第一个版本的增强。由于研发周期比较紧张，第一阶段的产品本身并不稳定，技术构架也无法支撑复杂的使用场景；第二阶段的研发工作尚未开展。

根据产品的现场使用反馈和市场发展趋势分析，H 公司认为未来产品需要具备适用多种使用场景、灵活配置业务流程、大数据处理能力等核心功能。因此，第二阶段可以考虑以平台化研发模式为主进行产品开发，在建立高可靠性产品平台的基础上，通过定制满足客户的多样化需求。

对于 H 公司研发体系的要素及其主要特点。如表 1－2 所示。

表 1－2　H 公司研发体系的要素及其主要特点

要素	第一阶段	第二阶段
产品	以快速推出具备基本功能产品为目标，抢占市场先机	功能完善、数据业务处理能力强、质量可靠、易于操作 快速响应客户需求
团队技能	精干的、小规模的研发团队	业务和技术专家团队负责系统规划/架构设计 大规模的研发团队负责产品需求实现、验证与部署
技术积累	推出基础版本产品为主，并非有意识的技术积累	深入理解用户业务管理模式 掌握关键性技术 初步建立产品平台
管理体系	过程简要、强调速度、牺牲一定程度的质量	建立平台研发、定制研发的流程 形成初步的研发项目管理机制 建立平台研发团队、产品开发团队 对研发项目进行基本的度量管理和绩效激励

根据上述分析，两个阶段中的产品定位发生了本质变化，并且对研发体系中的其他要素均提出了更高要求。因此，H 公司研发体系建设的重点

工作包括产品平台规划、组建相应的研发团队、建立基本的产品开发流程和项目管理机制、构建产品平台、建立产品需求管理机制等，而相关工作的起源是对市场的前瞻性判断和产品路标规划。

限于篇幅，H公司研发体系建设的工作细节此处不再展开。

1.2 卓有成效的研发体系

在通信行业发展初期，A企业采取跟随和替代策略，重点布局中低端市场，集中力量研发出颇具竞争力的产品，取得了多年的迅猛增长。随即A企业期望在高端的市场有所收获，但其管理粗放的弱点随之显露出来（聚焦于研发体系）：

➢ 研发缺乏市场导向：研发团队对产品的市场成功并不敏感，对新技术、新方案、新器件却津津乐道。导致设计成本居高不下、器件通用化率低、研发浪费严重、产品可维护性差等。

➢ 产品质量堪忧：由于对产品可靠性和可服务性考虑不到位、产品验证不充分，导致产品在使用阶段出现很多问题，迫使技术服务部门投入更多的资源。服务工程师调侃说“我们不是在用户现场，就是在去现场的路上”。

➢ 成本控制不力：与销售额增长相反，企业利润出现下滑，主要原因是研发、服务和销售费用的增长幅度均大幅高于销售额。

A企业的研发体系显然无力支撑企业战略目标的达成，主要包括来自内部和外部两种因素：

➢ 从外部来讲，市场竞争形势对产品的功能完整性、质量可靠性方面提出了更高的要求，这种要求在该企业进军高端市场的业务目标下显得尤为突出，研发体系却未能及时适应这种转变。

➢ 从内部来讲，其研发体系以一种无序、短视，甚至救火的方式运作，研发资源平均产出低下和关键资源短缺的问题交织在一起，整体运作效率并不理想。

A 企业的研发体系显得低效而混乱，如果不加以及时改进，将成为企业发展的短板甚至桎梏。那么什么样的研发体系能够称得上卓有成效？

研发体系是企业的重要组成部分，也是企业战略落实的关键，而企业经营本来就是“以成败论英雄”，研发体系的有效性也主要依据结果去判定。一个企业发展良好，研发体系至少做得不错；如果企业没有获得商业成功，研发体系则难辞其咎，无论它运作得多么顺畅有序，也和“有效”无缘。

卓有成效的研发体系，至少需要具备以下四个显著特征：

◎获得市场成功

有效的研发体系或是注重客户需求，或是基于技术发展趋势，抑或兼而有之。企业研发体系的终极目标都是追求市场成功，主要取决于如下两个方面：

- 恰当的产品战略

企业的研发体系承载着企业战略赋予的使命，它的运作是以企业的产品战略为起点，以产品规划和实现为过程，以产品上市并获得商业价值为目标的完整过程。研发体系的有效运作需要紧密围绕企业战略去展开。

国内某通信公司在成长初期，产品战略是“以中小容量、满足基本语音功能的产品迅速抢占中小城市和农村市场”，此时的研发体系就需要以快速推出具备基本功能的中低端产品为首要目标；随着市场竞争的需要，产品战略调整为“进军中高端市场，直面业界主流厂商”，此时的研发体系则需要在功能完备、可靠性、兼容性方面下苦功夫，力求做到日臻成熟，比肩业界标杆；当产品获得竞争优势后，研发体系又会根据产品战略，调整为保证质量的前提下降低成本，进一步开拓市场并保证利润空间。

从上述案例可以看出，研发体系是以企业战略中的产品战略为指引，而企业战略需要结合企业特点和市场趋势。如果企业战略出现问题，将会导致研发体系朝着一个错误的方向进军，无论行进的速度有多快，研发体系都不会产生效率。这样的案例不胜枚举，IBM 在 OS/2 系统研发中的踌踌满志、柯达公司在数码相机研发中的裹足不前，都是其中典型的案例。反观华为，从弱小起步、逐步壮大、最终成为业界翘楚，一路走来有惊无险，总能保持稳健的发展势头，不得不佩服掌舵者卓越的战略眼光，为研发体系指引了正确的方向。

- 掌握与响应用户需求

研发体系的运作需要切合用户的需求，大致可以分为两类方式：

一种方式较为“被动”，研发团队贴近用户，不断理解、探索、丰富用户需求，并且在产品研发中有计划地实现和满足。比如满足用户更多的业务需求，让用户工作/生活更加便捷，用户投入成本更低，让用户的心理更加愉悦或是沉迷其中等。

另一种方式是“主动出击”，产品定义并非直接来自用户需求，而是以跨越式的创新去引领用户需求，就像乔布斯所言，“‘消费者想要什么就给他们什么。’但那不是我的方式。我们的责任是提前一步搞清楚他们将来想要什么。”“我是相信倾听消费者的，但是消费者并不清楚现在科技的发展水平，他们并不知道科技可以干什么，他们也不能预测下一个改变整个行业的突破口在哪里。”乔布斯并非不关注客户需求，而是以一种更高的层次去理解客户需求，当客户看到产品之后，将会赞叹“这就是我需要的”。

无论采用什么方式去对待客户需求，也无论技术导向或是市场导向，研发体系的努力方向必须适时地与用户真实的需求相匹配，而市场成败就是检验研发体系有效性的重要标准。

◎关键能力凸显优势

在市场竞争中所体现的关键能力，是企业在行业中维护其竞争地位的重要保证。简单地说，关键能力就是客户选择企业的产品和服务的主要原因。有效的研发体系必须使得企业拥有并表现出这种关键能力。比如对于轨道交通行业，企业的关键能力体现在质量与高可靠性、项目交付周期、全生命周期成本等方面；对于通信设备行业，企业的关键能力体现在产品的稳定性和可靠性、功能完善、全局性的解决方案、及时响应客户等方面；还有的行业关键能力是要求产品在保证基本功能和质量的情况下，尽可能降低成本。

关键能力不仅仅因为行业不同而有所差异，即使在行业内部，由于每个企业所处的竞争地位和策略选择的不同，也导致关键能力的差异。手机行业除了有苹果、三星，还有华为、小米，这些公司都是市场的佼佼者，都具有自己独特的卖点。企业应当致力于在自己选择的细分市场中获得竞争优势，而不必一定以行业最佳为竞争对手。

如果对企业关键性能力缺乏直接的支撑，即使在其他方面做得再好，研发体系也称不上有效。

某新能源设备制造公司，产品以每年一个新型号的快节奏推向市场。由于行业发展速度较快，不断有新功能引入产品中，使得产品发布时没有通过完整的验证，产品在稳定性方面有所欠缺，不过风险尚在可控范围。订单履行过程中，即使在现场部署阶段，研发团队仍在修改缺陷。尽管从没出现重大事故，但该公司总是提心吊胆。

我们该如何评价该公司的研发体系呢?

从流程规范、质量标准等角度衡量，该公司确实存在不尽人意之处，但是该公司可以通过抢先推出产品，在市场上捷足先登。在部署阶段及时修复产品缺陷，将质量风险控制在可接受范围内。同时，咨询师发现同期市场上那些对产品较为严谨的公司，由于产品推向市场相对滞后而错失机会。必须指出，在该公司所面临的市场竞争中，关键性能力并非要求质量达到高可靠性的级别，而是尽快提供可用的产品，以帮助客户开展业务。显然，相比竞争对手，该公司的研发体系是高效的。

国内某些企业在和国际巨头竞争时，凭借产品成本、交付周期、响应客户速度等方面的努力获得竞争优势，同时也感慨自身的管理不规范、效率低下。但是从竞争结果来看，这些企业的研发体系并不处于下风。因此，大可不必去仰视，甚至迷信行业巨头的管理体系，应该以平等的视角去审视其他公司的管理实践，判断其是否可以为我所用。

◎研发活动具有效率和质量

对于研发体系而言，最重要的研发活动是产品/技术的规划和实现，前者明确了产品研发的方向与目标，后者将目标转化为现实。富有效率与质量的研发体系，主要体现在如下三个方面：

- 资源配置合理

对于研发工作的优先级别和资源配置，企业上下需要认识一致。这样就提供了跨部门协作的重要基础。研发资源是有限而宝贵的，必须投放到最有价值的研发工作中。即使因此迟滞甚至搁置次要产品的开发，也是合理的资源配置方式。资源配置的目标是最大化地发挥现有资源和能力，即所谓“好钢用在刀刃上”。

- 过程恰当

待开发产品的特征、研发团队的业务能力与技术积累，决定了研发项目过程。当研发过程满足产品要求，既不冗余以致为开发团队带来很多不增值的活动，也不简陋得丧失了质量标准，就可以称之为恰当。

- 实施有序

研发体系能够按照计划有序地推进工作，各角色/职能单位适时地参与到研发工作，配合顺畅并提供高质量的输出；重要的研发活动以一种有序、成熟的方式获得实施，其执行过程和交付成果能够被预计与控制。

国内某知名高科技公司，十余年来非常重视研发过程改进。在主要产品线内部，采用IPD（集成产品开发）作为主干流程，在细节流程上引入了CMM/CMMI[①]的管理体系，并通过了CMMI 4级认证。

根据业务的持续发展，该公司又引入了敏捷开发的实践，作为CMMI的补充，软件开发项目都使用了敏捷开发过程。在实际研发工作中，多数项目团队认为CMMI与敏捷是对立的：CMMI模式就是写文档，就是瀑布模式；敏捷开发实践重在沟通和快速反馈。CMMI所要求的一些如配置管理、度量管理等管理实践在敏捷中定义得并不清楚。很多原来好的软件工程标准，在敏捷的冲击下，被团队弃用。

总体来讲，该公司在CMMI和敏捷模式之间，努力寻找适用于公司实

① CMM/CMMI，Capability Maturity Model for Software/ Capability Maturity Model Integration，能力成熟度集成模型。

际需要的软件研发模式，目前效果似乎并不理想。公司的项目形态存在较大差异，既有功能和技术复杂高、规模较大的项目（CMMI 模式较为适用），又有简单的轻量级项目（敏捷模式较为适用）。试图为各类不同形态的项目提供统一的过程和模式，是极具挑战性的。截至目前，该公司软件开发过程尚未达到适配程度。

◎促进技术积累

研发体系中，关键业务能力、核心资源、技术平台都需要企业有意识地投入足够资源才能获得，是实打实的真功夫，没办法抄近路、走捷径。一旦构建起产品平台和关键技能的优势，就可以持续提升企业的研发效率。

一个有效的研发体系必须能够不断识别关键能力的建设重点，并促进其持续获得积累。比如某高科技公司，在研发体系中设立总工程师，负责技术路线制定、产品平台化的建设与运用、预研技术的商用化推广，将原来分离在不同事业部的技术力量进行整合，采用若干技术平台支撑公司的主流产品，对公司产品交付带来积极影响。

◎小结

企业研发体系有效性的四个标准中，获得市场成功和凸显关键能力，主要是关注结果；研发活动具有效率和质量，主要关注研发体系运作过程；最后的促进技术积累，体现了对公司业务持续发展的支撑。

某手机厂商的研发总监力图判断其研发体系是否有效。主要情况如下：

从内部看，该公司的研发管理体系没有明显缺陷。从研发周期和项目数量来看，该公司与行业主要对手相比并不逊色；手机研发过程比较顺畅，跨部门协作并不存在障碍；其研发团队异常忙碌，每个工程师都憋着一股劲儿，致力于研发出好产品。如果将研发体系的目标定义为“多快好省”，而该公司已经占了“多、快、省”三个字。

从市场看，该公司的手机在市场上明显缺乏竞争力。尽管每年推出了比竞争对手款式更多的手机，却没有受市场追捧的爆款机型，甚至缺乏能够让人记得住的机型；手机的平均售价远低于主流厂商，公司整体的利润情况堪忧。

如何评价该公司的研发体系？

第一条，“获得市场成功”。从市场竞争角度，该公司凭借机海战术在行业中拼杀，产品乏善可陈，结果在市场上铩羽而归，它的产品战略并不奏效。这一条显然不得分。

第二条，“关键能力凸显竞争优势”。手机更新换代速度非常快，同时市场要求手机具有鲜明的特点，这样才能被某类典型客户接受。令人遗憾的是，该公司注重换代速度，推出的手机却缺乏特色。因此，这项只能得低分。

第三条，“研发活动具有效率和质量”。该公司的研发管理体系比较规范，项目团队的工作也很守规矩，职业化素质较高。这项得高分。

第四条，“促进技术积累”。该公司在新机型研发方面投入了大量的研发资源；对于新功能、新技术、新材料的前瞻性研究与储备，则投入比较有限，技术积累进程缓慢。因此，这项也得低分。

根据上述分析，有充足的理由断定，该公司的研发体系是低效的。

1.3 研发体系改进的重要观点

在进行研发体系改进之前，要明晰几个重要观点，它们对研发体系的诊断、改进与实施具有重大影响。

1.3.1 是否存在研发管理体系的最佳实践

是否存在一套具有广泛适用性的研发管理体系最佳实践呢？优秀企业的研发管理体系是否可以被移植，并获得良好效果呢？

研发体系总体的运作效率取决于产品、团队技能、技术积累和管理体系四个要素的水准和匹配程度，研发管理体系并不能完全决定研发体系的效率。

企业追求的是研发体系高效运转的结果，而非仅仅让一套标准化的管理体系在企业内部得到落实。研发管理体系显然可以被移植，但其是否产生正向效果，则取决于新的研发体系中四个要素是否匹配。不同企业的研发领域具有各自的特征和问题，直接移植其他企业的管理实践，这种“削足适履”的做法，通常效果并不理想。

2016 年 12 月银隆①接受了董明珠等多位明星企业家的投资。2017 年 7 月以来银隆高管团队大调整，核心业务分管副总裁多由原格力背景员工接手。不过，管理层的变动并未赢得所有利益相关方的认可。

据《财经》报道，有多家供应商反应被银隆拖欠货款，其中有部分银隆供应商将矛头指向了新管理团队。有供应商表示，现在接触到的银隆的生产、技术、采购人员多是空调行业出身，很难在短时间内了解电动车行业的特点。实际工作中照搬空调行业管理供应商的办法，要求供应商签质量保证协议，乱开罚单。但空调制造具有一致性要求，而客车行业不同客户的需求不相同，以空调的质量检验标准要求客车供应商并不合适。

“明者因时而变，知者随事而制”，明智的做法是采取“拿来主义”——根据企业的实际情况，借鉴其他企业的做法，以获得更理想的效果。

关于如何看待他人的成功管理实践，三国时期诸葛亮治蜀的观点就值得借鉴。当时刘备刚刚取得西川，诸葛亮拟定了颇为严格的法令。法正对此的看法是，“昔高祖约法三章，黎民皆感其德。愿军师宽刑省法，以慰民望。”诸葛亮是这样说的：

“君知其一，未知其二：秦用法暴虐，万民皆怨，故高祖以宽仁得之。今刘璋暗弱，德政不举，威刑不肃；君臣之道，渐以陵替。宠之以位，位极则残；顺之以恩，恩竭则慢。所以致弊，实由于此。吾今威之以法，法

① 珠海银隆新能源有限公司，以新能源产品为经营核心，是我国新能源产业大型现代化高新技术企业。

行则知恩；限之以爵，爵加则知荣。恩荣并济，上下有节。为治之道，于斯著矣。”

1.3.2 成熟度越高是否意味着研发体系越有效率

菲利浦·克劳士比（Philip Crosby）在其著作《质量免费》中创造性地提出了著名的“质量管理成熟度方格”，分为五个成熟阶段，便于企业审视自身的质量管理水平，以引导进行质量改进工作。

在一些成熟的研发管理体系中，也提出了能力成熟度的等级与评估标准。

CMM/CMMI 将企业研发（尤其是软件开发）能力成熟度分为初始级、已管理级、已定义级、量化管理级和优化级五个等级，并对每个等级提出了明确的评估标准。

IPD 体系也通过 TPM① 去评估企业实施 IPD 的进程，TPM 包括业务分层、结构化流程、基于团队的管理等九大类指标。

这些研发管理体系的成熟度模型中，更高的成熟度等级，标志着企业更贴近某个管理体系的要求，或者在管理方面更规范。

企业研发体系追求的是整体效率，并非单纯的质量目标或者规范化管理。作为研发体系的一个要素，研发管理体系规范性需要与其他要素相互匹配，过度的规范和过度的简陋，都不利于研发体系的整体效率。如图1-6所示。

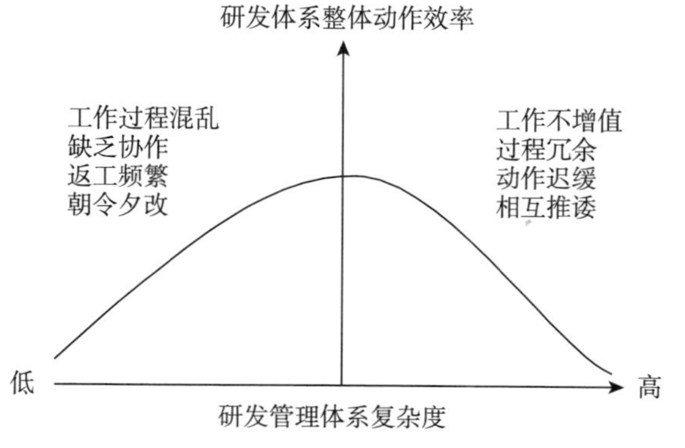

图1-6 研发管理体系规范性

① TPM，Transformation Progress Metrics，变革进展指标。

根据研发体系的定义，企业在某个特定的历史阶段，会有一个特定的研发管理体系与之最匹配，并不一定存在“等级越高，综合效率越大”的现象。研发管理体系的成熟度本身不能表征研发体系的效率。

有一个有趣的轶事，某通信设备公司为客户S定制了一款大尺寸产品，它与其他版本的区别是夸张的外壳尺寸。精巧的设备运行在空荡荡的外壳里，只是因为客户S认为，“这么高的价格，设备却只有这么一点点，实在不合算”。

某些管理者与客户S有着类似的想法，认为更加复杂费解的、规模庞大的解决方案才是更有价值的解决方案，即使现在无法得到落实，将来总会派得上用场。这种“多多益善”的看法也诱发咨询师更多关注解决方案的完整性和复杂性，而不是将解决问题放在首位。

1.3.3 能否融合成更高级的研发体系

在研发改进过程中，通常需要对成熟的研发管理模式进行调整以适应企业特征。任何不做变通的僵化体系并不会具有长期的生命力。那么，是否可以将各种管理模式进行融合，“取其精华，去其糟粕”，融合成一种更具普遍适用性的管理模式？

这几乎是不可能完成的任务。每种研发管理模式都是基于典型的应用场景和业务问题而提出的，如果脱离使用环境，我们难以断定“好的部分”和“不好的部分”，也就无法做出取舍。

在IPD体系中的业务决策机制，是在研发项目过程中进行方向性判断和决策，继续或者终止项目，以提高资源的产出效率和商业价值。在改进实践中，企业对业务决策机制存在不同的看法：支持者认为该机制能够产生理想的效果，对项目增加了紧迫感；反对者认为此举花费了大量的精力和时间，却和以往没有明显变化。

事实上，期望业务决策机制获得预期的效果，至少存在如下几个基本假设：

➢ 针对产品的研发项目而非独立的客户定制项目。

➢ 研发项目周期长、投入大，且具有明确的阶段划分。

➢ 项目团队能够提供充分的决策信息，决策团队具有较高的决策能力且勇于担当。

➢ 研发资源相对紧张，无法支撑同时开展较多的研发项目。

由于企业特点不同，对业务决策机制存在不同观点是很正常的。脱离适用场景而谈论某种管理模式和实践的优劣，是空泛和肤浅的。因此，融合各种管理模式，以获得更高质量模式的愿望恐怕要落空了。另外，采取堆砌的方式塑造管理体系，结果常常是愈发臃肿而令人困惑，不利于实际使用。

如果我们放弃寻求“万能”解决方案的念头，思路将会变得简单。针对企业的特点和重要问题，因地制宜地选择管理模式与实践，对其实现有机整合，将会更容易取得理想的效果。

1.3.4 何谓系统性的解决方案

任何企业的研发体系都包括上述的四个要素，其管理体系也大都不会缺乏关键性的流程制度。从这个意义来讲，每个企业的研发体系都是完整的、系统的。

那么什么是系统性的解决方案？

针对特定企业的特定问题，提出的解决方案除了要有针对性和可操作性，还需要考虑配套的机制和对研发体系发展的长期影响，这就是系统性的解决方案。

若企业期望建立研发项目经理的负责制，是不是仅仅一纸任命就能够得以落实呢？显然不行。企业还需要建立项目立项机制、项目管理制度、项目团队与项目成员的考评机制等配套机制。更重要的是，所任命的项目经理是否具有足够的业务能力，能否对研发项目的开发成功和市场成功负责。否则，即使制度到位，也是勉为其难。

1.3.5 研发体系改进者的任务是什么

是为企业提供一套研发管理模式与实践？还是帮助企业提升研发管理水平？或是解决企业研发管理领域的困惑和问题？抑或为企业指明产品研发方向？

这些答案都似是而非。若要明晰“研发体系改进者的任务”，我们首先要明确研发体系改进者是哪些人。

企业研发体系的改进者包括两类人：一是外部合作的咨询师；二是企业内部的研发主管。两者的改进目的是一致的，差别在于咨询师具有丰富的研发体系改进经验，企业研发主管则是对本企业的特点了然于胸。将这两者结合在一起才能实施改进，缺一不可。

研发体系的改进者需要分析研发体系的主要问题出在哪里：是研发流程不顺畅，还是产品定位模糊？是研发资源配置不足，还是绩效激励不到位？实际的情况是诸多问题往往共同存在。

我们知道企业研发体系不仅是一套完整的研发管理体系，还包括产品、团队技能和技术积累。因此，一名合格的研发改进者需要将视野关注于企业研发体系，而不是仅仅聚焦于管理体系。也就是说，改进者需要在清楚了解企业战略和业务目标的基础上，洞察企业研发体系各要素之间的矛盾和不匹配之处，以提升研发体系整体运作效率为使命，提出有针对性和可操作性的改善建议，并推动企业落实下去。

如果改进者受限于本身专业领域的局限性，搞流程优化的强调流程建设的重要性最高，搞绩效管理的坚持必须加强研发激励，搞产品规划的则重申规划是领头羊，技术出身的认为只有技术才能一锤定音……那么对企业研发体系的问题分析就像盲人摸象，有失公允；提出的解决方案也是“头痛医头，脚痛医脚”。

研发体系改进者的任务就是采取针对性的措施、手段和工具，帮助企业打造卓有成效的研发体系，使之成为企业战略落实的支柱。

为完成上述任务，研发体系改进者需要进行独立思考。爱默生认为，“要独立思考问题，不要人云亦云。”在企业管理改进中，如果丧失了独立思考能力，会出现什么样的结果？也许没有什么不良后果，就像彼得·德鲁克逝世时，有人感慨道："德鲁克已经深邃地思考了二十一世纪的管理问题，留给我们的只是去实践。"也就是说，别人已经替我们做出了有效的、高质量的思考，我们只要萧规曹随一般就可以了。但是大多数情况并非如此，企业研发体系的调整对企业而言事关重大，大到我们无法放弃严谨的思考。

表1－3展示了不同研发体系改进者的典型差异。

表1－3　不同研发体系改进者的典型差异

优秀的改进者	普通的改进者
管理体系与企业现状相结合	不顾企业特点，僵硬照搬标准的管理实践
倾向于相信自己的逻辑思维和严谨的判断，有信心解决问题	倾向于相信既有观念，不愿意独立思考和判断，没有信心面对真实问题
认真听取不同意见，不断验证、完善解决方案	对不同意见嗤之以鼻，对自己的解决方案过度自信
勇于承认自己能力和思维的不足，持包容、吸纳的心态，"Stay hungry，Stay foolish"	认为自己拥有能够解决企业所有研发体系问题的灵丹妙药；在遇到困难时，将责任归咎于企业执行力不足、基础薄弱、人员素质低、缺乏耐心等

1.4　研发体系改进中的认知偏差

"人们认为我不会出错，这完全是一种误解。我坦率地说，对任何事情，我和其他人犯同样多的错误。不过我的超人之处在于能认识自己的错误，这便是成功的秘密。我的洞察力关键是在于，认识到了人类思想内在的错误。"

初读这段话，很多人略有感悟，但也未必留下深刻的印象。如果告知他们这是投资大鳄索罗斯的名言时，他们的态度可能就会变得谦卑，重新去字里行间寻求哲理。这就是认知偏差中典型的"权威崇拜"：同样的表述分别出自管理大师和无名之辈，听者更倾向于相信前者所言为至理名言，后者则容易被忽略。

认知偏差是思维过程中的盲点：我们在思考问题时稍不留神，就会落入认知偏差的陷阱。研发体系改进恰恰需要严谨而周密的思维，无论有意还是无意，认知偏差都会对我们思维的过程和结果起到负面影响，甚至导致改进方案出现重大漏洞。因此，了解并有效克服认知偏差，将有利于我们提高改进工作的质量，在实践中少走弯路。

下面列举若干典型的认知偏差，剖析这些无心之过对研发改进的影响。

1.4.1　无心之过

◎晕轮效应和负晕轮效应

很多企业在进行研发体系优化时，自然会将一个业界优秀公司视为改进的标杆，久而久之，那个标杆公司成了一个偶像或是标志，其正确性是不容置疑的。而该公司的每一项实践都被当成最佳实践。截然相反的是，某些公司经营陷入困境时，他们的所有实践都被当成垃圾，唯恐避之不及。

比如当下华为公司的业绩和名望如日中天，很多企业都在学习华为，甚至期望采用华为的成功经验和实践去复制华为的成功历程。以至于华为的任何实践，都可以包装为最佳实践。剖析华为管理的书籍多得令人眼花缭乱，其实当中很多做法与普通公司并无二致。一些昔日的巨擘，比如朗讯、摩托罗拉、诺基亚、通用电气等，其闪光的管理实践如今很难被大家认同；当年很火爆的 CMM/CMMI，现在也难现昔日辉煌。

笔者曾经遇到一个相当极端的案例，某企业在进行研发体系诊断时，研发主管拿出一本阐述标杆公司研发体系的书籍，表示这一项目需要按照书中所述进行全面对标和改进，不能做任何调整，甚至名词也不能修改。最终的结果大家不难猜出：依葫芦画瓢的解决方案根本没有可操作性，遭到相关业务部门的强烈反对而告吹。

体系改进需要解决企业当前面对的个性问题，而不是泛泛地探讨学术问题，也不是跟风和赶时髦，其中的适用性和实用性就显得尤为重要。

无论哪家公司的管理实践，只要有利于企业，都可以毫不犹豫地拿来使用。同样，对企业不适用的管理实践，无论多有名气，都应该勇于抛弃。

◎确认偏差

确认偏差是指选择性地回忆有利信息，回避对自身不利或者矛盾的资讯，从而支撑已有的片面想法。这种思路和搞科学研究有些类似：对于现有理论无法解释的现象，首先开展大胆假设，然后通过分析、实验、推理去不断验证，直到其无法被驳倒。问题是，如果没有验证和推敲，仅仅停顿在假设和想当然的印证阶段，就成了确认偏差。

比如某咨询公司，根据以往咨询项目整理了企业研发管理的典型问题清单，洋洋洒洒有上百个问题，在开展咨询项目时，首先了解一下该企业老总的意图和痛点，在问题清单中勾出“重点问题”；然后拿着这些“重点问题”去寻找证据，不放过“蛛丝马迹”，并记录下来；如果某个问题不在“重点问题”清单范围内，咨询师就会选择性忽略。这样依据“有罪推定”出炉的调研报告尽管看起来论据充分、条理清晰，也容易迎合领导意图，但有预谋地选择和忽略部分事实，将会令问题判断片面，而后的解决方案有失偏颇。

◎后视偏见

常常听人说“我早就知道……”“我早就告诉你……你就是不听”，这种“事后诸葛亮”就是后视偏见。在生活中，后视偏见屡见不鲜。比如我国在2012年国庆节开始实施高速公路免费的政策，国庆加上中秋的黄金周足足有8天。有出行计划的人无不拍手称快。但是当高速路上车流拥堵、行动不便，大家苦不堪言时，这些原来赞同免费政策的人纷纷站出来反对，甚至声称自己事先就认为政策不可取。

在调研研发体系现状时，很多改进者总期望尽可能多地挖掘管理问题，这样解决方案才更有震撼力，让企业感觉改进工作势在必行。在这其中，后视偏见起到了推波助澜的作用。改进者往往从工作结果去质疑工作过程的缺陷。比如项目经理为什么没有在项目早期对技术风险进行慎重分析，以致技术攻关耗费了大量宝贵的时间？系统工程师为什么对产品需求定义不充分，导致规格不断调整而令项目延期？产品经理在进行规划时为什么没有考虑突发事件，以致发布的产品缺乏市场竞争力？

要知道，任何人做决策判断时，都是基于当时所了解的信息而做出的，并且都是要受到资源、周期的约束等问题，当事人在工作中很难避免。居高临下的调研方式，尽管可以发现很多问题，但是却不能令人服气，以此为基础提出的方案也未必能解决实际问题。

既然后视偏见让改进者在搜集问题时有过度和夸大的趋势，那么在管理实践中又会如何？请看下面的案例。

某大型机电设备供应商，考虑推出一款重量级产品，主打高端市场，产品的规格性能显著领先竞争对手。该产品对公司来说也是非常大的挑战，当时市场上并没有类似的产品销售，全新的设计方案使技术风险加大，开发周期预计超过两年，公司也需要为此投入数千万资金。是否开展这个项目，公司高层一直犹豫不决。

于是该研发项目以产品预研的名义进行立项。项目过程中，研发团队工作积极努力，克服了一个又一个难题；不断投入资金，直至超过预算。在项目关键性的决策会上，对于项目是否继续开展这个问题，公司高层仍然存在分歧，所以决策意见模棱两可：既没有要求立即终止，也没有要求继续。这种情况一直持续到项目完成。

最终该项目完成：从产品研发角度来看，该产品达到了预计的品质目标，可以说是成功的；但是从产品市场化角度看，发布后基本没有形成销售，更谈不上利润，又可以说是失败的。此时，部分领导则表态：早就说这个产品没有市场，没有必要投入研发，看看现在局面无法收拾了吧。研发团队因此背负了巨大的压力。

这种“上帝视角”的意见貌似正确、公平，实际上是对项目执行人的求全责备：早期含糊的决策意见默许了项目开展，结果不理想时却又置身事外。这个项目的示范作用就是，凡事都需要领导层明确的指示，而拖沓的决策又导致该公司整体工作节奏缓慢。

◎类比偏差

类比偏差的特点是，当某个事物与其他事物在某方面有相似之处时，便断定它们在其他方面也相似。比如一个管理实践在 A 公司获得了显著的效果，那么就可能将它推广到 B 公司，原因是 A、B 两家公司的行业、规模、面临的问题都是类似的，那么在 B 公司应该也可以获得成功。

到底在 B 公司能否获得成功？这需要具体情况具体分析。朗讯、施乐等著名公司都曾经拥有显赫一时的企业研究院，但它们后来都逐步没落。能不能由此断定建立了达摩院的阿里巴巴集团也会重蹈覆辙，从此走向没落？毕竟它们的规模都很大，都很有名，都搞了个研究院。

一位知名的管理大师造访某新兴企业，鉴于该企业良好的发展势头，管理大师建议其组建企业研究院，以加强该企业前瞻性的技术储备，打造核心竞争力。

事实上，很多成功的大型企业确实拥有自己的企业研究院，但是将企业研究院作为大型企业的标配就很牵强了。该企业既有的研发中心职责已经包括新产品开发、新技术预研、产品与技术规划等。另外，该企业的主要产品为应用开发，几乎不需要在新技术/新材料领域做深入的研究。因此，该企业组建了研究院后，方才发现研究院的研究方向不知如何确定：要么与现有的研发中心职能重叠，要么搞些与产品方向脱节的新东西，实在不知道价值何在。

类比偏差容易让改进者低估解决问题的难度，想当然地认为问题可以在意料之中获得解决。如何规避这种现象呢？认真理解和分析企业的实际情况，将优秀的管理理念和企业实践相结合，才能提出有价值的解决方案。

◎归因偏差

一个企业的成败是多种因素叠加在一起形成的。归因偏差让改进者简单地将其当作内部因素或者外部因素，仿佛事情因果清晰、顺理成章。

比如企业成功的基石是其管理模式先进；项目获得成功的原因是项目管控到位；产品的市场成功来自产品经理的远见卓识；工程师的工作激情是由于绩效管理和激励到位。与此相反，失败的企业自然也有显而易见的问题。请注意，从观察者来看，往往将企业的成败归因为内在因素的作用。这种倾向恰恰迎合了管理者对管理的过度重视，从而导致其将问题简单化处理。

在一家某大学下属企业做现状调研时，笔者发现研发项目延期的现象非常普遍，而且这个趋势是在某个时期突然恶化的。无论从产品规划、资源配置、项目计划与控制、激励手段等方面去排查背后的原因，始终感觉似是而非，简单的归因难以令人满意。

后来经过进一步了解情况，才得知该企业研发骨干大部分有大学教师身份，恰好届时校方的一系列政策影响到这些研发骨干的切身利益，他们的情绪影响了工作。

◎选择诱饵

假如一位咨询师在一次咨询中遇到了困难，目标企业的问题比较棘手，目前给出的解决方案恐怕不会令客户满意。这时是将初始方案（方案A）直接呈现给客户并准备接受质疑，还是提出多个解决方案（方案B和方案C），让客户自己选择？

虽然方案B和方案C不会优于方案A，但是可以避免客户对不完善的方案A进行集火攻击，而且通过其他方案的对比凸显方案A的优势，提高客户对于方案A的评分。这种方式就使用了选择诱饵。

类似情况见于庞统向刘备献入西川之计，提供了上中下三个方案，刘备认为一个太缓、一个太急，中间的恰到好处。其实庞统何尝不知道刘备的喜好，为了让刘备坚定支持“不迟不疾的中计”，因此一并推出了不大靠谱的另外两个计策。刘备果然如愿选择了中间这个方案，还夸庞统水平高。虽然最终庞统陨于落凤坡，但是不可否认他懂得如何把握老板的心理。

在探讨研发团队组织模式时，咨询方向企业推荐矩阵式组织，历数其优越性和先进性，但一个绕不开的话题是矩阵式组织所带来的管理复杂问题，需要耗费更多的管理资源，也需要其他配套机制去支撑。企业是否可以比较顺畅地过渡到矩阵式组织模式，企业决策者对此拿不定主意。“聪明”的咨询师调整了策略：为企业奉上项目式、职能式和矩阵式三种组织模式，并对比了三者的优缺点，便于企业选择。

此时企业决策者就会感觉到项目式的做法过于激进，调整幅度过大；职能式的做法和原来区别不大，显然对推动跨部门的协作没有帮助；而矩阵式的做法则兼顾了两者优点，也容易接受，却忽略了实施难度。咨询师利用选择诱饵，让企业决策者不自觉地接受了他所推荐的方案。决策者却没有一个明确的判别标准，在水平参差不齐的多个方案中“矮子里面拔将军”。

在某企业研发改进项目中，研发决策者具有坚决的判断标准和超乎常人的耐心，对各种解决方案进行了细致入微的评估，他并不是仅仅选个凑合的方案。即使是最为中意的方案，也受到决策者反复推敲，令解决方案的提出者“备受折磨”。但不得不承认，最终解决方案的质量和效果是令人满意的。

1.4.2 与自我的战斗

以上列举了典型的认知偏差，实际上还有很多。认知偏差是我们思维中固有的缺陷，并非有意而为之。克服认知偏差，就像和自我的一场战斗，主动寻求和纠正思维中的漏洞。

如何克服认知偏差造成的负面影响呢？

◎首先是态度

叔本华说：“每个人都把自己视野的极限当作世界的极限。”这种过度自负的态度会令改进者在工作中蒙住双眼。必须在认知企业研发体系时心存敬畏：承认每个企业的独特性和改进难度，放弃居高临下、颐指气使的傲慢，静下心来踏踏实实地了解企业现状。同时对提出的改进建议持谨慎态度：承认自己存在思维盲点，经常会犯错误；认真听取他人的想法，而不是遇到不同意见就想要驳倒。

◎其次是视角

尽管抱有相同的目标，处于不同视角的研发改进者常常会提出颇具差异的改进方案，这些方案尽管都有合理的一面，但也会存在局限性和漏洞。

如果期望获得针对性强、高质量的改进方案，就需要以一种全面而完整的视角去思考问题。

对于研发管理的咨询师，可以站在研发管理者的位置去换位思考问题，着重考虑方案的针对性、可行性、风险程度。“己所不欲勿施于人”，如果咨询师对方案中某些激进的、不确定的改进措施缺乏信心，显然不应该怂恿企业去实践。

企业研发体系的管理者需要尽力摆脱“当局者迷”的局限，可以从第三方的视角去审视当前的研发体系，开阔视野，打破束缚，借鉴其他企业的优秀管理实践，务实地解决当前的业务问题。

◎最后是业务能力

没有丰富的研发改进经验和对研发体系的深刻理解，是无法做好改进工作的。拥有业务能力，才会有勇气去包容不同的声音，甚至在脑海里建立“红蓝军”进行对抗，对初步的改进建议进行反复琢磨和批判性辩论，最终获得合格的解决方案。

1.5 从循规蹈矩到融会贯通

笔者从事研发改进工作已有近二十年的时间，这个领域的发展进步和中国企业所处的不同历史阶段有着密切的关系。回顾研发改进的发展历程，以史为镜，可以为目前工作提供有价值的启发。我们可以将研发改进服务主要分为三个阶段：

第一个阶段：循规蹈矩。

十多年前，在绝大多数研发管理人员的认知中，研发具有不确定性，是无法被管理的。当一个技术研究或产品意向交给研发团队后，管理者只是持续地施压和敦促，对产品究竟要做成什么样子、什么时候交付、究竟有没有市场，都缺乏完善评估和有效控制。所以，研发管理在当时是比较新鲜的概念。

而研发管理的咨询师，往往具有在优秀公司，如IBM、HP、三星、华为等供职的背景。这些著名公司都具有系统而成熟的研发管理体系。回顾当初，对研发管理改进的需求不仅仅是由于观念的冲击，更是由于恰逢中国制造向中国创造转型时期，时代对企业的研发能力提出了崭新的要求。

当时，华为的研发管理体系走在了中国企业的前列，而且华为低调的做事方式和惊人的商业成功更增加了其神秘色彩。业界管理者对华为研发管理模式（主要是集成产品开发体系）的看法，总体是比较崇拜甚至是迷信的。那时的研发管理咨询师也持类似的看法，他们坚信优秀公司的成功模式是可以被简单复制的。

比如某公司A从事小型通信设备的研制，与某业界标杆B公司有一定的竞争关系，他们迫切希望为研发部门这匹马驹配上缰绳，使它顺从公司的整体规划，以提高产品质量和市场竞争力。于是A公司与咨询方合作，引入B公司的全套研发管理模式。咨询师本着认真负责的态度，极力将B公司的全套管理实践进行原汁原味地输出，几乎不做变通。这与A公司原有的管理模式具有极大差异，更不幸的是A公司具有较强的执行力，结果就是复制的管理制度反而成了A公司产品研发的绊马索。

数年后，笔者曾听到A公司的管理负责人调侃此事："他们是不是B公司的间谍？将我们的流程搞成这个样子！原来我们还知道如何把产品做出来，现在却变得不知道如何做产品开发了！"

在报以苦笑的同时，笔者也不得不承认，这就是当时大家对研发体系优化所持观念的真实写照：循规蹈矩，不敢越雷池一步，不顾企业的自身特点，生搬硬套所谓的"最佳实践"，还鼓动企业削足适履，彼时类似的失败案例是很多的。

这个案例对现在也有深刻的借鉴价值，华为、苹果、谷歌、腾讯等大牌公司的管理模式差异颇多，却都帮助公司获得了成功。如若不加分析就盲目地崇拜和套用，则对自身企业难以有实质性的帮助。

第二个阶段：摸着石头过河。

通过对案例的反思，一些有责任感的咨询师终于认识到：将标杆公司的做法不折不扣地移植到其他企业似乎是行不通的，需要做出调整。随着咨询师对企业问题的深入了解，彼时提供的解决方案已经具有相当的针对性，摸着石头过河一般不再偏执得像套中人一样把每样事物都用“标准”规矩起来，这样的研发管理改进与之前相比有了很大进步。但“结构化解决方案”的理念仍然在咨询师们的脑海里挥之不去，因此给予企业的改进方案仅仅是在原有标准模式上进行适应性调整。

C公司的一位项目经理用“跑”和“走”来形容研发体系优化的真实效果：“实施之前是‘跑’，项目做得很着急，不规范的地方很多，大家疲于奔命；实施之后是‘走’，项目过程规范起来，部门之间分工明确、协作矛盾缓解，产品维护问题少了，不过就是项目周期被拉长了。”

研发体系的进步在这一阶段明显表现为研发过程规范化、项目过程可控。同时，研发效率增长并不明显，甚至会迟滞。研发体系调整，是不是需要付出项目周期延长的代价，才能换来过程规范、质量提升的收益？

处于这个阶段的改进工作，已经考虑到了企业特征，对企业研发体系产生了积极的影响，促进了产品研发的市场导向。但是解决方案还是无法摆脱标准管理模式的束缚，尚未将改进思路充分打开，也使得企业受益并不明显。

第三个阶段：融会贯通。

这一阶段，改进者已经不再满足于提供标准化的解决方案，而是深入解决实际问题，关注解决方案的有效性上。也就是说，咨询师从教练、参谋这类身份，转化为半个运动员和指挥员，切实关注研发体系绩效的真实提升。

在改进过程中，企业研发管理者或者咨询师，将会慎重思考如下问题：

➢ 当前企业研发体系的问题很多，是否都需要去解决？问题的主次和改进的切入点如何选择？

➢ 解决方案是否直接命中问题要害？是否具有严谨和系统化的思路？是否还有更简洁的解决方案？

➢ 解决方案中谈及的诸多改善措施，是否具有实际操作性？执行的主体如何看待这些措施？推行阻力将来自哪里？

➢ ……

这些问题的真正答案往往来自优秀研发管理理念和企业实践的充分结合。在推进研发体系改进工作时，则需要面对特定的企业、特定的发展阶段、特定的人员构成、特定的业务问题，提出针对性强、简洁高效的解决方案，在企业中实施落实并获得成效。

打个比方，标准的研发管理模式好比一本字典，内容完整而系统；定制企业的改进方案，好比完成一篇文章或者演讲，其中每个字和词汇都来自字典，但是需要根据特定场景和目标进行有机组合，而不是复制整个字典。

在长期的发展历程中，各类公司、组织都会在不同阶段对其研发体系开展建设与改进，其观点、体系和实践都在不断取长补短、不断与时偕行，人们对高效研发体系的追逐脚步从未停止。简单地把前人的工作成果"新瓶装旧酒"是没有生命力的，唯有不断从实践中汲取营养，才能够为企业创造真正的价值。

1.6 研发改进的必由之路

对一个企业正在运作的研发体系进行调整，尤其是那些层次深、幅度大的调整，具有极大的风险。如果解决方案质量欠佳，除了无法获得理想的效果，甚至会造成企业难以承担的后果。高质量的改进方案并非灵光乍现，这需要一个系统化的思考与实践过程。如图1－7所示。

第一个阶段是诊断研发体系。在这个阶段，首先需要确定改进工作的目标，并且确保目标是明确的、聚焦的、可达到的。含糊其辞的、不切实际的目标，将导致整个改进工作陷入误区。然后，需要对企业现状进行调研，了解研发体系的运作状态和重点业务问题，这项工作的质量直接影响了解决方案的质量。在本阶段，重要的交付成果就是《研发体系调研报告》。

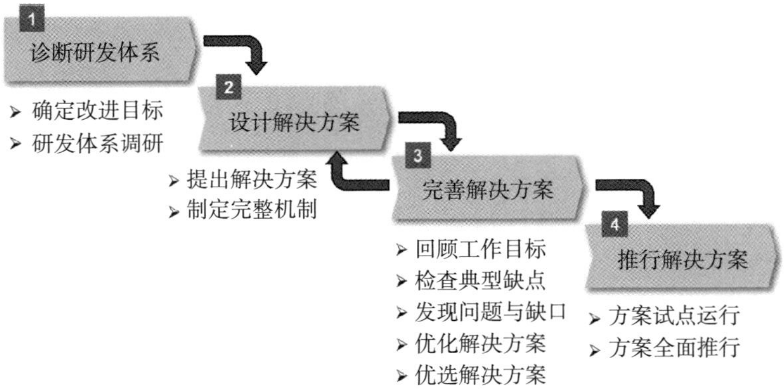

图1－7　研发体系的步骤

第二个阶段是设计解决方案。在这个阶段，需要依据重点问题，提出改进思路，就像解题一样，这个思路应该密切围绕问题展开，具有严谨的逻辑，而不是泛泛地理念和通用标准。然后，需要将解决方案的总体思路，细化为操作层面的、可以直接为研发组织所执行的流程制度。细化解决方案的工作量很大，考验了改进者对业务细节的理解。在本阶段，重要的交付成果就是《研发体系解决方案（初稿）》及相关的流程制度。

第三个阶段是完善解决方案。新出炉的解决方案需要严格的验证和推敲，以保证在逻辑层次上趋于成熟，这样才能最大限度地降低推行风险。这个阶段的工作貌似简单，实际上是在不断与自己的惯性思维和自尊心做斗争，并非轻松惬意。第二阶段和第三阶段的工作有可能在不断循环，直至确定一个令人满意的解决方案。在本阶段，重要的交付成果就是完善后的《研发体系解决方案》。

第四个阶段是推行解决方案。只有推行解决方案才能获得效果，推行过程仿佛是“丑媳妇见公婆”，将会遇到很多意想不到的情况和问题，改进者需要不断做出引导和调整，以保障大船在风浪中不断前行，最终到达彼岸。为了降低风险，一般将推行工作分为试点运行和全面推行两个阶段。这是个漫长的过程，本阶段的交付成果除了包括修订后的研发体系管理机制，更重要的是管理机制的持续运行，并获得预期收益。

枯燥的描述之后，让我们通过案例回顾一下体系改进的完整过程。下面的案例并非关于研发体系，话题略显沉重，但整个过程和思路是相通的，将会给我们带来诸多启示。案例的主角是大名鼎鼎的张居正，他在明王朝风雨飘摇、摇摇欲坠的关键时刻，以一往无前的勇气实施改革，结果起衰振隳、力挽狂澜，延长了王朝的国祚。

张居正，明朝中后期政治家、改革家，万历时期的内阁首辅。当时的明王朝内忧外患，社会矛盾异常尖锐，张居正的改革措施也相应地涉及多个领域，这里重点关注他在财政领域的应对措施。如图1－8所示。

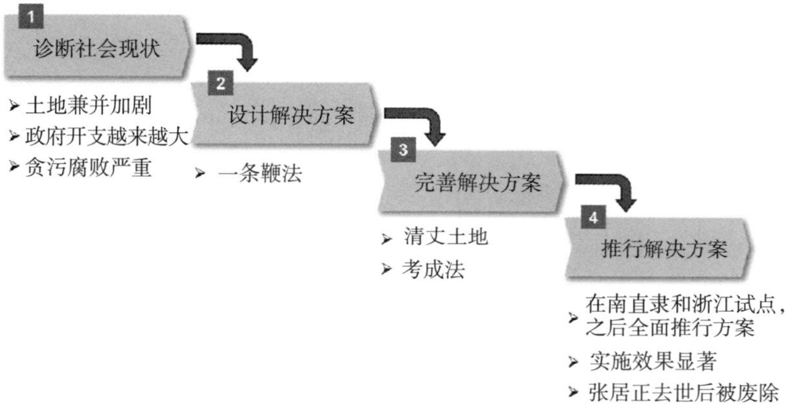

图1－8　张居正的财政改革

在国家财政领域，皇亲国戚的俸禄、不断攀升的军费开支，使得政府的财政不堪重负；官员贪污极其严重，土地兼并加剧，百姓负担沉重。

在诸多矛盾中，张居正显然需要关注最重要和急迫的问题。对于明王朝而言，燃眉之急就是政府财政的枯竭。税源越来越少是导致财政枯竭的罪魁祸首，而土地兼并和隐瞒不报是导致税源减少的主要因素。嘉靖年间，官方公布的田土数量仅有明朝开国时期（洪武年间）的一半左右，可见隐瞒程度之严重。张居正洞察到了这一点，“田赋不均，贫民失业，民苦于兼并”，因此将其作为财政改革的切入点。

张居正针对性的措施就是著名的“一条鞭法”，最主要的就是颁布统一规定，全国税收由实物税变为货币税：最大幅度地简化税制，使地方官员难于作弊，进而增加财政收入。

单凭“一条鞭法”是无法落实下去的。配套的措施主要包括清丈土地和考成法：一方面张居正通过清丈土地，使田赋收入大为增加；另一方面实施考成法。类似于现在的工作绩效承诺和目标责任制，“虽万里外，朝下而夕奉行”，提高了各级部门的办事效率。

在张居正的强力推行下，“一条鞭法”的实施从南直隶和浙江省开始，逐步推广到全国。“一条鞭法”取得了傲人的成绩，短短几年时间，它改变了当时极端混乱、严重不均的赋役制度，国库存银400万两，一举扭转了国库吃紧的窘境。

遗憾的是，张居正去世之后，在皇帝和大臣们的反对声中，“一条鞭法”和张居正力推的其他改革制度一道被荒废，原本充盈的国库也因为没有新的税收来源而枯竭。最终，张居正的努力并没有使明朝摆脱灭亡的命运。

审视张居正的改革历程，与前面描述的改进过程如出一辙，对关键问题的深入理解，提出富有针对性、系统化的解决方案，并强力推进，是改革成功的要点。

张居正的改革措施最终没有延续下去，究其原因：一方面张居正有些操之过急，改革措施的细节并没有体现不同地域的发展差异；另一方面他没有培养起合适的接班人，也未能处理好与万历皇帝、利益集团的关系，结果人亡政息。这对我们的工作具有深刻的借鉴价值：管理变革中，“人”始终是最活跃，也最具风险的因素，我们必须妥善平衡好重要干系人的诉求。

本章要点

1. 研发体系和研发管理体系并不相同，前者包括后者。

2. 不能将研发体系从企业整体中隔离出来评价其优劣。

3. 研发体系中包括产品、团队技能、管理体系和技术积累四个要素。

4. 产品是研发体系中的核心要素，它决定了其他要素，准确识别产品特点是研发改进的出发点。

5. 团队技能不仅和团队人员数量有关，更重要的是团队业务能力和专业素质，“所发挥出来”并不等同于“实际拥有的”。

6. 产品成功得益于长期不懈的技术积累，而这种隐藏在冰山下面的艰辛努力却很少被人关注。

7. 技术积累具有时效性，需要以前瞻性的市场判断为基础。

8. 有效地实现平台化研发模式，将会令研发效率大为提升，然而产品平台的构建与运用并非易事。

9. 研发管理体系包括流程、组织和绩效三大要素，三者需要相互匹配。

10. 研发体系中四个要素相互影响和制约，不断形成一个动态平衡，但是却无法彼此替代。

11. 超级工程、乐高和探险是三种具有代表性的研发体系，一个企业的研发体系中通常会包括这三种类型。

12. 标准的IPD体系适用于打造以超级工程类产品为主的企业研发体系；根据企业需要对IPD体系进行定制，可以提高其适用性。

13. 卓有成效的研发体系具备获得市场成功、关键能力凸显优势、研发活动具有效率和质量、促进技术积累四个特征。

14. 以冷静、客观的态度去观察各种流行的研发管理体系，盲从和迷信都是不可取的。

15. 并不存在具有普遍适用性的研发管理最佳实践，存在的是符合企业特征的、适宜的管理实践。

16. 管理体系的成熟度与研发体系的效率没有必然联系。

17. 优秀和蹩脚的改进者之间的差异体现在广泛的专业经验、包容负责的态度和严谨的思考。

18. 研发体系改进是解决特定企业在特定的阶段，所面临的特定问题，因此针对性的解决方案至关重要。

19. 高质量的改进方案需要系统化的思考与实践过程。

第2章

诊断研发体系

从层出不穷的管理困扰中解脱出来，让研发体系有序运作，并成为企业发展的核心竞争力，是很多研发管理者梦寐以求的事情。解决问题需要从客观的认识问题开始。

本章提供了一系列行之有效的工具方法，帮助我们去深入理解研发体系：既可以像望远镜一样从全局把握研发体系，又能够像放大镜一样识别并洞察关键性业务问题。通过结构化的调研过程，我们将会发现一个鲜活而富有特色的企业研发体系，改进思路随之浮现出来。

在一次研发管理课程培训中，某学员就项目延期问题征求笔者意见。笔者对其公司并不了解，只是先入为主地认为其研发管理基础薄弱，因此建议他从初步的度量管理入手：收集典型的度量数据，形成公司级别的能力基线，以此作为基础对研发项目设定工作目标，通过绩效考核提高研发项目的控制力度。

该学员接下来谈到的现实情况令笔者汗颜：该公司存在大量客户定制项目，客户需求的频繁变化、研发资源的冲突、公司内部协调困难，在很大程度上影响了项目的顺利开展。简单的度量管理手段无法消除这些根源，缓解项目延期现象更是无从谈起。

比较棘手的研发领域问题，一般是深层次的，而且涉及多个领域，如果缺乏对企业现状的深入了解，仅凭经验往往无法切中要害。培训课程是在传研发管理之道，注重“知”；研发体系改进工作则不同，注重于“行”，即解决实际问题。

类似于产品研发项目，研发体系改进也是以项目形式开展工作的。明确而恰当的项目目标、对研发现状的充分理解，是改进项目成功的基础。诊断研发体系是改进项目的第一个阶段，包括确定改进目标和体系现状调研两项重要活动。

2.1 确定改进目标

评定某个研发改进项目获得了成功，或者趋于失败，实际上指的是项目结果是否与预定的目标一致。然而，并非所有改进目标都是恰当的。

一个符合实际情况、具有可实现性的目标，将驱使项目组从实际出发、制定有针对性的解决方案，朝着明确的方向努力。相反，不切实际、好高骛远的目标，则将迫使项目组脱离现状地臆想改进方案，然后抱着不负责任的态度抛给研发组织去执行，这种情况下基本不可能获得成功。

2.1.1 “跳起来够得到的目标”

我们可以将恰当目标形象地称为“跳起来够得到的目标”。首先，需要清楚目前所在的位置，也就是企业研发体系的现状；然后了解能够跳多高，也就是通过改进工作可以获得什么样的提升；两者结合在一起就是“跳起来够得到的目标”。这样就得到了具有现实意义的恰当目标，其显著特点如下：

◎目标明确且聚焦

一个改进项目力求解决一两个显著的业务问题，或者使之获得实质性改善，通常容易获得成功；如果同时追求多个改进目标，则往往会由于精力分散、资源消耗大、周期难以控制、改善措施相互抵触等原因，改进目标顾此失彼，甚至任何一个目标都会落空。

在某大型国企的研发改进项目中，为了满足上级的要求，将目标确定为，“在两年时间内，通过过程改进与流程优化，将现有产品研发周期缩短20%，产品基础成本降低15%，设计缺陷导致的损失减少20%”。

这一目标涉及产品开发中相互约束、相互制衡的三要素：进度、成本、质量。对于研发体系而言，提升其中一个要素的指标，是要在其他两个要素上付出代价的。这个项目的改进目标是需要在三个要素上同时获得显著的提升；而该公司的研发管理基础并不薄弱，产品平台化也在推进过程中。因此，在短期内通过一些管理手段，达成上述全部的改进目标是不现实的。

一鸟在手胜过双鸟在林。对于该公司而言，一个切实可行的目标，是明确界定当前的主要业务诉求，比如交付周期问题、产品质量问题、部门协同问题、成本控制问题，从中选择一两个重点，设定合理的目标加以改善。改进目标的聚焦，来自对企业的深刻洞察力。

◎实事求是，脚踏实地

在谈到研发改进目标时，某企业总经理认为，通过先进管理体系的引进，企业应该进入空前理想的阶段：跨部门协作顺畅、项目管理井然有序，那些让领导困扰的问题都将迎刃而解。

任何一个真实的成功改进过程，都会伴随着艰辛的努力。从来没有一个神奇的模式，能够在短期内使企业的研发体系突飞猛进。可以理解该企业对于研发改进的迫切要求，但是不得不承认，企业研发体系的改进是一个循序渐进的过程，这种急于求成的愿望在现实中将会落空。

以研发资源短缺和冲突的问题为例，将改进目标设定为“通过项目人力资源管理、组织级管道管理等机制的建立，改善研发资源的配置矛盾，使关键资源承诺完成率由 60% 提升为 85%”，就远比“解决研发资源短缺”的目标更接地气。

◎符合 SMART 原则

SMART 原则包括具体的（Specific）、可衡量的（Measurable）、可接受的（Attainable）、相关的（Relevant）、有时间限制的（Time-based）五项要求。符合 SMART 原则的改进目标，为改进工作提出了明确方向，也便于衡量改进效果。

比如某项针对研发项目管理的改进工作，要求在一年内，研发项目履行初步的项目管理制度，将开发类的项目进度偏差控制在20%以内；在三年内，研发类项目需要履行更严格的项目管理制度，项目进度偏差控制在5%以内。这个改进目标就符合可衡量、有时间限制等标准。

对某公司进行研发现状调研时，研发主管提及期望解决部分研发人员职业素质问题，包括着装随意、缺乏互助精神、不愿进行公益服务等。这些问题显然与研发体系绩效改进的关系不大，且属于个别现象，并不符合相关性的要求。

某新兴高科技公司的研发主管，认为“该公司的管理就像一张白纸，没有历史包袱，咨询方无须考虑公司的现状，可以按照自己的理想，建立一套先进的管理体系”。这种想法貌似给操刀者以极大的施展空间，但是不考虑企业管理现状、盲目嫁接的做法，成功的概率并不高。因此，这个改进目标并不符合可接受的、相关性的标准。

某公司研发改进目标确定为“建立一套符合××模式的研发管理体系，解决跨职能协同不畅、产品质量不稳定等突出问题，提升研发体系的综合效率”。

这个目标是否合适需要稍微深入一些去思考：是否有令人信服的逻辑显示“建立新的研发管理体系”与“解决跨职能协同不畅、产品质量不稳定等问题”的相关性。也就是说，钥匙和锁的匹配程度。如果问题和解决思路之间存在必然联系，则这个目标是具有相关性的。否则，这个目标并不具有相关性，将会导致改进工作碰壁。

2.1.2 设立恰当的小目标

如何确定一个恰当的改进目标？

首先，就是对企业的研发现状具有清晰的认识。

可以做个简单的测试：作为研发体系改进者，是否可以指出当前企业研发体系最主要的三个业务问题？请注意，答案必须有充分的依据，并且具有普遍性和优先级。看似简单的问题，实则不容易回答，这需要对研发体系具有大局观和深刻洞察力。

咨询中常会碰到某些研发管理者，他们对问题点的阐述滔滔不绝，却零零散散，无法描述出总体状况，更无法将那些影响程度大的、亟待解决的问题挑出来。缺乏重点的罗列问题，将会令改进工作失去目标和方向。

“不识庐山真面目，只缘身在此山中。”研发管理者从企业全局的角度去审视研发，将有助于把握改进要点，而不是拘泥于细节。

其次，就是初步考虑解决思路。

尽管此时距离真正提出解决方案还有很多工作要做，但并不妨碍考虑一下可行性和关联性。这就好比在产品开发中，需求分析人员在定义需求时，不可避免地去考虑技术复杂度和实现工作量，以利于后续工作开展。

比如新业务领域的选择和拓展问题困扰着某公司的管理层，市场分析与产品规划等工作与之关联较为密切。此时强调研发项目的规范化管理意义不大。

随着业务的迅猛发展，某公司的研发体系已经超负荷运作，加班成为常态，但响应客户需求不及时、送样质量不达标等现象时有发生。通过强化绩效管理手段，去提升项目团队的工作效率收效甚微。针对性的解决思路是增加资源投入、选择重要的产品去立项。

在提出改进目标的同时，初步考虑解决思路的关联性和可行性，可以使改进者在初期避免很多过于乐观的想法，有助于脚踏实地的进行改进。

2.1.3　不可忽视的约束条件

各个层次的管理者都是在其职权范围内完成本职工作，如果工作超越了管辖范围，就需要获得相关部门的配合，也可能吃闭门羹。研发体系的改进工作更是如此。那种没有条条框框束缚、在白纸上作画的理想条件，只会出现在教材中，而不可能出现在管理者面前。

在确定目标时，充分考虑企业的管理基础和约束条件，有助于产生务实的解决方案，避免出现“何不食肉糜”似的黑色幽默。我们可以从两个维度去识别约束条件。

一个维度是约束条件所属的领域。根据研发体系的组成部分，从产品特点、技术积累、资源配置和管理制度四个领域去了解约束条件。

另一个维度是约束条件的明确程度，是明确要求，还是隐含约束。

一般来讲，在进行调研访谈时，企业领导者会对改进的影响范围提出明确设想，比如是否涉及绩效激励机制、是否包含 × × 业务管理模块、是否包括研发领域以外的调整、是否允许出现一定程度的效率下降等。可以将这些明确的约束条件视为解决方案的前提，如果解决方案确实与这些约束条件矛盾，就需要和企业管理者进行充分协商。

另一些约束则隐含在表象之下，需要去用心挖掘。比如汽车行业的公司，其管理制度需要遵循 TS16949 的标准要求；对于市场更新换代速度快的公司，隐含的约束就是“不能以降低研发效率为代价”进行改进。

下面是一个虚拟案例，假设某公司开展了目标为“推进项目奖励机制，提升项目运作效率”的改进工作，其约束条件如表 2－1 所示。

表 2－1　项目约束条件

	明确要求	隐含约束
产品特点	项目奖励机制需要覆盖产品开发和技术研究两大类研发项目	——
技术积累	——	——
资源配置	——	未来将会配置三名兼职管理人员负责项目评价、项目奖励计算等工作 要求该机制简单易操作
管理制度	公司至多提供相当于基本工资总额 30% 的资金用于项目奖发放	管理基础薄弱，对研发项目缺乏成熟的评价手段

研发项目奖励的基础是对项目绩效的客观评价。如果漏了“对研发项目缺乏成熟的评价手段”这样的隐含约束，就会令解决方案不完整，在实施中碰壁。

2.2　研发体系调研

现状调研的目的是充分了解企业研发体系的总体情况和重点问题，为解决方案提供充分的信息来源。进一步说，现状调研也可以看作提出解决方案的一部分工作。

“这是付费让咨询师来了解我们（企业）啊！”曾经有企业高管如此调侃其研发体系咨询项目。因为在咨询项目行将结束时，咨询师才对企业有了比较全面和中肯的了解。而此时，研发体系设计与优化工作早已“完成”了。

他一针见血地谈到了某些咨询项目的弊端：对现状调研工作的不重视，导致改进方案千篇一律，缺乏针对性。更有甚者，直接跳过现状调研，直接进行体系设计。而某些企业管理者不明就里，还对咨询师这种方式青睐有加，认为这样做节省了时间。殊不知，这种方式实则浪费双方的时间，企业除了获得一大堆标准化的制度和模板之外，很难有实质性的改善。

在《三国志》中记录了名医华佗的故事：府吏儿寻、李延共止，俱头痛身热，所苦正同。佗曰：“寻当下之，延当发汗。”或难其异，佗曰：“寻外实，延内实，故治之宜殊。”即各与药，明旦并起。

研发改进的过程与医生看病有类似之处：都需要根据实际情况，提出有针对性的解决方案。那么如何获得实际情况？中医讲究“望闻问切”四诊；对于研发体系改进，也有类似的典型收集手段。

在整个调研过程中，不仅要“独观其大略”，还要“务于精熟”。首先，广泛了解信息、发散性寻找问题；其次，进行有目的、聚焦的问题假设与辨析；最后，则是问题验证和确定。

2.2.1 为研发体系体检

对研发体系进行信息收集，就像为其做体检，目的是全面了解研发体系的客观现状。信息收集时，一方面需要有明确目的性的主动出击；另一方面需要冷静倾听，尽量减少调研者自身偏见的不当投射。下面是信息收集的典型方法：

◎发放问卷

研发体系调研问卷一般涉及战略与规划、研发流程、项目管理、组织结构、绩效管理等内容，发放至研发业务骨干，目的是通过量化形式展现企业的研发体系现状。这些数据也可以在调研报告中使用，以说明某项问题。

问卷调研结果直接展现出研发骨干对各类问题的关注程度和严重程度，可以使改进者对企业研发体系有一个量化的了解。比如“68%的人员认为没有人对产品的市场成功负责”和“55%的人员认为项目经理缺乏足够的权力”，将会促使改进者将调研重点聚焦于产品规划、项目经理责任制等领域，开展更加深入的挖掘。

在设计调研问卷时，一般以优秀的研发管理体系和实践（如CMMI、IPD等）为依据，结合企业的实际情况进行设计。如果没有对“标准问卷”进行适应性的调整，将会出现水土不服的情况，甚至引起误解。比如某调研问题为“公司产品开发是否具有明确的路标指引”，但是接受调研公司的业务模式是以客户定制为主，并没有“路标”这一概念，显然这样的问题对该公司而言缺乏实际意义。因此，为了发挥调研问卷的真正价值，最好是在对企业有一定的了解后，调整问卷以适应当前企业。

问卷统计结果需要和其他调研信息结合起来进行分析才有意义。改进者不能仅凭一系列的统计数据，去断定研发体系的运作效率和重要问题。

在回答“项目开发过程中是否感到需求变化太多”的问题时，30%的人员回答是“很多，难于应付”，40%的人员回答是“较多，可以应付”，10%的人员回答是“少”，20%的人员回答是“没有”。

从上述统计结果来看，70%的受访者认为需求变化引起的问题并不严重。那么能否断定该公司在需求变更的问题上表现不错呢？这个问题目前下结论为时尚早，需要结合相关信息才能做出判断。可以设想这样一个场景：该公司包括两类项目，其中自主研发项目中的需求变更矛盾并不突出；而定制项目却饱受客户不断调整需求的困扰。而在问卷反馈人员中，参与定制项目的人员比例偏低，调研结果则无法反映真实情况。

在回答“项目立项是否有明确的流程”的问题时，30%的人员回答是“有，可以严格执行”，40%的人员回答是“没有”，30%的人员回答是“有，但不严格执行，只是走形式”。

上述统计数据表明项目立项的执行情况并不理想，同时咨询师也了解到该公司很多产品在市场上并不成功，没有带来良好的经济回报。是否由此可以判断，该公司由于没有严格执行立项流程，导致产品立项的成功率不高？

事实上，该公司所属行业处于一个特殊的发展阶段，业界同行都在寻求解决方案的大规模应用场景，这家公司也不例外。因此，该公司的立项成功率不高是事实、立项流程执行不严格也是事实，但是这两者之间没有必然的联系——通过严格执行立项流程，力促提高立项的成功率，这个解决思路是缺乏逻辑的，也不符合公司的业务现状。

◎调研访谈

调研访谈一般是咨询师和企业受访人一对一进行的，独立的环境有利于双方畅所欲言，可以直接了解到宝贵的一手信息。为了全面了解研发体系运作现状，访谈对象不但在纵向上要涵盖企业领导层、研发管理层、研发业务骨干等不同层次人员，而且要横向涵盖与研发体系有关联部门（比如市场部、销售部、质量部、采购部、制造部、客户服务部、人力资源部等）的负责人和业务骨干。

对于不同的访谈对象，需要有明确的访谈目的和范围，事先准备好访谈提纲，并根据情况追加问题。比如对于高层领导，访谈关注于企业战略、改进目标与要求等；对于研发管理者，访谈重点则在于研发体系的总体运作情况、具体改进需求、痛点问题等。咨询师需要从不同领域和层次关注研发体系。打个比方，就像是全息摄影，能够从不同角度共同反映事物的全貌，而不是每个人各执一词。

看下面的访谈片段，其中，A为咨询师，B为企业项目管理部负责人。

A：“贵公司研发项目是否有延期情况？”

B："比较普遍，每个项目大约延期50%。"

A："这是比较突出的问题。"

B："是的，我们公司对研发项目有严格的进度要求，但完成情况并不理想。项目团队也有意见，每次延期他们都很有挫败感，但是作为管理者，我们也没有办法。"

如果对话到此为止，可以得出该公司"项目进度目标制定不合理，导致项目普遍延期"的结论，但是如果再进一步了解，就会发现判断有些操之过急。

（继续上面的对话）

A："为什么对研发项目提出如此激进的进度要求？项目团队是否接受这样的目标？"

B："项目团队当然不愿意接受，明知道时间不够，项目资源就摆在那里，也不可能临时增加。但是他们也没有办法。"

A："具体什么原因？"

B："是这样的，我们领导认为给你10个月的时间，你要花15个月去完成；要是给你15个月，你就要20个月才能完成。所以，必须严格要求，不能放松。"

A："你们每年立项的数量有多少？"

B："今年立项了20多个项目，事实上事业部至少还有10个项目想立项，但是实在排不上了。这几年的情况都差不多。"

现在我们终于知道，根源在于该公司的主管领导认为"对研发团队压力越大，项目开发效率越高"，因此对研发项目提出了非常激进的进度要求。这指引咨询师对项目规划、资源配置、进度偏差等情况做进一步了解，才能做出客观判断。

在访谈中，双方经常会对企业当前的痛点问题做深入的交流，有经验的咨询师不会即刻给出解决建议。那些具有鲜明企业特征的研发问题，通常并没有简捷有效、立竿见影的解决措施；在对问题缺乏足够认识的情况下贸然作答，非但不会树立良好的形象，反而会将咨询师经验匮乏的弱点暴露出来。

◎阅读文档

文档是研发工作的输出，也是工作留下的痕迹。在进行现状调研时，咨询师主要关注两类文档：一是研发体系管理制度和流程规范；二是研发工作的交付成果。简单地说，前者是制度要求，后者是实际执行；若两者不一致，表明企业在制度落实方面存在问题，就是常说的“两层皮”。

对于过程文档不完整的研发项目，一些重要的管理活动并没有体现在文档中，单纯阅读文档就无法抓住重点。面对这种情况，比较有效的手段就是要求项目成员将项目过程描述清楚，以此为链条将项目文档串联起来。

◎搜集度量数据

“没有度量就没有管理。”① 有针对性地搜集度量数据，有助于我们更加准确地把握研发体系的确切情况，也使问题展现更有信服力。

在搜集数据时，最重要的就是目的性。如关注研发项目过程，则进度偏差、计划变更、需求变更/设计变更、交付缺陷等就是比较通用的度量指标；而关注产品规划质量，那么立项数量、立项成功比例、新产品占比等度量指标比较能说明问题。

但是仅仅将度量数据罗列出来，貌似很有信服力，实际上也许无法说明任何事情。当看到某研发项目的进度偏差率为30%时，并不能得出“项目管理水平不高”的结论：因为偏差，可能是进度计划本身过于激进（屈于外部压力）、可能是项目控制不严、可能项目属于技术研究类、可能是项目过程中出现重大变更、可能是关键成员调离，也可能是诸多原因交织在一起。因此，上述较为突出的数据，将会促使改进者关注引起进度偏差的原因，而不是惊讶于偏差过大。

英国传奇首相温斯顿·丘吉尔的演讲非常具有感染力和说服力。有人问他：“您在演讲中总会引用大量数据去论证一个事实和道理，您所谈及

① 彼得·德鲁克的原文为，“If you can’t measure it，you can’t manage it.”

的数据是否真实?”

丘吉尔如此回答:“我花了三个月的时间去准备这些数据，如果别人怀疑这些数据，也会花上三个月的时间去搜集。所以，至少是在三个月之后我才会遇到麻烦!”

与政治家演讲中的数字相反，研发体系调研获得的数据不仅要准确可信，还需要咨询师分析背后的原因。分析后的结论也许符合原来预期，也许并不能指向任何问题。尽管是“费力不讨好的苦差事”，但分析数据是调研工作的一个必要组成部分。

分析度量数据为深入调查指明方向，通常横向比较和纵向深入分析可以帮助咨询师快速了解企业问题的分布。

横向比较是将目前的数据与历史数据、企业其他产品线的数据进行比照，分析其中的差异。

某公司本年度的研发人员离职率约为20%。

这个数据并不显眼。如果和历史数据进行比对（前年和去年的离职率均未超过10%），改进者就会有所警觉，进而去探究导致离职率飙升的原因。

纵向深入是将量化数据和定性分析结合起来、相互佐证，有利于我们得到更加接近事实的结论。下面是一个关于变更的数据分析案例。

某大型机电公司对其在产品制造过程中发生的大量工程变更非常头疼，“变更通知单一次比一次厚”，后续部门应接不暇。为了搞清楚背后的原因，需要对相关数据做深入的分析。

在与设计部门访谈时，咨询师了解到引起工程变更的主要原因是客户的需求不断地变化，而且难以控制，设计部门只能被动响应并传递到后续环节。

咨询师搜集了近三年的变更数据，分别为2221次、3138次和6789次。而在去年的6000+次变更单中，修正设计错漏占比为62.38%，客户需求变更占比为4.06%。由此判断绝大多数变更的直接原因为设计本身所致，并非感觉上的客户因素。

为什么去年的变更数量急剧增加？事实上源于该公司的一项管理制度的调整。去年之前，一份工程变更单中可以包括很多相关的变更请求；去年开始则要求一份工程变更单只能包括一条变更请求。也就是说，原来的一份变更单被拆成了现在的几份。在进一步核实后，发现工程变更的实际数量并没有明显的增长。

◎组织小组讨论

对于需要不同领域人员集体做出现状描述的时候，一对一访谈的方式无法满足要求，这需要组织小组进行讨论。如果企业在产品规划、产品开发、需求管理等过程中涉及多个部门，其中还有很多工作接口，任一领域的人员都无法将这些信息完整地展现出来，那么就需要相关人员共同还原该过程。

有别于单独访谈的一个显著区别，就是小组成员容易受到他人，尤其是领导意愿的影响，而采取明哲保身、趋利避害的态度，使得咨询师获得了被扭曲的信息。

咨询师组织某公司主要业务部门领导和骨干召开研讨会，按照APQC①的评估模型，进行业务流程成熟度的测评。公司总经理抛出了问题："我们公司的流程成熟度目前处于哪个级别?"

部门经理A认为公司处于3级（即集成级）的水平，理由是公司在业界处于先进行列，管理水平自然也不会差。结果他的说辞遭到了总经理的痛批：部门经理A说的不对，扣罚当月奖金!

接下来部门经理B降低了评估结论，发言表示公司处于2级（即职能级）的水平。结果他的说辞也遭到了总经理的痛批：部门经理B说的也不对，扣罚当月奖金!

---

① APQC，American Productivity and Quality Center，美国生产力与质量中心。APQC将企业流程成熟度划分为初始级、职能级、集成级、度量级和卓越级五个级别，标志着企业流程管理水平和业务收益的不断提升。

之后又点名让部门经理C发言。部门经理C暗自揣摩："从老总的发言看，肯定是认为公司管理水平低。前两位都说得太高了，我应该按照最低的级别说。"因此，他表示公司的流程成熟度为1级，也就是初始级。没想到还是没过关，总经理认为他说的还是不对，自然也被扣了奖金！

这就奇怪了，按照APQC的评估模型，初始级已经是最低级别，部门经理C已经是最"谦逊"了，为什么还是没有达到领导满意？

最后，公司总经理抛出了自己的观点。他认为，公司流程管理水平太差，甚至连初始级都达不到，因此应该是0级。大家这才恍然大悟，领导的心思还是很难猜的。

可以想象最终测评结果并不能体现该公司的真实水平，领导已经定了基调，夸大其词的问题描述纷纷涌现，公司的管理情况被说得极端糟糕。这样的小组研讨已经失去了意义。

在小组研讨过程中，要尽力避免"钓鱼执法""请君入瓮"等情况出现。实践证明，组织小组讨论必须具备如下两个特点，才能获得预期的效果。

一是适当人员的参与。需要那些执行流程、真正了解业务实际情况的骨干人员参与研讨，这样才能获得真实的一手素材。在咨询项目过程中，笔者曾经遇到这样的情况：研讨小组成员都是由流程制定者所组成，而那些在一线工作的业务骨干却没有机会参加。这将使得了解到的信息偏纸面化，无法接触执行细节和真实情况。

二是气氛平等、宽松。组织小组研讨的目的是全面了解管理现状和业务需求，并非现场对工作的是非曲直做出评判。因此，需要创造一个宽松氛围，使大家将注意力聚焦于展现现状，即使偶尔的冲突，也是为了澄清不一致的执行现状而引起的。

在还原某公司的产品研发过程时，咨询师选择了研发、市场、财务、采购、测试、质量、制造等部门的业务骨干参加小组研讨，共同组成一个虚拟的跨部门团队，逐步展示一个典型的研发项目过程。

在展示过程中，产品开发团队成员之间也会有矛盾，比如流程是否需要展现到细节、工作接口关系和执行顺序、重大返工等，大家都会有不同的意见。一方面咨询师强调了相关的原则；另一方面从争执中了解到项目真实的执行细节。

这是一次给大家带来收获的研讨：第一次了解到了研发过程的全貌，尤其是相关部门是如何配合开展工作的，消除了很多误解，也发现了研发过程中有待改进的地方。

◎工作观摩

观摩企业的重要管理活动对咨询师来说是非常必要的，只要条件允许就要去参与，包括技术评审会、项目汇报会/总结会、质量回溯会等。工作观摩提供了比其他调研手段更加直接、真实的感受。在研发体系改进工作中，对执行力度和效果影响最大的因素就来自人员本身，工作观摩恰好使得咨询师有机会对业务人员的工作习惯、企业文化拥有最直接的认识。

从工作细节上可以看出很多东西：在开会之前，与会人员具有明确的座次和入场顺序，标志着该公司等级森严，各项工作都要进行层层的汇报和审批，否则寸步难行；当分管不同领域的领导能够开诚布公、畅所欲言，标志该公司拥有比较轻松、民主的工作氛围，但需要提防议而不决、执行不力的情况；当碰到相互指责推诿、文过饰非、言之无物的情况，则提醒我们，该公司的官僚做派将会对改进工作造成极大的阻碍。

◎信息收集工作实践

在《三国演义》中有一段对大谋士庞统的传神描述。当时庞统被刘备安排去做耒阳县令，实在是大材小用。庞统无所事事，饮酒度日，这直接遭到张飞的指责。

飞曰："汝到任百余日，终日在醉乡，安得不废政事？"统曰："量百里小县，些小公事，何难决断！将军少坐，待我发落。"随即唤公吏，将百余日所积公务，都取来剖断。吏皆纷然赍抱案卷上厅，诉词被告人等，环跪阶下。统手中批判，口中发落，耳内听词，曲直分明，并无分毫差错。民皆叩首拜伏。

庞统的名士风采实在是令人神往！然而咨询师的调研工作却难得这般潇洒，在对企业现状进行了解时，往往无法一下子就抓住问题的实质，需要一个逐步深入、去伪存真的过程。

下面展现了一个调研工作计划（片段）的样例。如表2－2所示。

表2－2　调研工作计划（片段）的样例

阶段	具体工作	简要说明
第一轮调研工作	第一轮访谈	访谈对象为公司高层、各项目部门负责人，了解企业研发管理现状，主要关注业务问题和改进目标
	阅读研发文档	了解研发体系流程制度、典型项目过程文档和交付成果
	搜集度量数据	搜集并分析研发项目管理、质量管理、资源配置等度量数据
	信息整理	初步提出研发体系总体状况、重点关注问题，确定后续调研方向
第二轮调研工作	第二轮访谈	访谈对象为研发体系业务骨干，关注业务问题的证据、验证先前的假设、尝试解决方案的可行性
	发放与统计调研问卷	了解相关干系人对研发体系的总体观点
	小组讨论	对产品研发流程、项目管理进行全方位了解，尤其是跨职能协作、不同类型研发项目的管控手段等实施细节
调研总结	调研整理	回顾研发体系总体运作情况，确定重点改进问题和改进思路，注重以事实和数据为依托
	撰写调研报告	展现调研成果，并向企业领导层汇报

在表2－2的调研计划中，咨询师将调研工作分为两轮。第一轮主要是广泛了解企业研发体系现状，明确主要干系人对体系改进的诉求，初步确定重点问题；第二轮是在全面了解的基础上，对重点问题和假设进行验证，有针对性地关注细节，最后对信息进行分析总结，形成调研报告。

某些公司的研发体系比较复杂，拥有多条彼此独立的产品线或事业部，甚至还包括企业研究院。在对此类企业进行调研时，可以将各个部分看作独立的研发体系，在撰写调研报告时，也需要彼此独立。

将各产品线问题拼凑为一份调研报告的方式是不可取的。这种报告或许让企业管理者感觉内容丰富，业务问题比比皆是，但实际上却无法如实体现任何一个研发体系的真实情况，误导改进的方向。

2.2.2 洞察关键问题

在收集企业研发现状信息之后，先不要急于寻求解决方案，中间必须要进行问题分析。问题分析是一个将客观信息进行加工、转化为主观判断的过程。改进者需要对企业信息进行独立思考，最大限度地把握主要问题，为设计“量身定制的解决方案”打好基础。

下面介绍几个用于研发体系问题分析的典型方法：

◎根源分析法

在秦王嬴政扫荡六国的征战过程中，他任命大将王翦统帅六十万大军伐楚。在出征时，王翦向秦王“请美田宅园池甚众”“以请田宅为子孙业耳”；出关前，又连续五次求赐美田。

如果只看表面现象，就会认为王翦贪婪得可笑。但是实际上这种认识是肤浅的，王翦非常清楚嬴政生性多疑，将秦国全国士兵尽交到自己手中并不放心。此时唯有向秦王提出诸多要求，才可以表明自己除了金钱以外别无他求，借此消除秦王怕他拥兵自立的疑惧。

在审视研发体系问题时，如果只是浮于表面，没有抓住实质，解决方案也就随之偏差。比如对产品交付质量不理想的问题，如果仅仅认为是测试没有做好，那么对应的解决方案就是“投入资源，进行更为充分的测试”；对研发项目延期的问题，如果认为主要是计划过于乐观所致，那么对应的解决方案就是“在现有的进度计划基础上增加一定比例的缓冲时间”。导致一个研发问题的因素通常有很多，其中还包括深层次的原因，不考虑这些就给出判断难免过于草率。

如何挖掘深层次的、根本性的原因？我们可以不断深入了解导致问题的原因，直至找到根源。下面的案例展现了根源分析的具体方法。

美国康奈狄克州有一家机械组装厂A，多年来一直由一家外包厂商S提供零件。起初三年中，S厂铸造的零件没有一件被退货，每一件都完全符合规格，但突然从某天开始，S厂的缺陷率从零跳升到百分之百。

这种异常导致了严重的后果：S 厂的零件停止生产，A 厂的组装也停止了，同时 S 与 A 互相指责。S 厂发誓说："我们的员工没有做任何改变，模具是原来的，程序也是原来的。"

问题究竟在哪呢？

为了找到引起"零件质量异常"的元凶，需要抽丝剥茧，不断深入寻求答案。如图 2－1 所示。

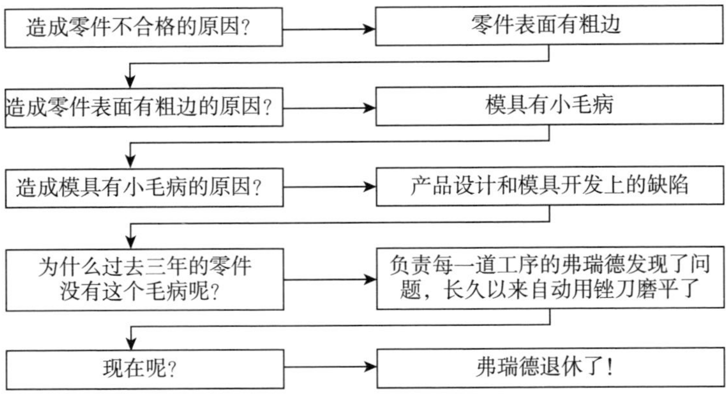

图 2－1　"零件质量异常"的原因

最终我们发现，"弗瑞德退休"导致了"零件质量异常"。既然问题根源找到了，解决方案随之出现：一个方法是从产品设计和模具开发上的缺陷着手进行修正，后面的问题就得到了彻底解决；另一个方法是赶紧把弗瑞德先生返聘回来，继续用锉刀磨平零件表面的粗边。这两个方法的区别在于投入资源和见效周期，具体采用何种方法取决于实际场景。

在某通信企业研发体系调研时，发现了一个有趣的现象。统计数据显示，在制造系统中进行了过程改进后，某款新产品缺陷数量明显少于之前的类似产品，返修率和客户问题数明显下降。然而制造过程影响的应该是产品良率，对产品的上述方面一般不会造成太大的影响，上述指标应该与产品的设计开发关系更为密切。为什么会出现这样的情况？

通过进一步的调研与分析，咨询师终于发现了其中的秘密：该产品面向海外销售，所需提供的功能比国内产品有所删减。该产品虽然是新型号，却是在以往稳定的国内产品上进行的定制。因此，该产品质量稳定的结果不足为奇，与制造系统的改进工作没有因果关系。

采用根源分析的方法，将会使改进者对研发问题的理解程度不断加深，更准确地把握真实情况。

◎标杆对比法

就像在进度估算时首先使用“类比法”一样，标杆对比是进行问题发现与分析的主要方法。随着咨询师经验的不断丰富，他将会选择那些与当前企业相似的管理标杆进行比对，并结合自己的专业理解，通过差异分析确定改进点。

如何看待用于对比的标杆？

一个具有启发性的观点是，“所有模型都是错的，但有些是有用的①”。拿来做对比的标杆，可能部分适用于当前企业；对比获得的结果，是进一步分析问题的基础，而不是结论。当发现企业的管理方式与标杆存在差异时，需要考虑“当前企业的管理方式是否真的缺乏合理性”“如果将标杆做法引入企业，其代价如何、是否比现行做法获得更理想的效果”。

让我们来看几个使用标杆对比方法的案例：

◎案例一：采用标准模型评估研发体系

某通信设备公司的研发高层对IPD非常推崇，除了组织多次专题培训，还任命了非常资深的IPD体系管理专家，在公司内部推行。

在对标IPD模型中，发现该公司的管理实践和IPD的要求存在极大差异。这些差异都被视为问题项，考虑通过后续制度优化的方法加以改进。随之而来的一个问题就是：面对数量庞大的改进项，应该如何入手？

这是典型的“按图索骥”，与优秀管理体系之间的差异并非一定就是问题；即使管理中的问题很多，也需要确定改进次序。

◎案例二：提高测试效率

将测试部门建设成与开发并列的独立部门，这样就可以进行独立的产

① 英国统计学家George Box的名言，原文为“All models are wrong，but some are useful.”

品测试，保证测试不受干扰，从而提高产品交付质量。在产品测试领域，这是标杆做法。

某新兴的高科技公司学习标杆的做法，新建了独立的测试部门。然而事与愿违，其发布的产品质量却有所下降。

为什么采用标准的管理方法，实际执行效果却不理想？

经过仔细了解，咨询师发现该公司产品的功能并不复杂，但是需要较高的可靠性和稳定性。由于测试部新建立不久，测试人员对业务熟悉程度不够，加之产品发布周期紧张，产品质量问题随之而来。目前，公司研发人员对产品的情况比测试人员更清楚；更重要的是，测试人员的专业能力不足，很多深层次缺陷没有被发现。故而独立测试的方式无法获得理想的效果。

基于这样的分析结论，咨询师提出了一个与标杆做法相左的改进建议：鉴于当前测试人员能力不足，考虑让研发人员指挥测试。具体流程可描述为：研发骨干将测试重点项告知测试人员；测试人员编写测试用例、执行测试并反馈测试结果；研发人员迅速根据问题报告更新版本。

通过项目试行，这种研发与测试联合工作的方式，在产品质量和工作效率方面都有着不错的表现，因此在该公司内获得了大范围的推广。

◎案例三：产品开发与技术预研相分离

研发项目中很多延期来自技术风险，因此技术预研工作应先于产品开发，待技术成熟后再导入产品开发过程，有利于研发项目保证进度和质量。这是研发体系中一个重要的优秀实践。

在某次调研中，咨询师分析研发项目延期的主要原因，将其管理现状与上述实践进行对比。发现很多研发项目虽然进行了技术可行性方面的论证，但过程中仍出现技术难题无法如期克服的问题，导致项目发布时间一拖再拖。原因何在？

事实上，多数项目团队对公司制度执行不到位。按照制度要求，立项阶段曾经对产品的技术风险、市场价值等进行评估。在实际操作中，由于进度压力大，立项材料是在项目启动以后补上的，也就是走形式。因此，本该在早期被识别的技术风险、市场风险都在项目实施过程中暴露出来，项目团队戏称为“滚地雷”。

结合相关的度量数据，得出的结论为：该公司对项目立项阶段工作执行不到位，项目可行性评估形同虚设，从而带来技术风险影响开发周期、产品与市场脱节等隐患。

◎代入法

在微软公司凭借 Windows 强势出击、如日中天的时候，很多同行对它的霸道行为大加鞭挞。有一次，某软件巨头的 CEO 在电视上接受主持人的访谈。他大谈微软如何通过 Windows 的优势打击同行、涉嫌垄断，这样的行径严重阻碍产业的发展，政府应该站出来阻止事态继续恶化下去。

主持人问道："如果您是比尔·盖茨，又当如何？"

这位 CEO 想了一下，坦诚的回答："我恐怕也不会做得比他更好。"

非常感谢他的直白。当人们站在不同立场，甚至不同的时间节点，对同一件事情的看法可能会完全不同。在进行研发体系调研时，咨询师是在问题已经发生后去寻找原因，站在上帝视角去审视工作过程，这种优越地位直接导致对问题看法的简单化，对当事人的求全责备。

发现研发项目过程不顺畅，总被突发事件打断，就断定项目经理在风险管理方面没有做好；发现研发流程没有被彻底执行，项目过程中需要做大量的协调工作，就断定项目团队缺乏执行力、缺乏对项目成败负责的态度；发现很多产品与市场脱节，就断定企业在决策环节出了问题。这些判断，一方面过于武断，并没有揭示深层次原因；另一方面，执行者在面对真实业务问题和所掌握的信息时，也许已经做出了明智的判断，只是结果并不理想。如果执行者反问道："你来做，是否可以做得更好？这些问题是否可以消除在萌芽中？"咨询师将无言以对。

在研发体系调研中，这种情况是否是值得改进的问题？

此时咨询师可以将自己的身份转化为流程的执行者或决策者，想象一下面对同样的场景，自己应该如何开展工作。如果确实有更好的做法和结果，则可以认为有改进空间。在管理研发项目计划时，发现进度要求非常紧张，执行完整的产品开发流程是不现实的，因此首先需要判断项目特点，有针对性的执行活动裁剪和资源配置；在项目风险管理中，如果已经集思广益地识别风险，并将风险的应对措施落实到后续工作中，即使仍然被突发事件困扰，那么问题也不应该归咎于风险管理不当。

我们看一个技术规划决策案例：

某大型行业龙头企业非常重视技术创新工作，每年为此投入超过2亿元人民币的专项经费。为让这笔资金发挥最大价值，该企业成立了由核心领导层组成的技术管理委员会，对数以百计的技术项目进行立项决策。

这些准备立项的技术项目必须经过层层选拔，才能提交到技术管理委员会面前，由技术管理委员会做出最终评判。由于项目数量多，只给了每个项目负责人不超过15分钟的汇报时间，但仍然需要三个完整的工作日去完成整个立项决策过程。

企业上下对这项工作都非常重视，也投入了大量的精力和时间，但是大家对技术研究的最终结果却并不满意，特别是很多技术成果开发完成后被束之高阁，没有运用到产品上产生价值。

是企业缺乏将技术成果产业化的能力，还是决策制度不完善？需要进一步分析其根本原因，否则不足以提出解决方案。

我们可以将自己定位为该企业的技术管理委员会的一员，面对待决策的技术项目，如何处理？考虑哪些因素导致决策效果不理想？

通过观摩体验可以发现整个决策制度是比较规范的，执行过程能够按照计划推进。但是在进行决策的时候，有几个主要问题对评审者造成了困扰：过多、过少、基础与超前。

首先，在短短三天的时间里，评审者面对如此众多的项目意向，有眼花缭乱、应接不暇的感觉；其次，单个项目汇报时间少，评审者对每个项目了解有限，确实会对决策正确性造成负面的影响；更重要的是，没有获取到技术与产品关系的基础信息，决策时无法清晰判断其真正价值。此外，如何判断一些超前的、未来商用价值不明朗的技术对企业的远期影响也困扰着评审者。

基于上述的过程体验，可以判断该企业并非缺乏技术规划和决策机制，效果并不理想的主要问题点如下：

➢ 技术立项和产品规划是由不同部门完成的，两项工作被人为割裂开来，造成技术规划脱离了产品规划，立项材料也就缺乏了令人信服的基础信息。

➢ 决策层级过于扁平，分层、分级的决策方式将有利于提高决策效果。

➢ 对技术预研、技术开发等不同类型的项目缺乏区分。

➢ 技术开发项目没有体现成果转化的工作，也没人对此负责。

上述案例中，咨询师转换身份，将自己代入具体的工作场景中，有助于发现问题，不让问题“飘在天上”。

◎问题归并法

咨询师接触到各式各样的信息，头脑会被这些内容所充斥。如何对大量的信息进行处理呢？

简洁的处理手段就是将这些信息分类，并将类似信息再归并到一个类别上，这样可以迅速让我们的思维聚焦。可以将研发体系划分为典型模块，比如产品战略、研发团队技能、技术积累、研发管理体系；对管理体系进行分析时，又可以划分为研发流程体系、绩效管理机制和研发组织模式；如若对研发流程体系的问题进一步剖析，又可以关注产品规划流程、产品开发流程、研发项目管理机制等。

下面是一个问题归并的案例（限于篇幅，此处仅展示了片段）。如表2-3所示。

表2-3　问题归并的案例

大类	主要问题	具体描述
流程	缺乏面向市场的规划体制	市场/销售未直接参与市场规划工作
		没有专业的市场分析人员做定期的市场/客户分析
		缺乏收集市场信息的渠道
		缺乏对市场规划团队工作成果的考核
	项目立项工作流于形式	项目立项没有严格遵循产品路标规划
		项目立项书缺乏专人来统筹分析及准备的工作
	项目执行中需求变更频繁	项目立项前期未有效了解客户需求
		缺乏掌握客户需求，主导客户需求的能力
		缺乏需求管理的相关机制及审核标准

◎优先级排序法

在华为公司内部有一份《管理优化报》，主要是揭示公司中的各种管理问题，进行自我批评，督促整改。有员工看后调侃道："看了《管理优化报》，才知道公司这么乱。公司能活到今天，真不容易。"

华为还有一份对外宣传的《华为人报》，主要报道公司的重大突破和励志案例，弘扬正能量。员工看后非常振奋，"公司这么牛，一定可以成为百年老店"。

从不同的视角审视同一家公司，看到的内容却截然不同。为什么像华为这么成功的公司，内部还有这么多管理问题？其实公司运转中存在着各种问题很正常，管理层能够识别公司的主要业务矛盾，审时度势进行调整，公司就能够不断发展。

图2－2展现了某公司进行小组研讨的成果，分析了造成"产品竞争力不高"的原因。这些来自多个领域、面面俱到的问题将会给接下来的改进工作带来困扰：这些问题是否都需要整改以提升产品竞争力？如何选择切入点？

由于从事企业研发改进工作，笔者有幸近距离观察了国内各种类型的企业。这些企业的研发体系都存在这样那样的问题，无论是业界翘楚，还是普通的竞争者，概莫能外。明智的做法是针对目前的主要矛盾，采取有效措施去及时改进；而不是"胡子眉毛一把抓"，企图将研发体系打造成理想状态的"乌托邦"。企业的各项经营活动都需要考虑投入产出是否得当，研发改进也是如此，这就需要对调研问题进行优先级排序。

首先对问题进行分类，并根据一致性的标准进行排序，以确定问题优先级。对于一个研发领域的问题，考虑其发生的频次、造成负面影响的程度，可以初步判断出问题的重要级别。

在最终确定问题优先级时，还要考虑问题之间的依赖关系。比如"项目进度计划不细致""缺乏严谨的开发流程"这两个问题，由于制定进度计划需要以开发流程为基础，因此后者是前者改进的前提，不能脱离开发流程而空谈项目计划。

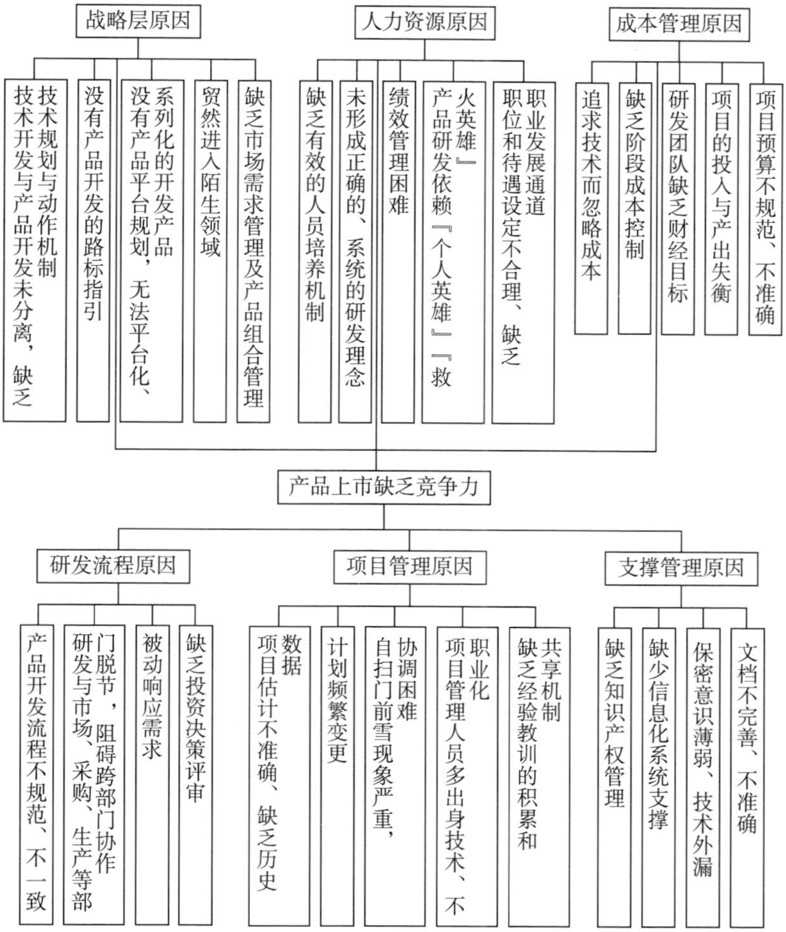

图2－2 “产品竞争力不高”的原因

◎TOC[①] 法

让笔者记忆犹新的一场足球比赛是这样的：当比赛陷入胶着，防守一方已经布好了阵容，几乎没有留下任何漏洞，进攻方貌似无计可施。但是，前

① TOC：Theory Of Constraints，即约束理论，是由以色列籍管理大师高德拉特博士（Eliyahu M. Goldratt）发明的一套企业管理方法。其理论核心在于：整个系统的绩效通常由少数因素决定，这些因素就是系统的制约因素。TOC 指导管理者找出运作上的制约因素，以及如何尽量利用自己手上有限的资源，令企业在极短的时间内，实现运作及盈利上的显著改善。

锋队员突然起脚远射，球直接入网！石破天惊的进球令人荡气回肠！

在很多研发体系改进场景下，企业并没有足够的资源和时间，让全盘的改进方案付诸实践。那么在管理实践中，是否存在这样“简单粗暴”，却一击中的的方法？

运用高德拉特博士提出的 TOC 理论，就可以让我们的改进举措更加简捷有效。TOC 有一套思考的方法和持续改善的程序，简单地说就是最大限度地识别、利用、改善甚至打破业务链条中的瓶颈，以谋求最为经济、直接的改进效果。

使用 TOC 方法，最为关键的就是不为纷繁复杂的表象所迷惑，能够准确识别瓶颈，并且提出针对性的措施。与谋求全局化的改善思维有所不同，这种方法“直接”得令人抓狂，但却辛辣无比、直中要害。

◎案例：小鬼当家

笔者在对某大型国企的项目管理体系进行调研时，大家提出了很多问题，比如跨部门协作不顺畅、部门经理不愿意放权、项目经理缺乏权利、资源冲突和挤占、项目之间的人为协调困难、相类似的技术问题重复发生、缺乏共享，等等。

将这些典型问题一网打尽的企图显然是不现实的。这些问题涉及不同领域和层次，而且相互关联，该企业目前也无意进行系统化的管理变革。那么是否存在简洁有力的改进切入点？

在调研访谈期间，笔者注意到一个细节：大家常常谈到资源问题，“资源问题就不要再反映了，领导都知道，不过目前谁也解决不了”“研发部门就是那么几个人、几条枪，即使提出要求，到头来还是排队等他们一个一个做”……

TOC 在项目计划管理领域派生出的关键链分析方法，告诉我们项目计划的制定和执行需要考虑资源配置。那么在当前公司，显然研发资源配置成为大家关注的重点，到底哪些资源成为瓶颈？

带着这些问题，我们进一步了解到，原来大家所说的资源紧张，具体就是 PCB 布线工程师：只有 3 位该专业工程师，负责几十个研发项目中的 PCB 布线工作。当诸多项目处于详细设计阶段，该项工作成为瓶颈：这些项目的进度受制于 3 位 PCB 工程师的工作产出。也就是说，这 3 位工程师决定了该大型企业的项目群整体运作效率。如图2－3所示。

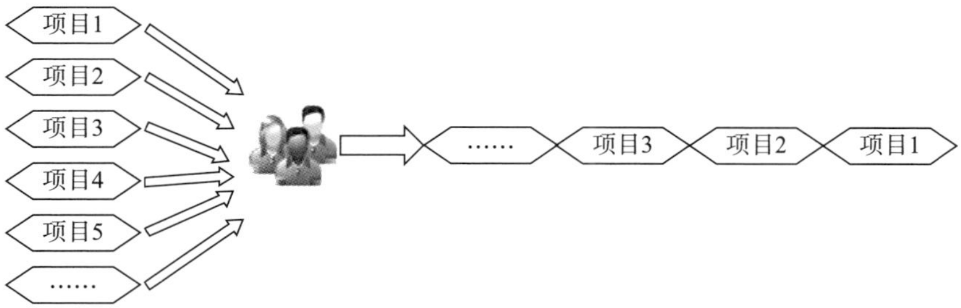

图2－3　项目整体运作效率受制约

这里并非立足于解决该公司研发体系方方面面的问题，而是针对项目运作低效、研发资源忙闲不均的问题给予针对性改进。当识别到瓶颈所在时，解决措施包括项目优先级排序、招聘并培养合格的专业工程师、部分工作外包等。从实际结果来看，改进效果是明显的；接下来，我们需要观察当前的瓶颈，再提出针对性的改进措施。

也许有人会担心，这样的解决方案是否过于单薄，是否可以被企业所接受。笔者需要澄清的一点就是，并非企业规模越大，解决方案就需要越复杂；也并非企业存在的问题越多，解决方案就越要包罗万象。解决方案的针对性和合理性是首先需要考虑的，提供“实践有效”抑或“貌似有效”的解决方案，取决于改进者和企业方的认识与接受程度。

◎类比法

类比法就是通过和相类似项目/工作的细节对比，来挖掘问题产生的原因。运用类比法，关键是要寻求到适当的对比标的，从对比中发现那些最重要的影响因素。

一家通信设备制造公司，一个工程实施项目交付结果并不令人满意，工期远远超过预期，期间出现了很多次重大变更，最终导致成本没有控制住。项目团队承担了很大压力！实事求是地讲，这个项目确实在技术要求上具有相当大的难度。但此前的一个项目也是高难度的，和这个项目相差无几，并且完成得很好，项目的主要干系人（销售经理、公司主管、客户方，还有就是项目团队）都挺满意，客户为此还写了一封感谢信。

两个项目一对比，高低立见分晓：明摆着失败的项目意味着项目经理和团队成员能力不行、责任心不够。

然而事实真的是这样吗？

其实，前一个项目的难度是大家公认的：公司特意将价格压得很低，工期承诺得很紧张，主要是为了打击竞争对手。为了这个项目，公司不惜血本从电信设计院高薪聘请了两位有着多年网络设计和现场实施经验的专家，有效地弥补了公司在这方面的短板。

在外援的鼎力支持下，这个项目实施过程比较顺利，总体性能指标达到了客户的要求；从公司层面来讲，通过这个高难度项目的洗礼，公司上下一致认为已经具备了重大项目的实施能力。对于接下来的项目，高层想当然地认为凭自己的实力就可以胜任，没有再聘请外部专家；项目团队不可谓不努力，遗憾的是力不从心，最终铩羽而归。

通过对比发现，两个项目相似度很高，问题是项目团队的资源配置和业务能力具有很大差异，导致项目的结果不同。对于结果不佳的项目团队，主要问题在于没有及时判断出业务能力不足以支撑当前项目的重大风险，并非责任心的问题。

◎小结

前面介绍了问题分析的若干种典型方法，这些方法好比古龙笔下的“七种武器”，每个方法都有其适用场景。如表 2－4 所示。

表 2－4　7 种典型方法

序号	方法	适用场景
1	类比法	对典型案例进行深入分析
2	优先级排序法	对广泛的问题进行聚焦，确定关注重点
3	问题归并法	对广泛的问题和信息进行分类、聚焦
4	代入法	对典型案例进行深入分析
5	标杆对比法	对研发体系现状进行全局判断
6	根源分析法	对共性问题或者典型案例进行深入分析
7	TOC 法	对广泛的问题进行聚焦，确定关注重点

在进行问题分析时，我们常常将多种方法综合起来使用，以取得理想的效果。比如首先对研发体系现状利用“标杆对比”的方法发现问题，然后对诸多问题进行“问题归并”和“优先级排序”，之后对其中的重要问题通过“根源分析”和“类比”的方法找到其真正原因。

下面展现几个问题分析的典型案例：

◎案例一：对项目进度延期问题进行分析

某公司研发项目的延期情况比较严重，期望有所改善。咨询师采访了几个典型的项目经理，想总结出研发项目中的通病，但是却发现他们谈论的各不相同，无法简单提取。于是咨询师邀请更多的项目经理，组织大家以头脑风暴的方式整理出导致进度延期的诸多原因，并以树状形式展现出来。项目延期的根源分析图，如图2-4所示。

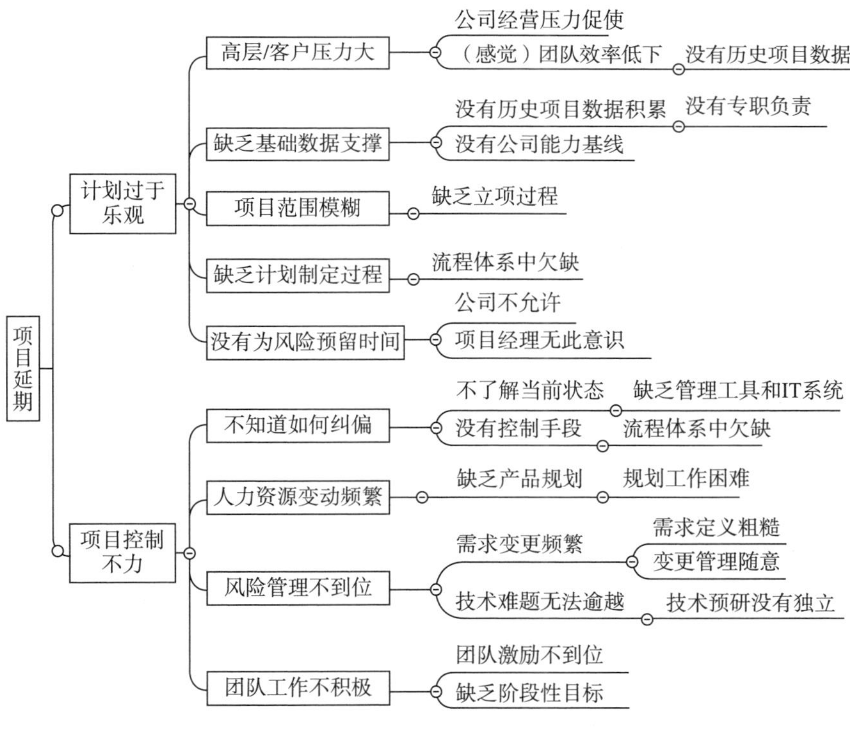

图2-4 项目延期的根源分析图

引起项目延期的原因被逐层分解，最末端的就是根本性原因。

既然根本原因已经全部找到，是否需要对其进行全面整改，以消除项目延期问题？显然没有这样理想的解决途径：公司不可能投入充足资源去解决所有问题。

那么要想改变项目延期的现状，应该如何切入呢？

对上述这些问题，咨询师按照项目管理和研发管理这两个层面进行分类，再按照影响程度对问题进行排序。如图 2-5、图 2-6 所示。

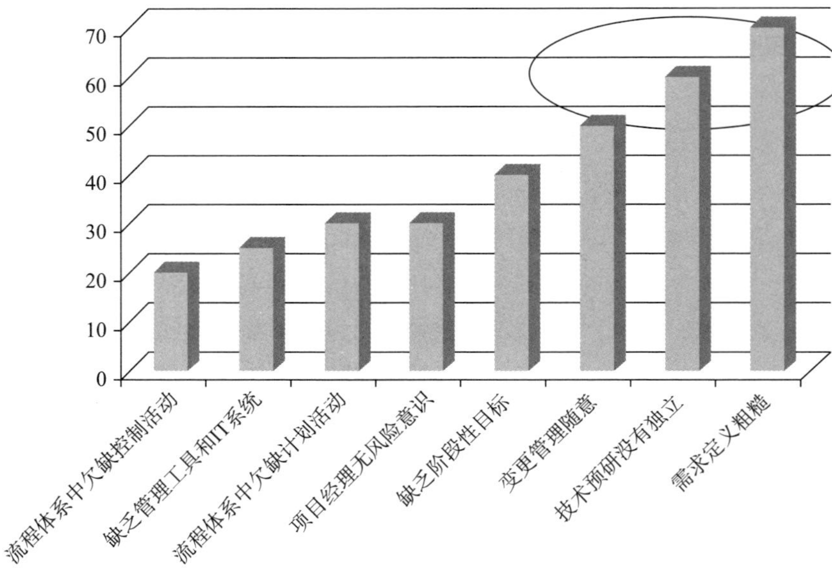

图 2-5　项目管理层面的问题排序

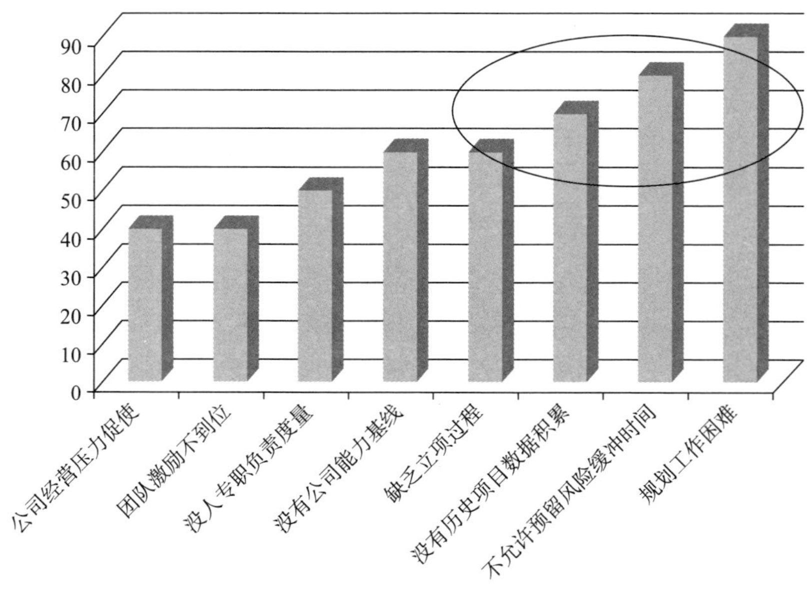

图 2-6　研发管理层面的问题排序

咨询师发现在项目管理层面，“需求分析粗糙”“缺乏前瞻性的技术预研”“需求变更随意”是引起项目延期的最重要的原因；在研发管理这个层面，“缺乏有效的产品规划”“没有预留风险缓冲时间”“缺乏历史数据支撑制定计划”则是最重要的原因。

有了这些扎实的分析成果，咨询师就可以制定相应的改进措施。基本的改进思路包括：

➢ 设立产品管理部门负责产品需求管理、产品/技术规划和优先级排序。

➢ 立项阶段明确项目目标，通过设定考核指标进行项目的绩效管理。

➢ 通过项目总结和相互学习，提高项目经理的业务能力。

◎案例二：分析项目绩效不理想的主要原因

案例公司的主要产品是日用小家电，待开发产品属于公司的年度重点项目，但是项目进程却无法令人满意。项目完成后，项目经理进行了下面的项目总结，比较细致和全面，而改进者需要从总结中挖掘问题和改进要点。

KJ156研发项目总结

KJ156作为我司2015年度的重点研发产品，该项目的立项、实施和产品上市等工作都得到了公司各个部门的高度重视，然而项目整个完成过程却没有达到预期效果，主要出现了项目进度延期、产品上市后质量不良等问题，同时也未能在市场上获得广泛认同。现对本研发项目进行总结。

整个项目计划周期为5个半月，项目完成时进度延期1个月左右，进度偏差率为18.2%。产品上市后市场反响不如预期，出货量从预计的50K降至20K。

项目执行过程具体如表2-5所示。

表2-5 项目执行过程

阶段名称	里程碑节点	计划时间	实际时间
立项阶段	下达项目任务书	2015/3/1-2015/3/10	2015/2/20-2015/3/2
设计阶段	通过设计评审	2015/3/11-2015/3/30	2015/3/3-2015/3/15

续表

阶段名称	里程碑节点	计划时间	实际时间
样机阶段	通过样机评审	2015/4/01 –2015/6/20	2015/3/16 –2015/6/30
小批量试产阶段	通过小批量评审	2015/6/21 –2015/7/10	2015/7/1 –2015/7/15
中批量试产阶段	通过中批量评审	2015/7/11 –2015/7/25	2015/7/16 –2015/8/20
产品上市阶段	产品发布/上市	2015/7/26 –2015/8/10	2015/8/21 –2015/9/10

本研发项目存在的主要问题总结如表2–6所示。

表2–6 本研发项目存在的主要问题

问题领域	主要问题描述
项目管理	➢项目计划不符合实际情况，没有考虑设计不合理、技术方案论证、验证不充分等问题带来的返工延迟 ➢项目管理过程中也缺乏严格的进度管控手段
团队组织	➢但是项目过程中跨部门协作仍然不大顺畅，集中体现在对新产品重视程度不足、往往从本部门角度考虑工作的便利性，甚至项目例会都无法全员参与，项目经理没有适当的绩效评价措施 ➢项目成员不稳定，中途3名骨干被抽调至其他项目，尽管后来人员获得了补充，但是难以及时上手，对项目造成了一定的负面影响
供应商管理	➢项目团队对供应商缺乏强有力的控制手段，尤其是模具供方对我司承诺比较随意，技术能力不足，导致项目一再延误 ➢第二供方的拓展工作跟不上项目的需要，建议公司层面合理化的选择和认证供方，目前独家供应商会带来潜在风险 ➢在和供应商的沟通时，我们没有统一接口，内部信息都没有充分流通，搞得供应商也“不知道听谁的”
产品与技术	➢较大的产品规格变更至少发生了2次，分别在设计阶段和样机阶段，建议加强立项阶段的相关工作，明确产品定位和定义 ➢对新技术的成熟度和应用难度缺乏深入理解，并且与公司研究院的同事配合不到位，项目中还需要对诸多技术细节进行基础研究，浪费了很多精力 ➢产品市场反响不佳的原因并非仅仅因为发布时间晚，问题还是出现在产品定位和客户需求不匹配上

看了这份项目总结后，该项目的脉络似乎已经明确——又是一个“典型”的研发项目！这个项目的问题有很多，比如跨部门协同问题、项目计划管控问题、供应商管理问题、需求变更问题、技术风险问题等。不过也没有什么特殊的，毕竟这在其他企业里也是常见的。

至于如何改进，既然问题清楚了，何愁改进？改进建议如表2–7所示。

表2－7　改进建议

主要问题	主要改进点
跨部门协作问题	➢严格执行项目管理机制，明确团队成员职责，要求部门经理做出资源承诺，项目经理需要获得考评的权力 ➢定期召开项目例会，促使信息获得有效流转
项目计划管控问题	➢项目成员共同制定项目计划，让任务执行者做出承诺，强化计划的严肃性 ➢制定计划时留出风险缓冲时间
需求变更问题	➢要求产品经理在制定《项目任务书》、需求规格定义与评审活动中积极参与，力图在早期规避变更风险 ➢执行严格的变更管理流程
技术风险问题	➢……

设想一下项目经理拿到这份改进建议后的感觉吧。这些问题都是存在的；改进建议吗，也都算得上有针对性。不过这么多的改进措施，如果要在项目里面落实下来，肯定来不及，说不定延期更严重；很多改进措施，也不是项目经理能够做主的。

因此，类似的改进建议力求面面俱到，但是实则言之无物，原因就在于没有抓住当前项目的主要矛盾，对具体项目没有针对性，当然也就谈不上可操作性。

发现问题是解决问题的前提，进一步讲，发现主要问题是解决问题的关键。那么，如何发现案例项目的主要问题呢？

首先，需要一个有力的切入点——从该项目进度延期问题入手。表2－5中的数据并不直观，稍作调整加工，就会发现更多细节。如表2－8所示。

表2－8　该项目进度延期问题的切入点

阶段名称	计划		实际		阶段工期偏差	项目进度偏差
	开始－结束	工期	开始－结束	工期		
立项阶段	2015/3/1－2015/3/10	10	2015/2/20－2015/3/2	11	1	－8
设计阶段	2015/3/11－2015/3/30	20	2015/3/3－2015/3/15	13	－7	－15
样机阶段	2015/4/01－2015/6/20	81	2015/3/16－2015/6/30	107	26	10
小批量试产阶段	2015/6/21－2015/7/10	20	2015/7/1－2015/7/15	15	－5	5
中批量试产阶段	2015/7/11－2015/7/25	15	2015/7/16－2015/8/20	36	21	26

续表

阶段名称	计划		实际		阶段工期偏差	项目进度偏差
	开始 - 结束	工期	开始 - 结束	工期		
产品上市阶段	2015/7/26 - 2015/8/10	16	2015/8/21 - 2015/9/10	21	5	31

在原表中增加了阶段工期、阶段工期偏差（各阶段实际工期和计划工期的偏差）、项目进度偏差（即累计的进度偏差）等数据列。再则，可以绘制阶段工期分布图，直观的展现出项目具体情况。如图 2 - 7 所示。

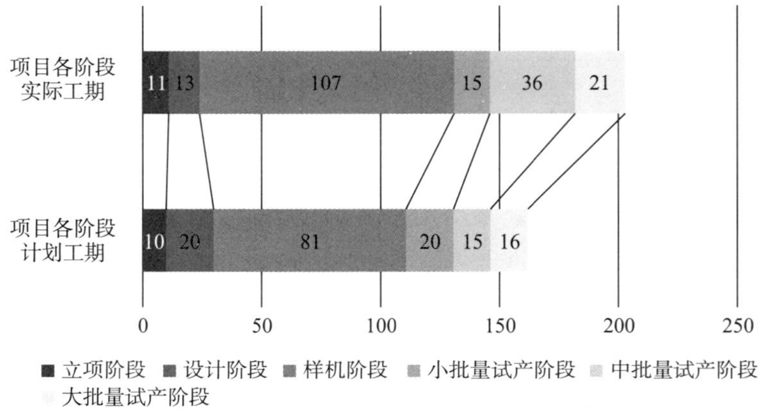

图 2 - 7　阶段工期分布图

原来并非每个阶段都延期，而延期比较严重的样机阶段和中批量试产阶段，貌似都指向了相似的主题，不过目前下结论还为时尚早。

通过进一步的沟通，咨询师从项目经理那里获知了几点重要信息：

➢ 该项目团队具有较好的管理基础，团队成员具有合作的经验，项目计划制定时充分参考了以往的历史数据。

➢ 该产品的设计方案沿用上一代，变化不大；主要变化就是该产品中使用了研究院研发的两项新技术，因此设计阶段比较顺利。

➢ 从样机到中批量试产的三个阶段都有延期，其中小批量试产阶段也不太顺利，这一点从进度上面没有体现出来，主要原因就是模具供应商提供的模具质量达不到要求，反复几次拉锯，让人心力交瘁。

➢ 跨部门协作不畅、需求变更、项目骨干的人员变动等问题，令项目经理非常不快，也耗费了很多精力去处理。不过总的来讲，对项目进度影响有限，原因是这些都没有发生在关键路径上。

终于发现尽管这个项目看起来问题“一大箩筐”，但最主要的问题并不分散，模具的质量和交期拖了整个项目的后腿！那么，现在是否可以宣布这一重大发现，并给出改进建议：**选择/替换更高质量的模具供应商，从而解决模具的质量和交期问题，是该项目改进的要点。**

分析到这里，其实和正确结论还差最后一步。既然问题出在模具供应商，是否更换供应商就可以解决问题呢？通过进一步提问，咨询师了解到该供应商已经和公司保持了长期的业务合作，以往合作的项目大多比较顺利，其能力毋庸置疑。

这次合作出现问题，究其原因是该产品中使用了研究院的两项新技术，而且这在其他产品上尚未获得验证，其不成熟性直接影响到模具的加工难度和交付质量！将不成熟的技术引入产品，才是导致该项目失利的根本原因！

问题找到了，如何解决呢？项目经理认为技术不成熟、模具供应商达不到要求、项目周期紧张，这些都不是他能够控制的，面对这样的情况，他也是无能为力。

其实不尽然。有经验的项目经理完全应该在项目初期意识到技术不成熟将是项目面临的主要风险，对技术风险进行详细分析，并组织研究院同事、项目的技术负责人、工艺负责人和模具供方的技术负责人共同拿出解决方案，尽最大努力缓解技术风险，这样才能有利于项目后续工作开展。

回顾整个案例分析过程，咨询师采用了根源分析、类比、优先级排序等方法，不断深入、紧扣主要问题，逐步找到了项目的症结，并给出令人信服的、富有价值的改进建议。虽然过程有些曲折，但这些结构化的思维方式还是有意义的。

上面探讨了该项目管理层次的问题，并没有提及产品管理层次的问题：是否可以解读为该公司产品规划和技术规划脱节、产品立项时忽视技术风险呢？

事实上，还没有足够的证据显示产品管理领域的问题。也许确实存在这样的问题，以致相当多的研发项目存在风险很大的“技术研究”成分而陷入苦战；也许仅仅是偶然事件，其他项目表现得不错。如果期望该问题获得印证，咨询师需要将视野移至产品管理领域，开展新的调研。

在分析问题时，既不应对问题理解过于表面化，也不需要对问题做过分解读。尤其是后者，貌似深刻，实则刻薄，企业决策者可能会被这种夸大其词所诱导而做出不恰当的判断。

比如将某个项目中超出预期的需求变更，解读为该公司缺乏需求变更管理流程和产品规划过程，乃至产品定位和定义缺失，进而建议公司对产品需求进行严格的管控；发现某重点研发项目过程中存在跨部门协作问题，又听到项目经理抱怨无法有效管理跨职能的团队，就为该公司打上了“缺乏协作意识”的标签，进而建议公司严格执行跨部门协作的评价机制等。

这些过分解读尽管可以将研发体系的“改进范围”扩大，但是事倍功半的改进思路并不经济。负责任的改进者需要尽量按照本来面貌，去还原企业研发体系的现状问题和严重程度，后续的设计工作才会拥有坚实的基础。

本章要点

1. 需要为研发改进工作设定“跳起来够得到的目标”：目标明确且聚焦、务实、符合 SMART 原则。

2. 同时追求多个改进目标并不容易，甚至每个目标都会落空。

3. 在设定目标时，初步考虑解决思路，有利于目标的合理性。

4. 改进工作具有显性和隐性的约束条件，不可掉以轻心。

5. 扎实的现状调研，是研发改进的前提和基础。

6. 调研工作需要实事求是、抓住重点。

7. 在研发现状调研时，需要综合运用各种方法，才能获得良好的效果。

8. 对问题做过分解读是不负责任的，决策者可能因此做出错误的判断。

第 3 章

设计解决方案

研发体系的解决方案是靓丽而复杂的胶片，还是规范的管理制度？解决方案是怎样设计出来的？设计过程中需要遵循哪些基本原则？

从结果来看，解决方案包括总体思路、流程制度、执行细节和推行步骤等，目标是在工作实践中得到落实并取得改进收益；从过程来看，解决方案是一个将研发管理的专业经验和严谨思维模式相结合的历程，它既有创新，又有继承。通过案例，本章展示了如何利用专业化的设计方法，去应对各具差异的改进需求。

前面谈到研发体系包括产品、团队技能、技术积累和管理体系四个要素，研发体系改进是促使体系内诸多要素不断达到平衡的过程。由于企业所处行业、发展阶段、自身特点存在差异，我们在设计解决方案时，除了需要遵循一些通用的原则和理念外，更应该体现显著的针对性和适应性。合格的解决方案可以在后续工作中得到落实，并取得预期效果；蹩脚的解决方案则缺乏逻辑性，难以在工作中运用，更遑论收获价值。

3.1 进行解决方案的总体设计

研发体系的解决方案一般涉及多个模块的调整，因此在进行方案设计时，通常会历经一个从总体到局部的细化过程。如图3－1所示。

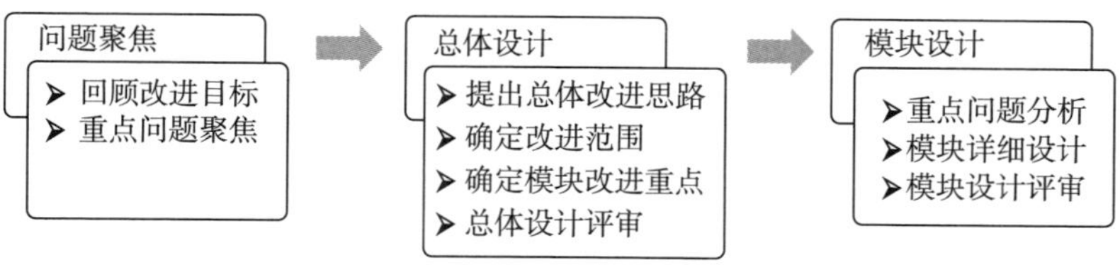

图3－1 研发体系的解决方案

某企业在进行产品研发过程中，比较突出的问题是跨部门协作不顺畅，遇到问题时大家存在推诿扯皮的现象，导致产品研发缺乏效率。该企业将改进目标定位为“解决跨部门协作障碍，提高研发效率”。

基于上述目标，总体改进思路是“**从职能式管理模式向矩阵式转移，实现项目经理负责制，打造跨部门的开发团队，提高研发项目的质量和效率**”。

在这个解决思路中，涉及组织模式、研发流程和绩效管理三个主要模块，各模块的改进重点如图 3 –2 所示。

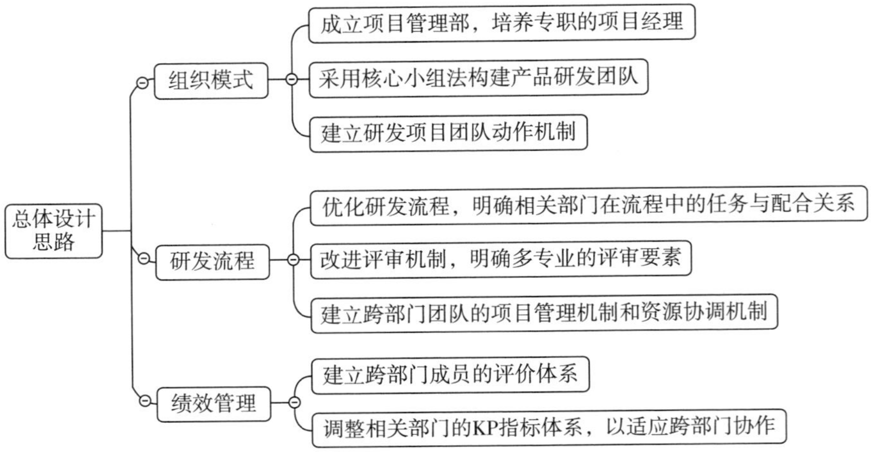

图 3 –2　各模块的改进重点

上述工作可以看作构建了解决方案的蓝图，需要相关负责人进行评审确认，之后则进入模块的详细设计阶段。这个案例展示了方案总体设计的典型过程，但实际工作中要复杂很多，后面将会有详细阐述。

方案设计并非单纯的创新过程或是移植过程。解决方案首先需要针对企业现状和主要业务问题，不能简单地将其他公司优秀的实践移植过来；其次，解决方案也是诸多以往管理实践的有机整合，那些没有实践过的管理模式意味着巨大的不确定性。这就需要解决方案的提出者既要有丰富的研发管理经验，又要有将企业实践和经验相结合的能力。

在设计解决方案时，为了保证其质量，需要遵循如图 3 –3 的基本原则。

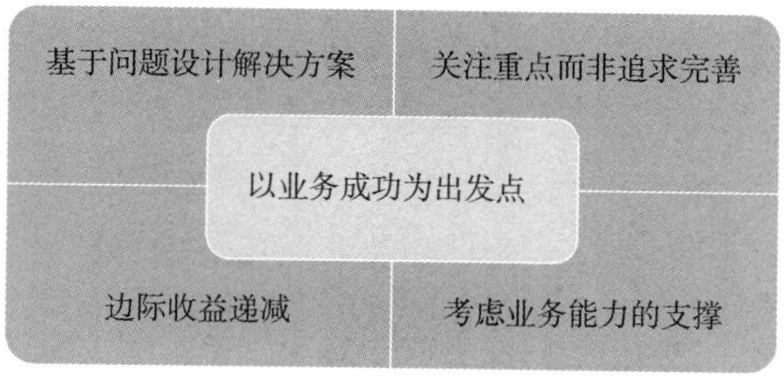

图 3－3　设计解决方案的基本原则

3.1.1　五项基本设计原则

◎以业务成功为出发点

有这样一则笑话：古时候有个神医，以擅长治疗驼背而远近闻名，据说可以手到病除。一个驼背的人找上门来，请神医治病。只见神医将病人用两块门板紧紧固定起来，然后将其放倒。接下来，神医在病人的后背上不断跳来跳去，完全不顾及病人的呼喊。

通过神医大汗淋漓的卖力治疗，驼背算是治好了，可是病人也奄奄一息了。有人质问神医为何不顾病人的死活，神医回答："我只管治驼背，其他的事情不归我管。"

保证病人的生命安全是医生治病的基本出发点。相应的，研发体系改进的出发点就是获得业务成功，否则无论多么先进的管理理念、多么完善的改进措施，都沦为纸上谈兵。一个高质量的解决方案，不仅需要解决当前的主要业务矛盾，还应该满足于长期的业务发展。

下面是一个从业务成功角度考虑解决方案的案例：

某公司依托于大型央企，具有雄厚的经济实力和技术基础，但是技术民用化进程却不理想，尚未有一款市场成功的产品。咨询方对该公司的研发体系进行了诊断，发现在管理体系中存在明显的改进点。如图 3－4 所示。

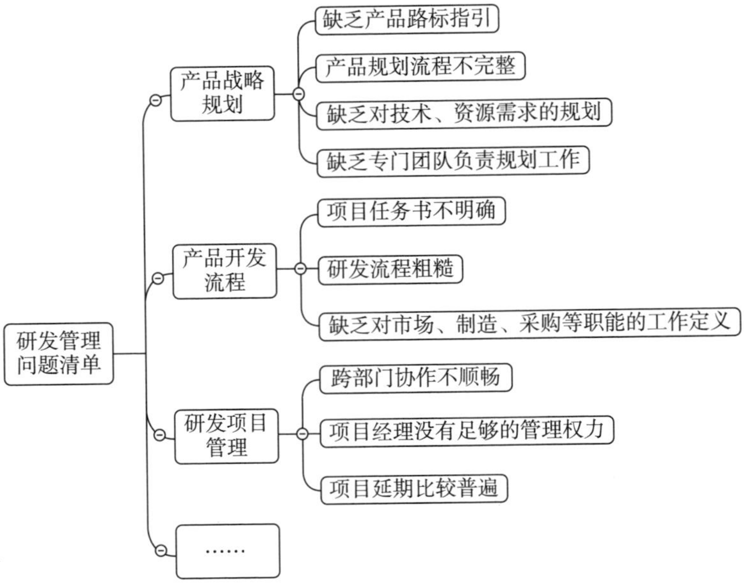

图 3－4　研发管理问题清单

面对如此明显的改进点，针对性的解决方案并不难提出，此处不再赘述。

但是请大家思考一下，如果您是公司的总经理或者研发负责人，迫在眉睫的事情是什么？是立即建立保证市场成功的研发体系吗？显然不是。

当前最重要的是迅速推出一款真正意义上获得市场成功的产品。这样可以稳住员工的心态，使管理者拥有将公司带向更高台阶的基础和施展空间。因此，比较切实的建议应当是："将原型产品尽快获得市场验证并加快市场化进程，与其他公司合作开拓市场及产品研发，必要时开展并购"。如果此时一味强调管理改进的重要意义，显然是隔靴搔痒、远水解不了近渴。

企业的研发体系改进并非在真空中进行，一个重要的出发点就是符合当前业务发展的重点，这需要咨询师适时地变换身份，站在企业经营者的角度，兼顾当前业务与长期发展，寻求那些重要且紧急的事情去发力。

◎基于问题设计解决方案

基于问题分析的成果去设计解决方案，也就是要求方案具备针对性。否则，就好比打靶时没有瞄准，随便打出一枪，能否击中目标全凭运气。实际上，很多改进者在面对问题时，确实没有认真思考，而是简单地把"一时的想法"称之为解决方案，甚至通过堆砌名词概念，以提升解决方案的档次。这种解决方案纵使华丽，也经不起推敲。

很多研发改进者并不否认针对性的重要意义，只是不知道怎样才能做到。若想令解决方案真正具有针对性，需要足够的业务能力作为支撑。当改进者仅仅了解某个研发领域的一种管理实践时，很容易将其当作解决问题的不二法门。

某高科技企业拥有一个研发中心和若干事业部，研发中心负责新产品研制，事业部负责当前产品的销售和定制交付。企业的研发资源分别配置在研发中心和事业部。

每当面对技术难度高、研发工作量庞大、需要多个部门参与的产品研发项目时，资源协调和协作就会出现问题，结果研发项目在质量和进度方面都无法得到保障。

如何解决该企业遇到的协作难题?

这需要从该企业的研发问题分析入手。在研发项目这个层面，比较明显的问题是跨部门协作不畅、项目经理缺乏权力、研发协作流程不清晰。基于这样的问题分析，改进者可以从优化产品开发流程，强化项目经理权力和跨部门的绩效评价等措施入手。

这个解决方案是以问题分析为基础的，可以说具备一定的针对性。但是仔细考虑一下，就会发现解决方案对该企业问题而言力度不足，对问题尽管有一定的缓解作用，但是并不会取得决定性改善。

造成这个问题的根本原因在于研发资源被分散在不同部门，部门本位主义使得跨部门协作困难重重。如果不从根本上消除，问题依旧会出现，只是程度不同罢了。

对于企业同时拥有研发中心和事业部的情况，资源配置大致有表3－1的三种方式。

表3－1　资源配置方式

	研发中心	事业部
资源配置方式一	****	*
资源配置方式二	***	**
资源配置方式三	*	****

方式一表示将主要的研发资源划归研发中心，并由其承担产品研发和改进工作；事业部保留部分服务支持能力，负责提出研发意向，并不承担具体研发任务。这种方式并不存在资源配置问题，需要注意的是，脱离了市场一线的研发中心，对产品规划提出了不小的难题，因此应该成立专门组织负责规划工作。

方式三与方式一正好相反，将研发资源直接配置到事业部，研发中心仅执行管理职能。这种方式也不存在资源配置问题，甚至效率更高。但是由此出现的问题就是，事业部为了完成当期的经营指标，不大乐意为长期发展进行储备，将会导致企业缺乏后劲。

方式二就是上述案例企业的现状，资源配置分布在各个部门，期望在两者之间取得平衡。令人遗憾的是，由于缺乏统一领导和协作意识，实际操作时还是会各自为战。

因此，类似于方式二的资源配置是不稳定的，尤其是在资源紧张的情况下，时常产生协作不顺畅的杂音。如果想获得根本性的改善，要么在方式一和方式三中做出选择、要么成立专门的组织实施更高级别的管控①。具体何种方式更有效，还需要进一步分析。

解决方案的针对性并非一句空话，要真正做到“知行合一”，就需要从研发问题分析阶段入手，进行系统化思考。

◎边际收益递减

改进收益从何而来？

事实上，解决方案本身并不会凭空带来收益，任何一项收益都需要付出相应的代价。比如将串行的研发过程调整为并行，将获得周期缩短的收益，随之付出的代价就是资源配置增加、对并行工作能力提出更高的要求；将产品研发流程进行更加专业性分工和细化，有利于提高产品质量，同时研发资源投入增加、项目工作量增加（可能引起项目周期延长）是必然付出的代价；在软件开发过程中实施“敏捷模式”，如果研发团队的开

① 类似于三星集团秘书室，作为内置式家族办公室，主要功能在于辅助李氏家族管理庞大的三星集团，其中一个重要职责就是协调与管理跨子公司重大项目。

发技能和需求分析能力没有相当幅度的提升，恐怕不会获得明显的收益，“敏捷模式”的附带品显然还包括研发团队的工作量增加。

解决方案实质上是付出某种代价而博得更具价值的收益。随着某个要素的不断强化，其边际收益将会不断下降，而边际成本却不断上升，当两者接近时，更多的努力投入反而使整体效率降低，此时解决方案的效果适得其反。比如产品规划工作，当投入规划的资源从零开始增加，对市场的把握也随之增强，规划质量随之提高；但超过一定阈值时，无论再投入多少资源，都无法改变市场不确定性这一现实，不可能产生万无一失的规划成果。流程优化对企业有重要意义，但当研发流程已经不是主要矛盾时，一味地在流程管理上下功夫，只会使流程体系愈加复杂和僵化，实际运作效率越来越低。

更广泛地说，不顾及企业的差异性，看起来再完美的研发管理体系，都会由于边际收益递减的规律，令收益不如预期的那样显眼，甚至会出现抱薪救火的局面。

为了使解决方案能够取得良好效果，务实的策略是“总体规划、分步实施”：将企业多方面的研发体系问题，根据优先次序，分步骤、分阶段解决，每次都聚焦于当前的首要问题。这样可以事半功倍、及时获得改进效果，同时也兼顾了企业的承受能力。

◎关注重点而非追求完美

从前有个人来到一个偏远的山村，看到大家都蹚着水过河，于是他就出钱在村里建了一座桥。一年后，桥建好了，很漂亮。但是他惊奇地发现，人们依然蹚着水过河。

他百思不得其解，就赶到河边问一个刚上岸的村民：“河上不是有桥吗？你们为什么还要蹚着水过河呀？”村民回答：“桥？太不方便了，你看我到桥边要走500米，过了河再回来还要走500米，我从这里蹚着水过河多近啊！”

如果将产品研发看成过河，以往简陋、粗暴的研发流程就好比蹚水过河：河里有鳄鱼（缺陷），可能把渡河者吃掉；河中有洼地（人力不足），渡河者可能陷入其中，不知何时才能上岸；上游随时可能有山洪暴发（需求变更），把渡河者冲得远远偏离目的地。

而建好的桥就好比规范的、完善的研发流程，纸面上可以解决上述全部问题。但在执行的时候却会发现，为了解决诸多个性问题而统一的流程，对某个浅滩而言实在是规范过剩，对研发效率起到负面影响。这就是大家都不愿意“多走一千米”而选择蹚水的原因。

结合前面谈到的代价和收益原则，我们发现任何解决方案都不会无懈可击，而且实际工作是千变万化的，不可能对每种情况都提供适应性的管理机制。能够满足70%以上的需求，或者规避70%以上的问题，已经算得上高质量的解决方案。

另外，“完美”的解决方案更加关注质量，但是研发体系需要在进度、质量和成本方面取得均衡。仅仅有质量并不能带来企业的市场成功，对“完美”的追求往往是徒劳的，改进者也不必去孜孜以求。在解决方案设计的时候，改进者是在均衡的基础上追求效益最大化。

某公司在进行客户定制产品研发时，为了保证立项的权威性和可靠性，其审批流程示意图如图3－5所示。

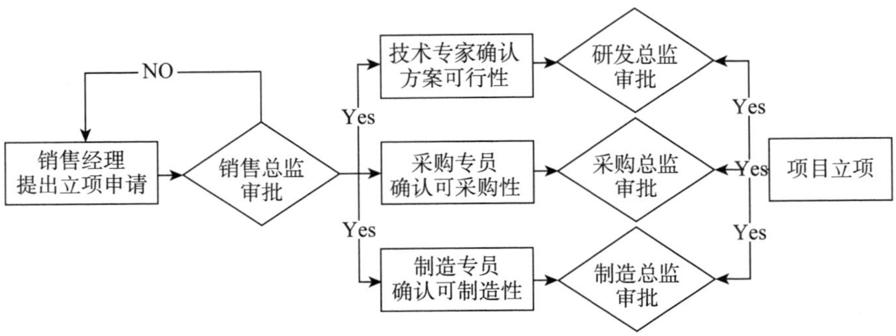

图3－5　审批流程

项目立项主要涉及技术方案可行性、部件可采购性和制造系统的准备情况，因此需要三个部门负责人分别做出批示后，项目才能完成立项。如果立项过程能够在时间允许的条件下认真履行，确实可以规避风险。

但是在行业竞争的形势下，公司并没有足够的时间完成整个审批过程；公司80%以上的项目属于定制类型，并不存在技术风险，这类项目都会通过立项审批，也就是说审批实际上并没有发挥作用；少部分项目属于新型产品，确实存在技术风险，需要各个部门参与审核。该公司在执行立项审批流程时，一般都是在项目启动之后补上的，有时甚至由于某个领导的“驳回”而大费周章。

为了满足该公司的业务需求，咨询师将原有近乎完美的流程做了大幅度的简化。如图3－6所示。看起来简陋，但在实际运行时却取得了良好的效果。它对于大多数立项情况是适应的，尽管确实并不能100%地规避风险，这样已经足够了。

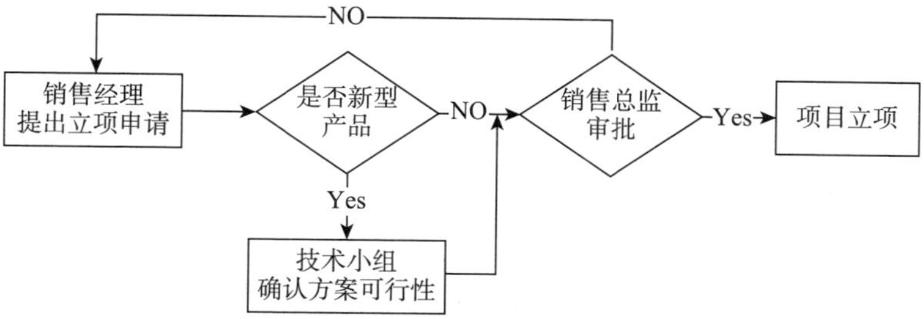

图3－6　简化流程

◎考虑业务能力的支撑

某公司为解决研发项目立项仓促、产品缺乏亮点、市场成功率低的问题，要求研发团队在产品概念阶段进行充分论证，确定产品需求和技术路线、评估产品可行性，目的是在项目初期把握好方向。

就这样，原来大约十天的工作，现在扩展到一个月。项目团队严格执行各项任务，最大限度地投入精力。但是结果并不令人满意：领导层认为概念阶段的工作成果和原来相比尽管充实了许多，不过却没有质的变化。看到自己的辛苦努力并未得到领导认可，项目团队感觉很失望。

这是很多改进工作的真实写照：在拿到整套标杆公司的标准模板时如获至宝，抱有很大的期待；在实施过程中也是竭尽全力，但是做着做着，感觉困难重重。业界标杆在他们心目中走下神坛，认为不过如此。

为什么会有这样的感受？

研发体系的两大重要工作是产品规划和产品开发。但研发工作不同于简单的程序化工作（比如审批、通知、检查等），它面临着巨大的不确定性，因此对执行主体的业务能力和主观能动性提出了很高的要求。当研发管理体系进行改进时，原来的工作模式和业务流程发生了变化，在多数情况下业务能力需要与之相适应。

在上述案例中，流程改进的大方向应该是切实的，但项目可行性评估、产品包需求定义、技术路线选择等活动是原来流程中缺乏和不充分的。这就对项目团队和决策团队提出了全新的业务能力要求。

值得注意的是，能够高质量地完成活动，取决于业务能力和资源投入。即使投入再多的时间也无法弥补业务能力不足的短板，类似“不同的人可以做好相同的事情”的期望是不切实际的，只会让上述案例类似的场景不断发生，令悲情的研发团队被诟病为“缺乏执行力”。

我们知道研发体系中产品方向、团队技能、技术积累和管理体系需要相互匹配。在管理体系进行调整时，对其他要素将会造成影响，比如影响团队的业务能力、基础的技术积累等。因此，好的研发管理体系改进，需要考虑业务能力的支撑情况，并有意识地促进其提升。

如何做到这一点？下面的案例就展示了如何在内部需求实现过程中考虑能力建设与支撑。

DFX① 需求，也称为内部需求，是为了满足企业内部客户的工作便捷性而实现的功能。在企业中内部需求需要做到什么程度？如何去做？这个问题在不同企业中的答案是不同的。

首先应该理解，内部需求对于产品而言并非必不可少，即使它没有实现，客户和用户也并不在意，他们关注的是产品功能是否被实现及实现的可靠性。考虑内部需求时，需要站在产品全生命周期的角度，使得产品的总体成本、交付周期、客户满意度、企业收益等综合效益最大化。

因此，在制定 DFX 策略时，需要充分考虑产品目标、当前技术积累水平、产品交付要求等因素，分步骤、有侧重地建立 DFX 规格，而不是一下子将全部 DFX 需求都实现在产品中。

在具体研发项目中，如何定义和实现 DFX 需求？

一种方式就是在需求定义阶段，邀请测试、制造、服务等领域工程师，提出各自的内部需求，由需求分析师进行整合，但是通常不会取得理想效

---

① DFX 即 Design For X，主要包括 DFT（可测试性）、DFM（可制造性）、DFS（可服务性）等。比如采用零部件的归一化设计可以提高装配工作效率（DFM），采用统一的配置界面会降低维护人员的工作难度（DFS）等。

果。即使是各个领域的资深工程师，也很少会深入研究和思考DFX需求，急切需要时只能提出一些零散的、不完整的需求，对实际工作意义不大。

笔者推荐一种比较务实的工作方式。可以事先要求测试、制造、服务等部门整理本领域的DFX需求，一个部门的集体贡献显然要高于某个工程师的临场发挥。这样就会形成一份比较完整的DFX需求规范，图3-7展示了DFS需求的片段。

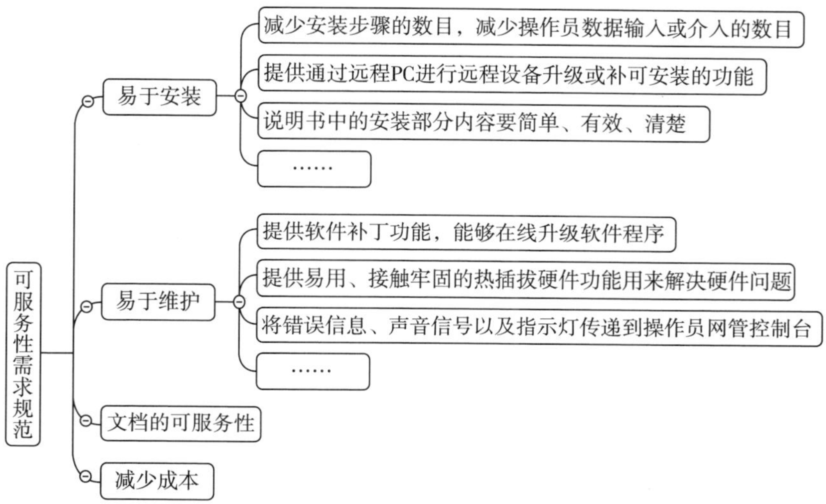

图3-7 DFS需求的片段

在进行特定产品需求定义时，各领域工程师按照上述《DFX需求规范》中的条目，确定与当前产品相匹配的内部需求，最终由系统工程师负责需求整合、提交技术评审。

这种做法充分考虑到目前研发团队在DFX需求领域的实际业务能力，并不会对其造成工作负担，在多家企业的实际执行效果良好。

3.1.2 典型的方案设计案例

◎案例一：无为而治

某企业刚刚重金引入了国外同行的先进产品，包括全套的设计图纸和制造过程。消化吸收工作并不顺利，知其然不知其所以然，对人家原来的设计思路摸不透，因此也不敢做大幅度的调整和再设计。就在这个阶段，该企业寻求研发管理咨询方的帮助，目的是提高产品研发的质量和进度。

这真是个棘手的问题。在该企业研发体系中，当前的短板在哪里？显然是“团队技能”和“技术积累”这两个要素：既缺乏合格的产品设计专家，又缺乏充分的技术储备，因此目前只能对引进技术“囫囵吞枣”。规范管理体系将不会产生作用，甚至由于精力分散而适得其反。

咨询师应该如何应对？明智的解决方案就是“无为而治”：并非无所事事，而是因势利导，不做错误干扰。技术积累和培养专家需要一个艰苦过程，可以通过积极的手段去加速，但是不可能跨越这个过程。

但是，企业管理者却希望求助于管理改进，咨询师如果仅仅回答“耐心等待”，将会被打上“水平低、能力弱”的标签，这显然不是合适的方法。

怎么办呢？

1502 年，艺术家米开朗琪罗来到佛罗伦萨，他要用一块别人认为无法使用的石头雕出手持弹弓的大卫形象。几天后，米开朗琪罗的赞助人索德里尼来到工作室。他站在雕像的下方说：“米开朗琪罗，你的这件作品很了不起，不过它有一点儿缺陷，就是鼻子太大了。”

米开朗琪罗于是随手从地上抓起凿子和一小把大理石砂，顺着梯子爬到雕像的头部，在雕像鼻子的部位开始轻轻敲打。表面上，他是在修饰；事实上，他没有改动鼻子的任何地方。几分钟后，他问：“现在怎么样？”索德里尼回答：“现在最完美了。”

米开朗琪罗实际上什么都没做，不过“表面文章”，却令双方都有面子，满足了赞助人的心理需求。因此，咨询师可以借鉴一下米开朗琪罗的做法：以不影响技术积累的过程和资源投入为前提，对该企业“实施”轻量化的研发体系改进。假以时日，将会看到研发体系改进工作的“效果”。

尽管这个无为而治式解决方案没有完全满足客户的要求，但却是当前情况下最明智的的措施。

◎案例二：平衡研发和运营之间的矛盾

某公司主要业务是提供互联网教育的解决方案。产品的需求和交付周期主要由运营部门提出。随着行业竞争压力的不断加剧，软件开发团队需要以更快的节奏推出新的版本。

面对交付压力，开发团队加班加点；但运营部门仍然指责开发团队提交版本周期太长，满足不了市场需要。为了表明自己工作已经满负荷，开发团队展示了超长的加班记录，却被运营部门奚落为“能力太差”。开发团队在双重压力面前感觉异常沮丧，外包人员萌生退意。

如何解决这种尴尬局面，避免矛盾的进一步激化？引入 CMMI 的管理模式或敏捷开发的方法，是否可以达到改进目标？

一个问题的解决需要从了解问题的实质和根源入手，而不是先入为主地选择和套用选择某种成熟的管理模式。尽管公司的管理体系被不同层次的干系人所诟病，甚至研发人员也认为其中问题多多。但是，当咨询师深入理解后发现，若从一个对业务目标和成本控制负责的管理者角度去考虑，目前的管理方式是比较合理的，而其他管理体系的导入将会引起效率下降和资源短缺。

在解决该公司问题时，首先需要弄清楚：开发团队和运营部门对于“产品交付的质量与周期”看法各异的原因。该公司的度量指标仅有“工时”，这显然无法客观衡量开发团队的工作量和工作效率。因此，改进者需要制定一套简单实用、为双方所接受的度量体系，以衡量该公司目前的基础研发能力。如图 3－8 所示。

在实际咨询工作中，咨询师设计了名为“功能点”的度量指标，用于标识运营部门提出的每条需求的规模。并以此为基础，通过回顾以往各版本的开发情况，统计出开发团队的工作效率。这样就有了一个双方都可以接受的评价方法和能力基准。基于此经验数据，运营与开发团队在进行版本规划时，综合考虑了需求的优先级别、功能点规模、研发资源和交付周期，在很大程度上缓解了各执一词、相互埋怨的矛盾。同时，这种基于实际工作量，而不是工时的度量方法，也解决了外包团队报酬计算的难题。

接下来，咨询师面对的挑战就是寻求提升开发效率的手段。

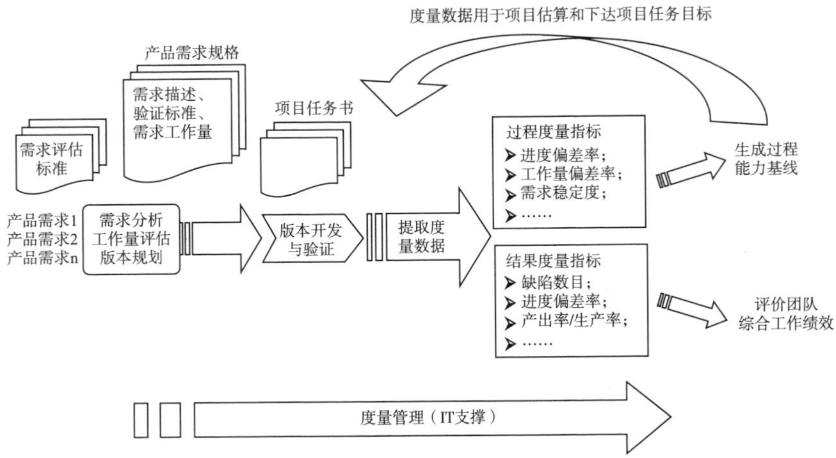

图3－8　度量体系

该公司的软件开发是基于一个稳定的基础平台而定制的。尽管需求实现的工作量很大，但每个需求相互独立，并不存在技术难度，开发过程就是简单的“需求分析—设计实现—测试验证—发布上线”。审视项目执行的过程，尽管有不规范、执行不到位之处，总体上看并不存在重大缺陷，交付质量也是合格的。

再来审视运营部门，是否存在缺乏需求优先级分析、对产品急功近利的问题？运营部门需要对产品的市场地位和客户满意度负责。从行业竞争和竞品分析来看，运营部门并不存在盲目扩大需求范围的问题。

通过上述分析可以做出判断：该公司主要矛盾的根源在于研发资源配置无法满足业务需要。可以说，该公司的管理制度基本与产品开发特征相适应，此时过分强调管理体系的规范化，结果恐怕会适得其反。打个比方，围棋对弈已经进入中盘，在一个角上，双方扭做一团、展开激烈搏杀，此时没有人会顾及行棋是否优雅，毕竟活下来才是硬道理。开发项目也是如此，周期紧张、资源不足的情况下，项目团队只会做那些必须要做的工作。

针对该公司现状，按照业务发展需求，尽快评估和增加研发资源，应该是缓解矛盾的首要举措。

◎案例三：CTO 的烦恼

T 公司曾是家电行业的先行者，从吸油烟机起步，产品发展涵盖灶具、消毒柜、集成厨房等诸多领域。随着国内外电器巨头加入竞争，T公司越发感觉创新能力不足，产品缺乏竞争力。为此公司加大了研发投入，技术中心从两年前的二十多人增加到八十多人，开发了很多新产品，涉及领域也扩大到热水器、饮水机等。

但目前T公司在市场上面的主打产品还是三年前开发的，而且近期又有一款产品因为设计问题被全部召回。因此，CEO责令CTO组织会议探讨并解决公司当前面临的问题。

会议上，技术中心认为要加强部门之间的协作，目前项目繁多压力巨大，部门经理却不得不为流程不畅而四处协调；评审会议各执一词，无法形成统一意见。

生产部门认为技术部门把关不严，诸多问题遗留到了试产，多个产品出现反复试产的现象，干扰正常生产。

测试部门认为研发要参与质量控制，不能把问题都留给测试，会造成缺陷遗留。

……

随着会议进行，各个部门彼此指责、互不认同；会议主题一步步发散偏离，但对于如何整改公司现状却没有得出可行的结论。

这是一个典型案例，它展现了研发体系中具有代表性的问题。观摩会议时甚至会让人怀疑，问题如此严重的公司居然能够运转下去，莫非是受到了上帝的眷顾？

在笔者的咨询从业经历中，类似的情况很多，即使是赫赫有名的公司也会存在这样那样的缺点，甚至是极其严重的问题。但是这些并不妨碍其在行业中领先的地位：只要保证巨轮不偏离总的航向，及时纠正一些引起翻船的致命问题就可以了，那些数不清的小问题就像寄生虫一样，是不可能也不需要完全清除干净的。

反观T公司，确实遇到了麻烦：新产品乏善可陈，按照惯性发展恐怕持续不了多长时间；而内部管理似乎患上了“大企业病”，问题比比皆是，每个人都可以对公司问题进行批判，谈及其他部门缺点时滔滔不绝，却不知从何处入手去解决。

作为T公司研发体系的改进者，针对性的措施是什么？

可以从研发体系的要素及其关系开始分析。如图 3 –9 所示。

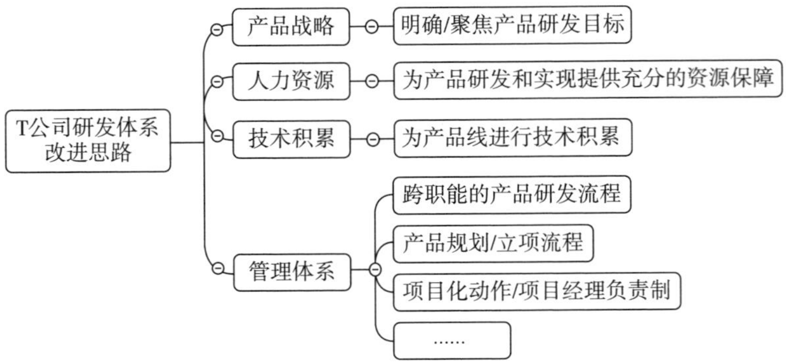

图 3 –9　T 公司研发体系改进思路

从业务角度来看，T 公司尽管具有明确的产品方向，但是过于分散，资源配置显得力不从心。鉴于产品战略的核心地位，T 公司目前最迫切的是对产品进行重新梳理，聚焦到那些最具市场潜质的项目上，让公司现有资源可以充分保证这些产品的实现，而不是全面开花、顾此失彼。

具体到管理体系，实际上是“选择正确的方向”和“用正确的方式做事”。前者需要建立好立项或者规划流程，满足产品战略要求，以及和研发资源的匹配；后者需要优化产品研发流程，并建立项目经理负责的机制，以保证研发项目高质量地完成。

至于技术积累，待到产品获得初步的市场成功后可以逐步进行，目前并非关注重点。

以上是解决方案的总体思路，主要风险有两点：一是在短期内能否完成高质量的产品规划，尤其是对产品线的裁剪，有可能“误杀”掉好的产品，因此对规划能力提出较高要求；二是能否在短期内树立起合作、协同的工作氛围，这直接影响到跨部门研发团队的运作效果。

回顾上述案例及其解决方案设计过程，我们遵循了“以业务成功为出发点”和“关注重点而非追求完美”两个基本原则。

◎案例四：不要过程，只要结果

很多人认为，研发管理有其特殊性，目标设定应该符合 SMART 原则，尤其是其中的可达成性，并且需要具有针对性的实施策略，否则就会由于粗暴、刚性的管理方式挫伤研发团队的积极性。因此研发领域的管理，既要过程，也要结果。

笔者不完全认同这种方式，在特定的场景下，简单粗暴、快刀斩乱麻的方式往往会取得出其不意的效果。

某公司在一次设备比拼测试中出现了重大状况：由于设备表现差强人意，客户基本将该公司屏蔽出局。得知结果后公司领导震怒，召集了销售、服务、研发、供应链等部门负责人商讨对策。

销售部门认为，主要问题出在设备不稳定、某些功能实现不充分，尽管客户关系很到位，客户再认同我们公司，也无法弥补设备中的明显问题。

研发部门认为，客户关注的重点功能已经实现，但是现场的服务工程师能力不足，演示过程中出现的失误造成了客户对产品缺乏信心，况且参与比拼测试的厂商也是半斤八两，谁的设备都不是尽善尽美，客户关系不到位，我们自然被客户抓住了小辫子。

服务部门认为，产品本身并不成熟，很多功能的实现比较粗糙，对现场的服务工程师提出了非常高的要求，即使竭尽全力，也无法完全化解设备固有的缺陷。另外，发货不及时、到货不齐套，也影响了设备部署和调试的进度。

供应链则认为，由于变更频繁、加之周期紧张，供应链体系已经组成了一个精干团队专门负责此项目，导致其他工作出现了不同程度的延误。

……

面对这样的局面，如何进行改善？是不断深挖各种问题的根源、判断各个部门的是非曲直，还是开展流程优化、力图提高运作效率，抑或告诉大家加强沟通协作？

你也许有很多策略。但在这种紧要关头，真正的改进措施异乎寻常的简单。不要过程，只要结果！责成销售主管作为第一责任人，其他部门配合，大家共同努力，务必扳回一城！否则，严格追究其责任。

结果是令人振奋的，该公司最终实现了绝地反击！

为什么此时的流程改进不再重要？

因为在比拼现场，状况和问题层出不穷、加之时间紧迫，我们无法准备出非常成熟的预案：在遵循基本过程的前提下，重要的是团队成员打破常规、通力合作、爆发出最大潜质，才能完成这种不可能完成的任务。

◎案例五：大型企业研发体系的综合改进

在某机械装备制造商的研发体系变革项目中，项目组对企业进行了全面的问题诊断。该企业的研发人员超过千人，规模很大。对此类大型企业进行研发体系改进时，尤其需要注意采取稳健、慎重的策略。大型企业比中小型企业具有更大的惯性：体现在管理改进上就是进展速度慢、细节问题多、阻力来自多个方面、需要平衡各方诉求，即使是公司总经理也无法达到令行禁止的效力。

该企业在行业中处于领先地位，产品方向、团队技能和技术储备方面的问题并不突出，此处重点关注研发管理体系：将管理体系进行细分，而后列出了主要问题。图3－10展示了对该企业研发问题的全局分析，限于篇幅，省略了问题细节。

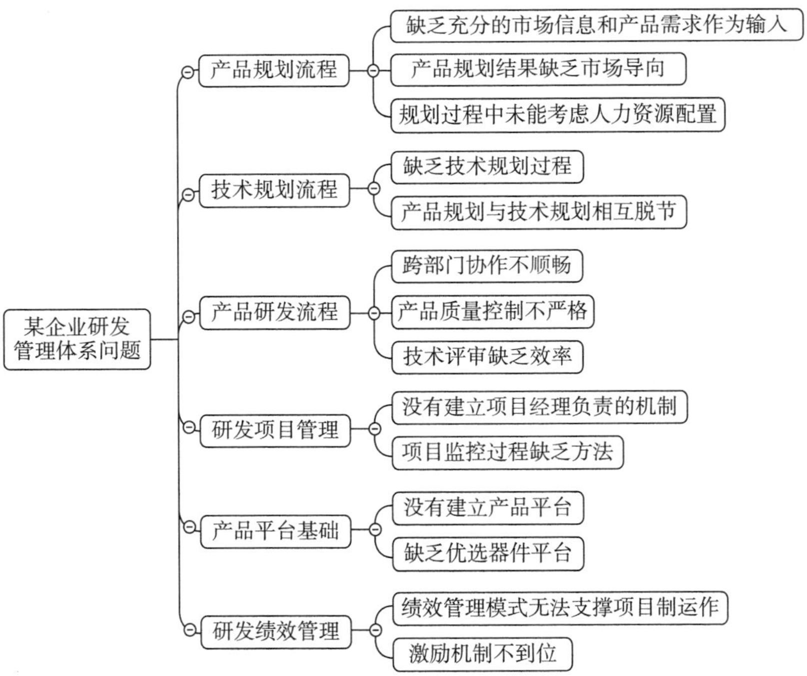

图3－10　某企业研发管理体系问题

在考虑解决方案时，首先找到对应上述各主要问题的改进点。如图3－11所示。

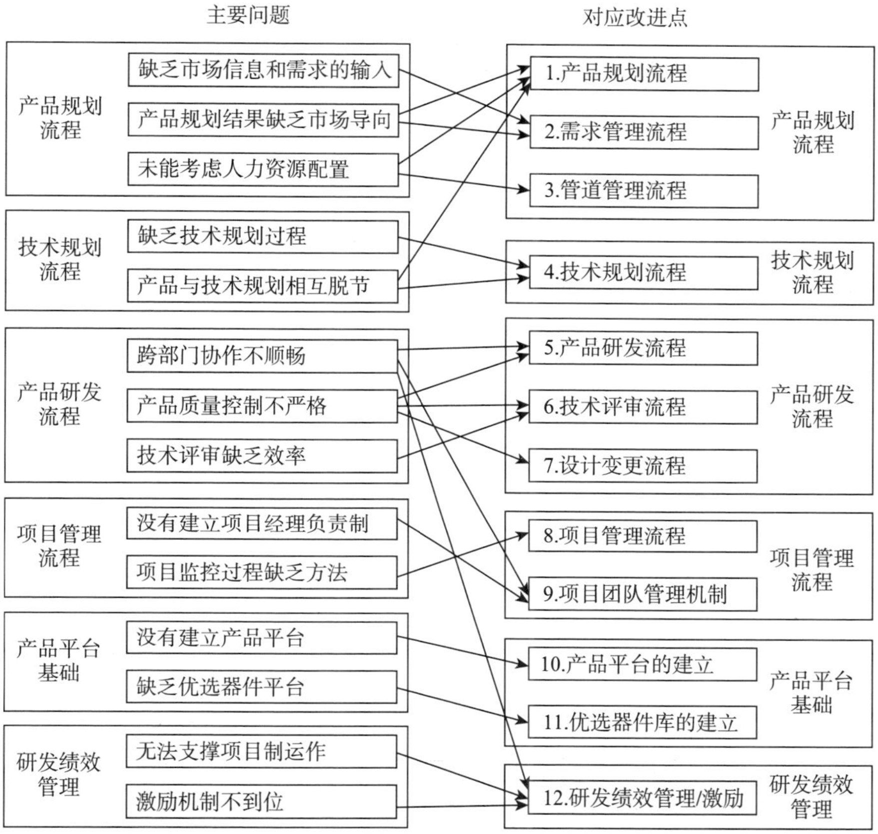

图3－11　主要问题的改进点

考虑到企业的资源投入和承受能力，采用“总体规划，分步实施”的策略提出解决方案。问题是对这12个改进点，如何进行优先级排序？

从收获价值、见效周期和实施难度三个维度评估各个改进点，将全部改进点绘制在一张图中。如图3－12所示。

改进者需要根据企业战略目标和主要矛盾，优先关注那些收获价值高、实施难度低、见效周期短的改进点，并且考虑各个改进点的内在依赖关系，这样能够尽快为企业带来明显效果，有利于树立信心。

此案例中，咨询师建议从产品研发和产品管理两个层次进行研发管理体系改进：

➢ 在产品研发层面，针对典型的产品研发流程，着力解决跨部门协同

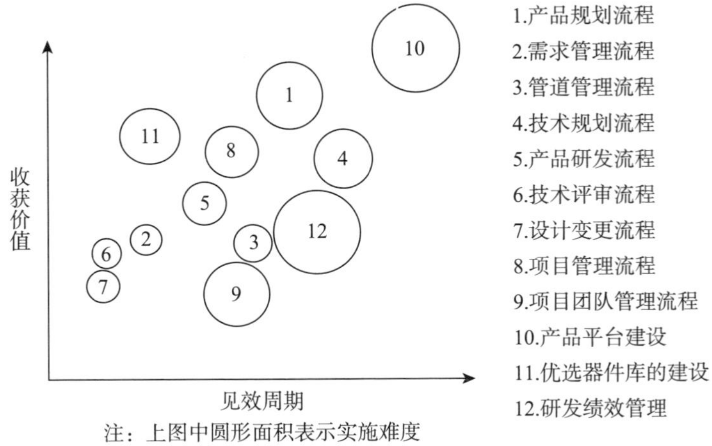

图 3－12　改进点评估示意图

关系，同时改善项目管理机制，提高研发流程和研发项目的运作效率。

➢ 在产品管理层面，逐步构建平台化/模块化的研发模式，建立和使用优选物料库，提高设计共享程度，以前瞻性产品规划和技术规划指导研发工作。

具体改进步骤如图 3－13 所示。

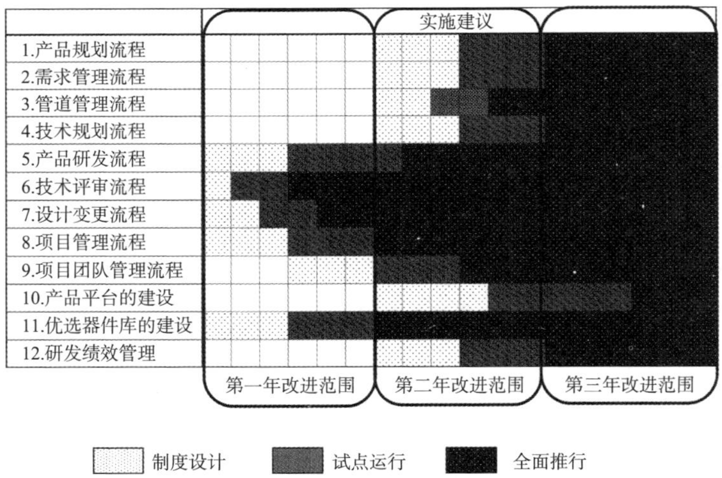

图 3－13　改进路标图

◎小结

以上分别展示了不同类型企业的研发体系改进方案，改进思路各具特色，但是都遵循了前面提到了设计原则，即从业务成功出发、强调针对性、边际收益递减、勿求完美、以当前业务能力为支撑。

在研发体系的四个要素中，产品战略作为企业战略的一部分，是由企业核心层确定；研发团队技能和技术积累的提升可以通过内部手段（规划、培养、激励等）和外部手段（招聘、购买、合作、外包等）的共同努力获得，需要一个自然的周期；而研发管理体系则应该不断根据研发体系的现实情况进行调节和优化。这些都考验了改进者审时度势、灵活应对的业务能力。

下面将目光聚焦于研发管理体系内部的典型模块，比如产品开发流程、产品规划流程、研发项目管理、技术评审、研发组织结构、研发绩效管理等，通过案例展示如何进行细节上的优化。

3.2 进行典型模块的方案设计

3.2.1 产品开发流程

产品开发流程如图 3－14 所示。

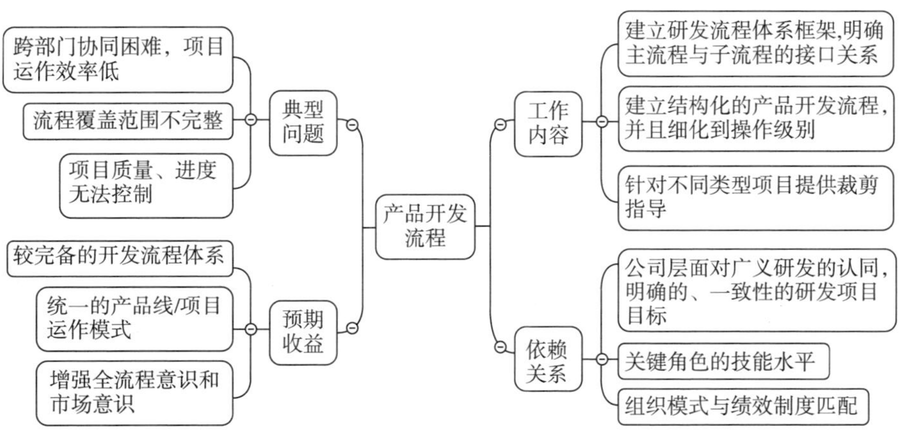

图 3－14　产品开发流程

首先看一个研发流程优化的样例，为了便于理解，笔者将屏蔽很多细节。

某公司针对其软件产品开发流程进行优化，为了改变原来边实现、边修改的“土匪式”开发模式，对软件开发的具体过程明确定义如图 3－15 所示。

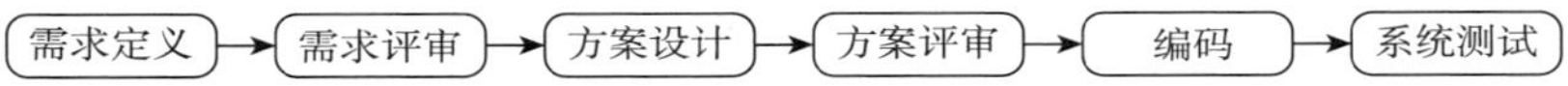

图 3－15　软件开发的具体过程

这是一个很普通的软件开发流程，在项目中是否可以被严格遵循？项目经理提出了反对意见。真实的项目过程可能是这样的：假设产品包括三个模块，一是情况是方案设计清晰且资源充分，三个模块可以并行开发；二是资源不充分，只能先做 A 模块、完成后做 B 模块、最后做 C 模块；三是需求定义和设计工作一并进行、完成后开展评审，但是在完成 A 模块编码之后发现原来设计的质量不合格，只好返工设计后再开展编码工作。如图 3－16 所示。

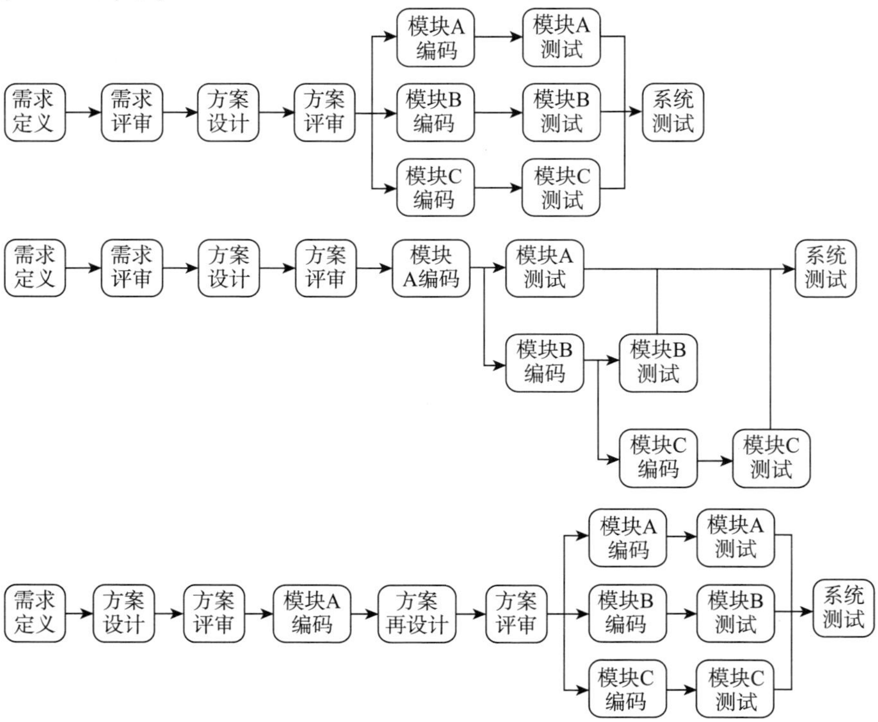

图 3－16　软件开发流程

为什么咨询师殚精竭虑优化的开发流程在实际工作中无法被严格执行？"狡猾"的项目团队就像德军避开了马其诺防线的铜墙铁壁，穿越到了防守薄弱的阿登森林一样，让一切的努力化为乌有。如果这样，流程优化的意义何在？

为了回答上述问题，我们需要理解两类不同的研发流程：精确流程和逻辑流程。

如文档签审、项目立项、计划变更、工作移交等流程，均可以称之为精确流程。它们的共性就是流程中的活动就像钟摆一样具有明确的流转方向，流程将会按照预先策划的那样去严格执行，几乎不会出现不可预知情况。

产品规划流程、产品研发流程、客户定制流程等，均可以称之为逻辑流程。和精确流程截然不同，逻辑流程描述了特征相似项目的逻辑执行过程；在流程定义时无法考虑到执行时的各种细节，项目团队都是以项目计划方式去执行流程。作为项目基本特征的"独特性"，决定了项目计划各不相同。

比如在流程中规定"设计方案评审"之后进行"关键部件的风险采购"，通常来说是合理的，能够有效地加快项目进度。但是在具体执行时，如果某种物料采购周期长到直接影响整体进度，项目团队将会在立项时就着手进行采购；项目团队也可能根据各种物料的采购周期和风险，分若干批次进行采购。项目经理在制定计划时，需要考虑当时的实际情况、约束条件、资源限制、实施风险等诸多因素，才能确定合理的项目计划。

在上面软件开发的第三种情况，项目经理低估了需求和方案设计的技术风险，在初期认为不必进行需求评审，却在开始编码后才发现问题，还要返工再做设计。这并非严格执行流程的问题，而是项目团队对技术难度把握不准确造成的。

对于精确流程，通过归并/取消审核点、串行调整为并行、减少不必要环节、化简客户接触面等流程优化手段，可以提升效率。但是对于实际执行过程不可预知的逻辑流程，单纯的优化流程并不会产生效果。

产品研发流程作为研发流程体系中最重要的流程之一，它实际上体现了特点相似的研发项目的通用过程，展现了研发过程中活动的逻辑关系。通常会按照"一次性将工作做正确"的假设去设计流程，不会在流程图中体现返工，原因是无从预计具体返工到哪个活动。

项目经理制定计划就是一个将标准研发流程进行"实例化"的过程，除了需要遵循企业对研发过程的基本要求，更重要的是根据项目实际情况和资源配置，去动态调整活动间的关系，以满足项目目标。基于同样的研发流程而建立的项目计划是千差万别的，好的项目计划是经理业务能力的体现。

既然不能采用典型的流程优化方法，那么如何对产品研发流程进行改进?

根据企业的实际改进需求，一种方式是流程构建，是以成熟的研发流程为范本，对当前企业的研发流程重新构建；另一种是流程梳理，是通过对研发流程的细节调整，达到改进目标。

◎流程构建

流程构建类似于全新产品的研发过程，一般是当企业研发流程混乱、严重不适应业务发展时进行的。因此，流程构建的工作量很大，将会对现有工作习惯造成很大冲击，其实施风险也较大。在进行流程构建时，基本步骤如图3－17所示。

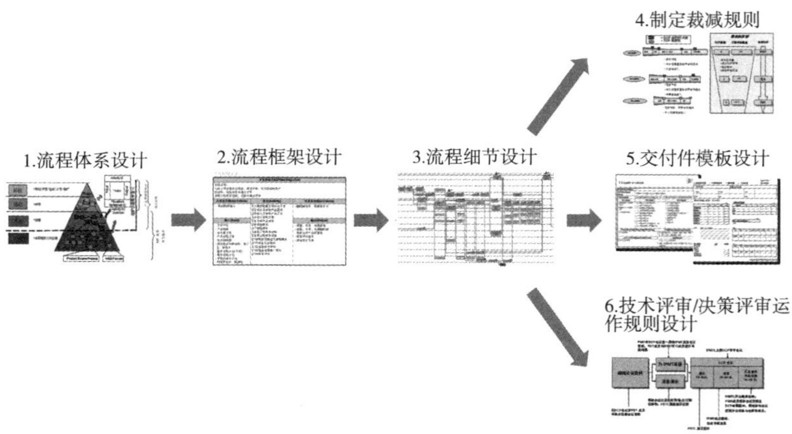

图3－17　流程构建的基本步骤

- 流程体系设计

首先需要明确研发流程体系中包括的典型流程以及相互的接口关系。某公司决定以集成产品开发体系为参考，建立符合其研发特点的流程体系。如图3－18所示。

可以看到，整个研发流程体系包括**需求管理、产品规划、产品开发、**

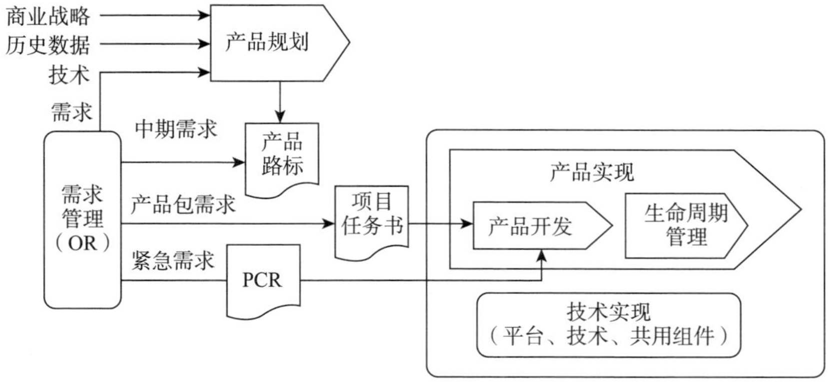

图 3－18　研发流程体系框架图

技术实现和生命周期管理等主要流程。产品规划流程主要输出《产品路标》，并且生成《项目任务书》后启动产品开发流程；需求管理流程负责处理来自外部和市场的需求信息，按照重要性和时间紧迫程度，需求有三个分发路径，其中纳入《产品包需求》的需求将会随着《项目任务书》，一并作为项目启动的必要输入。

● 流程框架设计

接下来需要对产品研发流程划分阶段，明确各个阶段的含义与目的、重要的输出成果；并且定义关键性的业务决策点和技术评审点。以集成产品开发流程为例，划分了概念、计划、开发、验证、发布和生命周期六个阶段，并且设立了四个业务决策点和六个技术评审点。如图 3－19 所示。

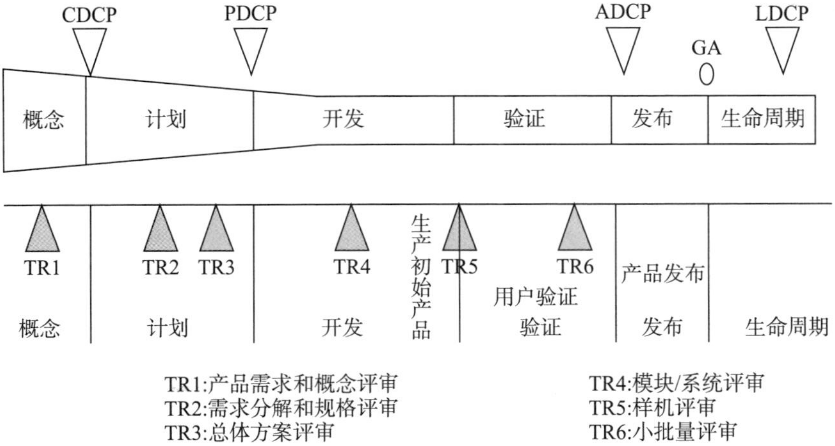

图 3－19　集成产品开发流程阶段框架图

针对概念阶段，其阶段目标为“对产品机会的总体吸引力及是否符合公司的总体策略做出快速评估”，主要关注分析市场机会、成功因素和业务风险等。典型输出件包括《初步的业务计划》《初级项目计划》《产品包需求》。

概念阶段的主要活动如图 3－20 所示。

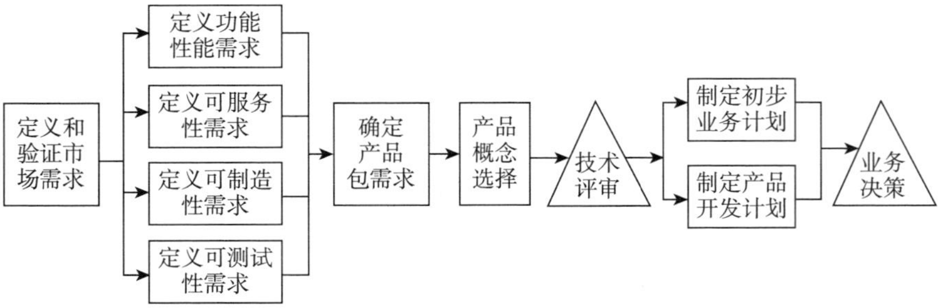

图 3－20　概念阶段的主要活动

● 流程细节设计

接下来需要将流程框架细化为操作级别的流程。在流程细节设计时，首先明确流程中的角色，再将各角色在流程中所承担的活动横向展开，并考虑活动之间的协作关系和交付件。

在进行细节设计时，细节展现到何种程度，这是个需要仔细斟酌的问题。

一方面需要考虑流程执行者的普遍业务能力，即管理制度与团队技能相适应。

如果执行者业务能力较强，则流程细节可以保持较粗的颗粒度，执行者能够在实际工作中有针对性地调整和补充细节，并不会由于流程简练而遗漏关键任务，进而影响工作质量。反之，过细的颗粒度则会带来冗余，影响工作效率。

如果执行者业务能力较弱或者缺乏经验，则需要展现详细的工作细节，否则容易导致工作不完整，最终影响工作质量和效率。

图 3－21 和图 3－22 都展现了研发阶段流程的细节片段，不同之处是后者更加详细。我们无法简单地断定哪个流程的细节设计更加优秀：前者更加适用于富有经验的项目经理；后者则更加适用于初级的项目经理。

另一方面需要从流程使用者角度考虑细节设计，这其实反映了管理制

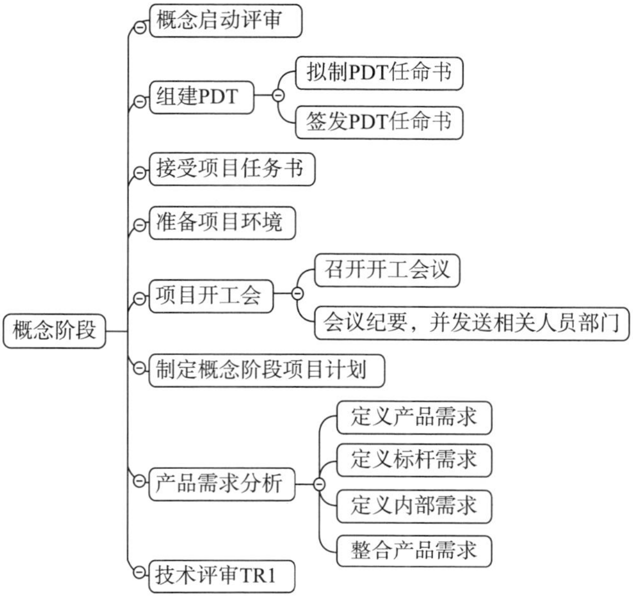

图3－21　概念阶段流程1

度对产品的适配。研发流程的使用者主要是各级项目经理和项目团队，它需要符合项目经理的管理跨度和范围。

某公司重视流程的可视化管理，于是花费很大的精力，将覆盖公司全业务的十三大类、数百个流程均细化至操作级别，并绘制在一张大图上。于是带来的一个明显问题是流程查找极为不易，流程执行者查看的仍然是和自己工作相关的部分流程。这样的流程总图除了看起来很震撼之外，在实际工作中并没有价值。务实的做法是将流程分层级、分类别地展现出来，既便于检索使用，也便于流程的管理。

如果研发流程的活动并不复杂，在项目经理能够直接管理全部活动的情况下，将活动细节全部展开是可行的。但是对于流程活动比较复杂的情况，项目经理应当负责顶层计划的管理，各领域负责人负责底层计划的管理，甚至根据其产品的复杂程度，有些企业的研发流程可能要依次分为若干层级。

图3－23展示了概念阶段的详细流程片段。

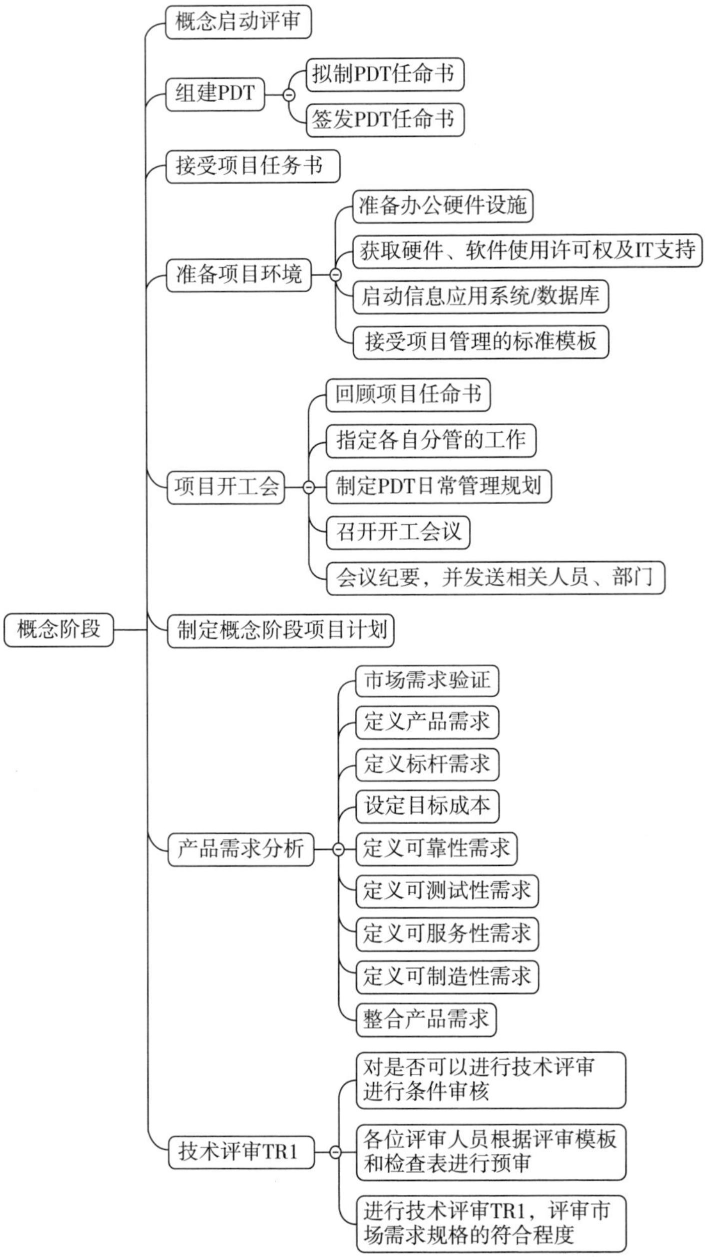

图3－22　概念阶段流程2

- 制定裁剪规则

那么对于非全新产品研发项目，比如改进、增强、定制类项目，如何使用产品研发流程？让项目经理以完整的流程为基础进行裁剪，是否可

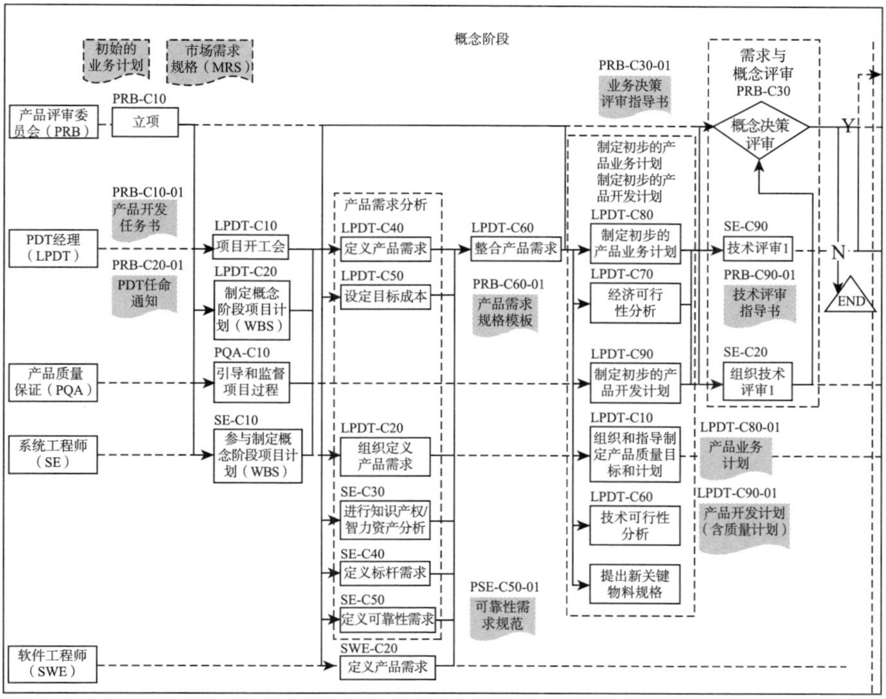

图3－23 概念阶段的详细流程片段

行？事实上是不行的，全新开发流程是活动全集，在全集中裁剪出仅剩下不到一半活动的流程，对于项目经理而言是不可接受的。

因此，就需要考虑项目特点，预先为典型项目裁剪出合适的研发流程。项目经理开展工作时，在这个裁剪后流程的基础上制定出符合自己需要的项目计划。切莫轻视流程裁剪的工作，它直接决定了项目经理对流程的接受程度，也影响了项目管理的效率。

图3－24展示了流程裁剪的典型思路。

- 交付件模板设计 & 评审运作规则设计

接下来需要进行操作级别的定义，包括活动的详细描述、文档模板的定义、技术评审和业务决策的具体过程、评审要素表设置等。这类工作非常繁杂和琐碎，由于工程师/项目成员直接使用模板开展设计工作，因此这也是最为增值的环节。如果细节模板的质量不佳，一方面影响工作效率；另一方面也让项目组对流程持抵触态度。

高质量的文档模板具备如下明显的特征：

➢ 体现产品特点和技术要素。

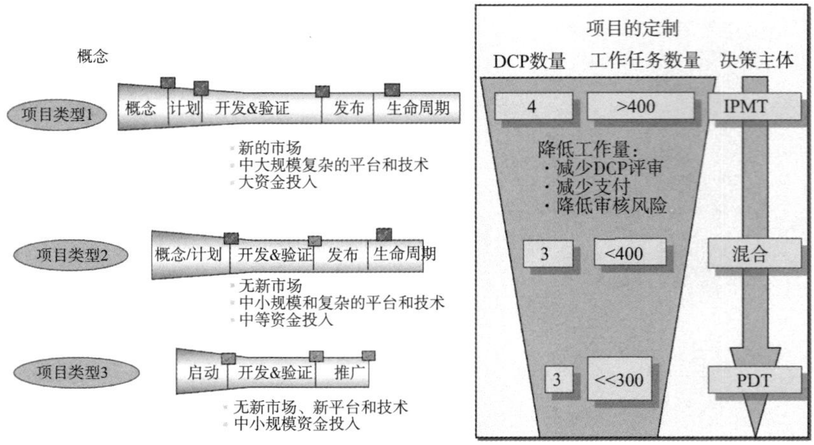

图 3－24　流程裁剪的典型思路

➢ 能够帮助工程师提高工作质量。

➢ 简练、明确、无冗余。

下面我们观察几个交付件模板的样例：

1.1.1 可测试性

可测试性指发现缺陷的难易程度。此可测试性不同于需求说明的可测试性（可验证性），后者主要是需求本身是否可验证，而前者是对设计与实现的需求，即设计与实现时应采取何种方式保证可测试性。

a. 可观察性

（1）对关键程序的运行状况和关键数据（或全局数据）变化情况应能够实时或准实时显示，或在运行中可查询。(可监视)

（2）过去的关键程序的运行状况和关键数据（或全局数据）可见，或在运行中可查询(例如：事务日志)。

（3）所有影响输出的因素都可见。

（4）容易识别错误输出。

b. 可控制性。

（1）所有可能的输出都产生于某种输入组合。

（2）通过某种输入组合，所有的代码都可能被执行。

（3）测试工程师可直接控制软件和硬件的状态及变量。

c. 可分解性。

（1）软件系统由独立模块构成。

（2）能够独立测试各软件模块。

d. 软件应具有接口、流程等的跟踪能力。

例　可测试性需求

SR－DFT－00001　日志输出控制

需求描述：在需要时，可以通过配置文件来控制内部关键信息的输出，输出目标也可通过配置文件配置。

优先级：3

图3－25　“可测试性”需求的片段

图3－25是产品需求文档中“可测试性”需求的片段。在模板中，描述了可测试性需求的具体含义，而且后面给出了一个样例。

虽然改进者的工作很用心，但是通常需求工程师具备一定的经验，对“可测试性需求”已有清晰理解，大段的描述信息就显得多余。在实际工作的时候，需求工程师还要将这些描述信息删掉，容易打断思路，使用效果并不理想。

再看图3－26的需求模板片段。

3.2 对性能的规定

3.2.1 精度

说明对该软件的输入、输出数据精度的要求，可能包括传输过程中的精度。

3.2.2 时间特性要求

说明对于该软件的时间特性要求

3.2.3 灵活性

说明对该软件的灵活性的要求，即当需求发生某些变化时，该软件对这些变化的适应能力。

3.3 输入输出要求

解释各输入输出数据类型，并逐项说明其媒体、格式、数值范围、精度等。

图3－26　需求模板片段

我们无法看到模板对产品特征的体现，这是一个“放之四海而皆准”的模板，并不具备针对性；需求定义人员需要考虑精度、时间特性要求的具体指标，这样的模板聊胜于无。

我们再看图 3 – 27 这个系统级产品设计方案的框架。

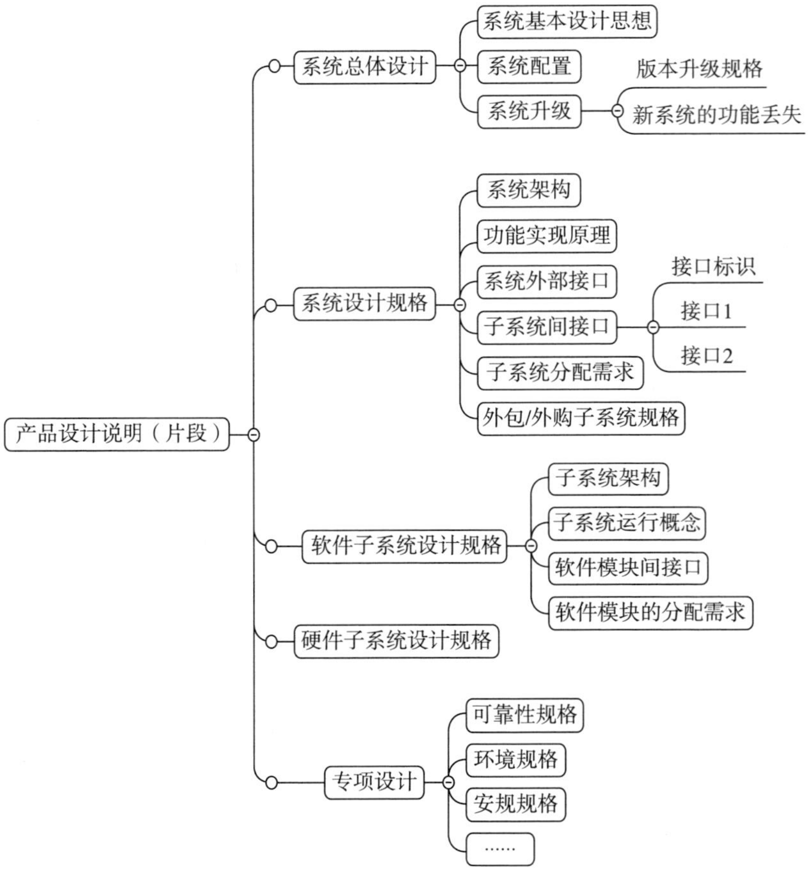

图 3 – 27　系统级产品设计方案的框架

我们可以很直观地体会到“自顶向下”的设计思路，从系统总体设计思想到子系统划分和需求分配，再到各个子系统的架构设计、最后是各类专项需求的设计。设计文档的撰写过程，就是指导工程师进行设计的过程，而且体现了产品的技术特征，因此这个设计文档模板框架是高质量的。

为了提高交付件模板的设计质量，通常会邀请业务专家参与设计工作，把产品特点、设计过程和技术要点融入模板中，令使用者提高工作质量和效率，这样才能为工程师所接受。

从流程体系设计到细节模板设计，是逐步细化、深入业务的过程。不同企业可能具有极其相似的流程体系，但越到底层，越会出现明显的差异性，流程设计的难度也越高。细节设计关系到流程执行的最终质量，因此需要给予更多关注。

前面阐述了流程构建的主要步骤和方法。在多数情况下，企业的研发流程并没有混乱到需要重新构建的程度，只需对研发流程进行梳理即可。

◎流程梳理

在多数的研发改进工作中，企业目前使用的研发流程并未存在严重缺陷，它至少可以正常运作、支撑产品交付。研发流程是一个历史阶段的产物，都有其合理成分。只是随着行业竞争，市场对产品提出了更高的要求，或者企业扩展了产品研发的范畴，流程才需要去优化。

K企业由于市场信息获取不充分，项目立项评估时以技术先进性代替市场可行性，导致部分项目决策失误。因此需要在研发项目过程中不断去评估项目的市场潜力、产品的竞争力，在合适时机去修正项目的方向。而目前的研发流程仅包括狭义上的开发活动，可以保证产品研发成功，却没有关注产品的市场成功。因此，在流程梳理时只要增加市场相关活动就可以满足企业的要求。

W公司所处行业发展迅速，对产品质量和可靠性不断提出更高的要求，公司现有的研发流程只是满足了以往快速交付产品、质量“够用就行”的要求，显然与当前的产品质量要求不匹配。因此，其流程梳理的重点在于更细致的分工，更严格的质量控制，更广泛的技术共享（目的是控制成本）。

在对研发流程进行梳理时，一个重要的原则就是“损有余而补不足”。根据当前业务要求和重点问题，增强薄弱环节；对那些冗余的、拖慢研发节奏的环节，适当地删减和归并；使研发流程在质量、进度、成本上面达成新的平衡。

◎案例一：产品需求的强化

某企业在产品研发过程中存在需求定义不完整、不明确，产品实现阶段需求不断变更和澄清，测试缺乏依据，研发质量不稳定的问题。通过观察其研发流程，发现需求定义阶段工作比较随意，仅撰写一份产品功能点的描述文档，没有通过评审就开始设计实现。这种近乎裸奔式的研发过程，不仅没有加快进度，反而由于变更频繁而拖慢了整个过程。

因此，针对上述问题，流程梳理的重点是需求定义的相关活动。如图3－28所示。

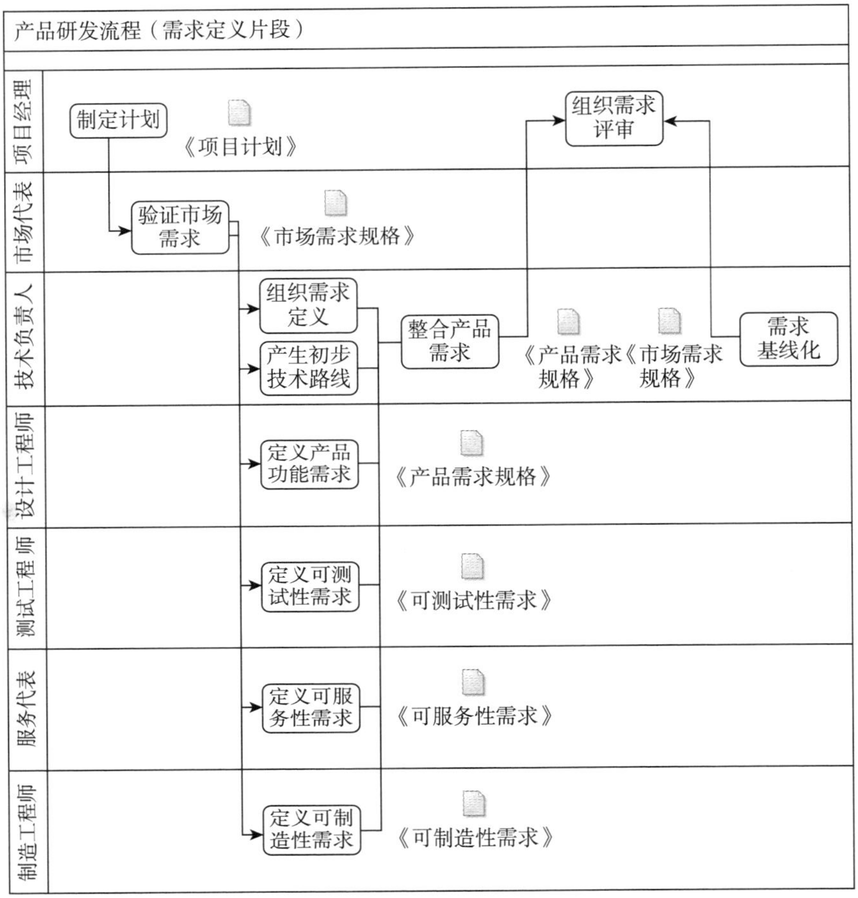

图3－28 需求定义片段

对于项目启动时规划的市场需求，首先由市场人员进行验证，摒弃其中含糊、矛盾、过时的需求；由技术负责人组织需求定义，研发工程师负责产品功能和性能需求定义，测试、服务、制造工程师分别负责可测试性、可服务性、可制造性领域的需求，并且由技术负责人整合需求，保证需求文档的质量，同时形成初步的技术实现路线；设置评审点，以判断产品包需求的明确性和完整性；通过技术评审后，需求文档受基线化控制。

在细节方面，对内部需求、产品需求规格等交付件模板进行重新设计，体现产品特点，方便工程师使用。

◎案例二：获得市场成功

某公司期望对其产品研发流程进行调整，从单纯的产品研发过程转化为对市场成功负责、面向市场发布的过程。

如果期望研发流程面向市场成功，就需要在原来产品开发这条主线的基础上增加另外一条主线：业务线。业务线包括项目团队和决策团队两个层面的工作。如图 3－29 所示。

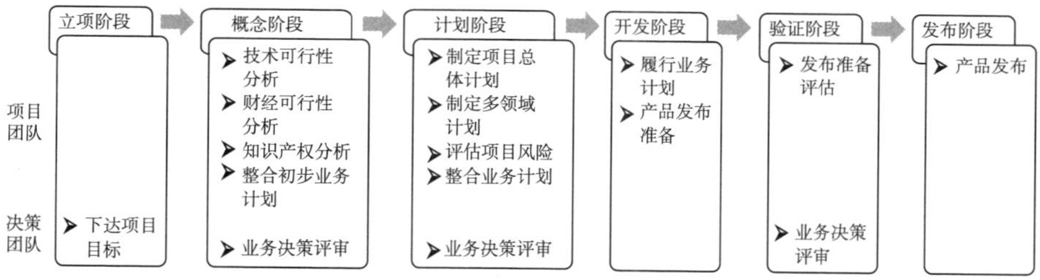

图 3－29　研发流程中的业务类活动

对于项目团队这个层面，是以《业务计划书》贯穿始终：在项目的概念阶段，关注产品的可行性分析，明确产品“是否需要做”；在计划阶段，需要明确产品“如何做”，除了开发计划外，还包括市场营销计划、技术服务计划等领域的业务计划；在开发和验证阶段，项目团队按照《业务计划书》中的策划做好准备工作；在发布前夕，项目经理需要检查产品发布的准备情况，提请发布决策。

对于决策团队这个层面，在下达项目目标后，需要对关键阶段的《业务计划书》进行业务决策。在概念阶段、计划阶段、验证阶段，分别对产品可行性、业务计划和发布准备情况进行评价，并确定项目方向。

在研发流程中，增加了业务线以保证产品研发面向市场成功；在组织中，建立了跨部门的研发团队、项目评价机制等与之匹配。

◎案例三：过犹不及

某通信设备制造商属于中等规模，为了强化产品质量和设计规范性，参考标杆公司的管理实践，建立了极为细致的研发流程，并且为支撑主流程运作，制定了几十个子流程，包括外观设计子流程、硬件设计子流程、结构设计子流程、工艺开发子流程等。

为了将原来不规范、不严谨的工作陋习彻底扭转过来，在制定流程时存在矫枉过正的现象。该企业并没有平衡好规范和效率之间的关系，流程制定人员也没有与执行者进行良好的沟通，结果制定出来的流程过于“规范”，严重束缚了项目工作，遭到大家的反对：

“留给研发的时间太短，没有时间做前期工作。”

“流程是完整的，但是真正执行的只有50%；我们缺的不是流程，而是对流程的理解。”

“产品开发周期的限制，导致没有足够的时间完成流程规定的每一项活动，尤其是文档和测试工作。”

这种脱离实际的重量级流程根本无法在企业获得实施，更谈不上提高质量和研发效率。

针对企业现状，改进者决定对流程做减法，将研发项目分为不同类型，根据复杂程度和业务风险制定适当的研发流程。项目分类示意如表3-2所示。

表3-2　项目分类

分类	说明	流程裁剪
A类	产品需求或者技术规格需要重新定义，研发技术复杂度高，开发周期超过一年	执行全部的技术活动和技术评审点，评审点不允许合并
B类	产品开发的关键技术有可参考信息，产品需求或者技术规格需要更新，技术风险可控，开发周期约为三个月至一年	需求评审需要保留，方案设计评审和详细设计评审可以合并
C类	基于成熟方案的产品开发项目，技术难度小，开发周期为三个月以下	需求评审和详细设计评审简化为内部评审，样机验证和小批量验证阶段合并
产品类	自主定义产品方向和目标市场，技术复杂程度等同于A类项目	执行全部的业务活动和各类评审

接下来，需要为各类项目建立相应的流程，表3-3展示了各类项目在

立项阶段所交付文档的差异。

表3－3　各类项目建立相应的流程

阶段	文档名称	对应角色	交付要求				备注/说明
			A类项目	B类项目	C类项目	产品类项目	
立项阶段	市场调研报告	市场工程师	×	×	×	○	如果内容较少，并到可行性论证中。
	市场需求清单	市场工程师	○	×	×	○	
	技术可行性分析报告	技术负责人	○	○	×	○	如果技术风险较小，技术可行性分析可以在《产品可行性论证报告》中描述。
	产品可行性论证报告/立项申请	调研项目经理	×	×	×	▲	
	立项决策报告	IPMT（决策层）	○	○	○	▲	需要进行决策活动，并形成书面结论性意见。
	项目开发立项报告	调研项目经理	▲	▲	▲	▲	发布时需要决策者批准。
标示说明： “▲”表示本阶段结束前应编制并归档的设计文件；“○”表示根据实际需要而定；“×”表示不涉及。							

3.2.2　产品规划流程

产品规划流程如图3－30所示。

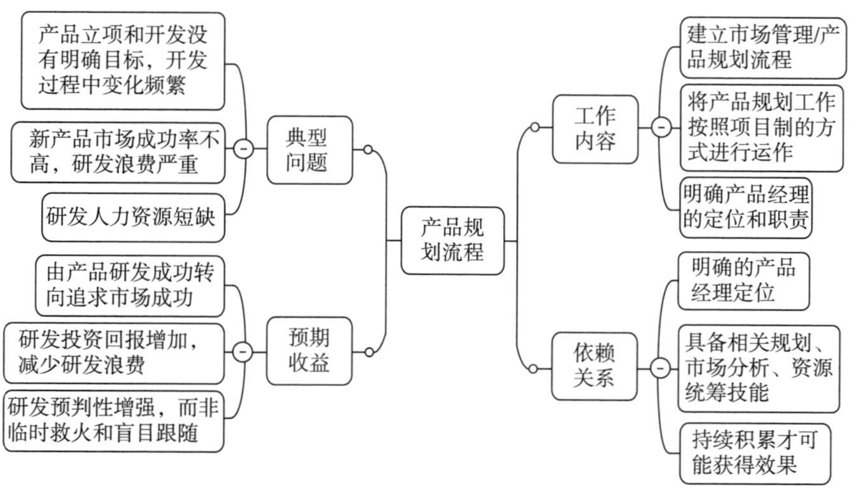

图3－30　产品规划流程

苹果智能语音助手（Siri）是苹果公司在 iPhone4S 中推出的应用服务，从发布至今不断打磨，但其功能仍然无法令人满意。

苹果智能语音助手（Siri）联合创始人诺曼·威纳尔斯基认为，造成当前局面的原因是苹果对于苹果智能语音助手（Siri）寄予厚望，所设立的目标非常宽泛。威纳尔斯基表示苹果希望 Siri 在各个领域都能有突出表现，而不是仅限于几个领域。

威纳尔斯基表示，推出 Siri 的初衷是将其作为娱乐和旅游的辅助工具。比如当你到达机场时候发现所预订的航班取消了，那么当你从口袋中掏出手机的时候苹果智能语音助手（Siri）就已经向你推荐其他到达目的地的路线，如果实在没有可用的交通方式，苹果智能语音助手（Siri）会推荐就近符合用户偏好的旅馆。

威纳尔斯基说道："当你的公司需要服务 10 亿用户，那么实现这个目标会存在众多问题，而且伴随着时间的推进，问题会越来越多、越来越难。他们想要达到的完美目标可能永远无法达成。"

苹果公司素以将产品和服务做到极致著称，重金打造的苹果智能语音助手（Siri）并不成功，这反映了产品规划和现实之间的差距。产品规划并非在封闭环境下进行的，它是将行业发展趋势、客户需求演进、友商产品策略、自身技术能力等要素综合考虑的产物。

产品规划的困难之处是需要对未来几个产品研发周期的市场情况进行预测，与产品研发过程相比具有更大的不确定性。规划执行者和决策者都是在市场信息和需求不充分、不一致，甚至充斥谬误的情况下进行工作。即使面对同样的信息输入，优秀和蹩脚的规划执行者做出的规划成果也是天壤之别。

迈克尔·波特①曾如此描述竞争策略：

"所以考虑这些不同的事情就必须要了解你的地位、你的技能，你可能会得到一个相对的优势，每个公司的情况都不一样，没有一个现成的公式。"

"必须有创造力，你必须是一个革新者，你必须创造一个新的定位，

① 见迈克尔·波特于 2004 年 12 月在中国中央电视台《对话》节目中的演讲。

你不能只是抄别人的做法。如果这里有一条规则，那会导致失败。因为如果大家都这么做，谁也不会取胜。”

一方面，产品规划是一个创造性的工作，这类工作的特点是增加人手无法弥补能力不足的问题，规划执行者的业务能力在很大程度上决定了规划质量。

另一方面，产品规划是一个严谨的思考过程，并非心血来潮的突发奇想，可以通过执行适当的规划过程，最大限度地提高规划质量，同时不断磨砺产品经理的业务能力。

产品规划需要充足的信息输入，否则再优秀的产品经理也会“巧妇难为无米之炊”。从脑海里凭空蹦出来高质量的规划的情形并不多见。因此，为了提高产品规划质量，除了需要良好的规划过程，还应当辅以对市场信息和需求的管理，以此作为规划过程的输入。

产品规划过程是时间驱动，一般公司执行年度规划工作，并且在年中对规划进行适时地调整，以满足市场变化。相反，对市场需求和信息的收集分析却贯穿了产品经理全部的工作时间，提出路标规划是准备工作厚积薄发的结果。笔者曾经发现有些公司在执行规划时才意识到缺乏信息输入，临时去收集信息情报，这样“临时抱佛脚”的做法实际效果并不理想。

产品规划并非一成不变，市场机遇、竞争对手，甚至公司内部的改变，都会令先前的规划成果落空。产品经理需要不断触摸和感受市场，就像制作陶艺一样：大脑（代表自上而下的规划）和眼睛（代表对当前市场的感受和理解）不断进行互动，产品规划才能更加吻合市场变化，才能具有竞争力。

一个典型的产品规划过程包括了若干步骤和方法工具。如图3－31、表3－4所示。

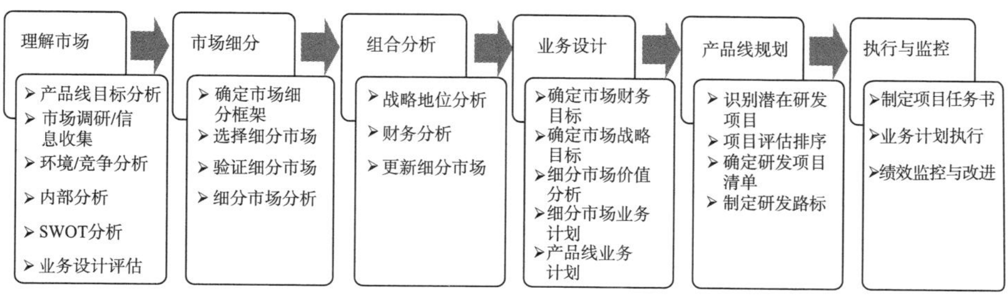

图3－31　产品规划过程

表 3－4　产品规划过程目标描述

阶段	目标描述
理解市场	➢定义或更新愿景、使命和业务目标 ➢获得对市场的深入理解并确定潜在的机会点
市场细分	➢定义细分模式，获得初步的细分市场 ➢收集和准备各细分市场的数据，作为组合分析的输入
组合分析	➢确定的细分市场进行优先级排序 ➢总结选择的细分市场概貌
业务设计	➢制定产品线的业务战略与方向 ➢确定基于不同业务要素的计划
产品线规划	➢整合并优化产品线内和跨产品线间的业务计划 ➢形成产品线的研发路标
执行与监督	➢管理并执行业务计划 ➢评估业务计划执行绩效

不同的公司根据其实际需要和资源投入，采取具有差异化的方式去执行。比如华为公司的规划工作由战略规划和年度商业计划两部分构成。其中，战略规划又称为春季规划，是未来 3～5 年的规划；年度商业计划又称为秋季规划，是 1 年的规划，主要是年度商业计划和预算。战略规划指导年度商业计划，年度商业计划驱动全面预算。这个过程将卷入公司大量部门和资源，它不仅是一个规划的过程，同时也是一个公司上下对规划达成共识的过程。如图 3－32 所示。

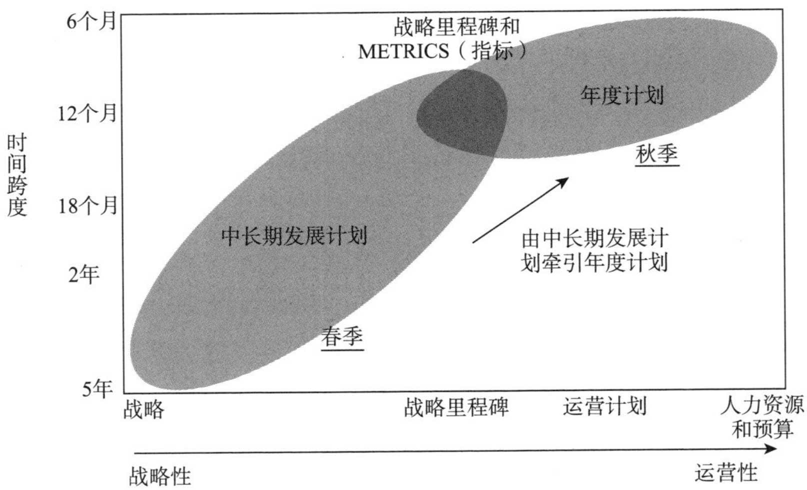

图 3－32　华为的规划工作

也有些公司受限于规模和资源投入，采用比较简练的方式开展规划活动，将产品规划和人力资源规划有效地结合起来，保证规划落实到位，从而取得了较好效果。

下面我们关注几个产品规划相关的改进案例：

◎案例一：大而全的产品管理

某公司烦恼于产品线的各项工作杂乱无章，相关部门各自为战，在很多任务上相互推诿，响应市场的能力无法令人满意。因此，该公司期望通过产品经理负责制解决上述的诸多问题，并对典型产品线设置了产品经理。其职责包括产品规划、市场调研、客户沟通、售后问题支持等，也就是将产品管理的全部工作都赋予产品经理，并且要求产品经理对产品线的市场成功负责。

在实际执行时暴露出很多问题：面对头绪众多的业务请求，产品经理不得不花费大量精力关注那些重要且紧急的工作，比如解决售后问题、响应客户需求、制造排产，致使产品规划工作的质量低下，无法指导研发项目立项；原来参与到产品管理工作的相关部门，认为现在有了问题直接找产品经理，工作并不积极；产品经理并不负责资源配置，规划的很多项目无法如期开展。总体的感觉就是大家还是都很忙，但是实际效果并没有改善。

针对上述公司的实际问题，这里给出一个改善思路。

完整的产品管理工作范畴包括产品规划、产品开发和产品生命周期管理三个阶段，如果公司能够配置一个有能力、有资源的产品管理团队履行整个产品管理工作，当然作为首选。如图3－33所示。

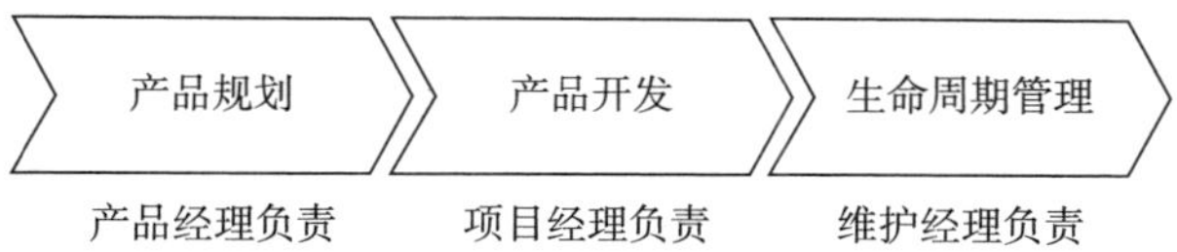

图3－33　完整的产品管理工作范畴

但上述公司对产品管理的资源配置显然不足。在相关工作不厌其烦的情况下，大家普遍存在丢包袱、急于求成的心理，认为只要设置了产品经理，问题就迎刃而解，这显然是不切实际的。

如果期望解决实际问题，就需要投入相应资源并设置工作流程。该公司可以根据当前业务痛点，有针对性地设置责任主体。如果产品规划问题比较突出，考虑设置规划经理；如果产品生命周期管理混乱，则考虑设置维护经理。当然也可以通过产品管理团队进行统管，但前提是资源配置充足、责权得当。同时为各典型工作建立配套的流程制度，具体细节此处不再赘述。

◎案例二：产品规划和技术规划的匹配

某公司属于新材料研制与应用行业，其产品需要长期的技术积累。该公司目前面临的主要问题有两点：

一是缺乏长期有效的产品规划。目前的销售小组着眼于本年度销售业绩的完成，并不会考虑产品线的长期发展。遇到客户需求时，他们就要求研发尽快提供产品；但由于缺乏积累，研发往往无法及时提供性能达标的产品。

二是基础性研究缺乏明确的方向。技术研究成果与市场需求不符，无法对产品提供有力的支持。

由于行业发展迅速，该公司期望抓住机遇，提高产品竞争力，尽快拓展市场。

该公司的当务之急是：通过清晰的路标规划，将研发资源的投放与目标市场的方向相匹配，提高市场竞争力。该公司的规划包括两个维度：一是领域维度，包含技术规划和产品规划，其源头分别来自外部市场竞争和内部技术发展；二是时间维度，根据行业特征，该公司的规划需要覆盖中长期（3~5年）、短期（1~2年）的研发路标。另外，技术规划和产品规划需要相互衔接，技术规划不能游离于产品规划之外。

图3－34是该公司调整后的规划工作的示意图。

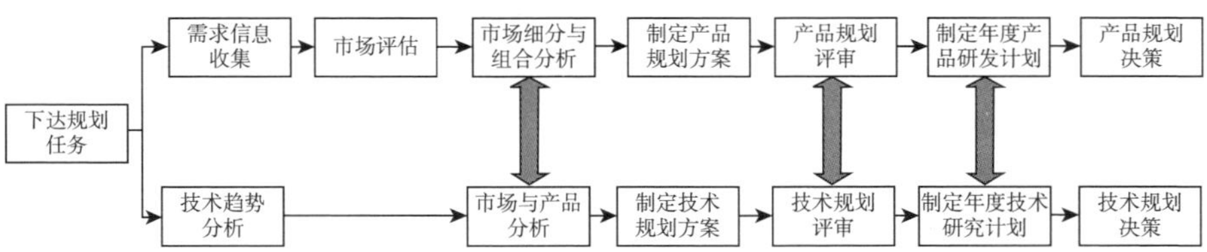

图3－34　调整后的规划工作的示意图

该公司成立两个团队分别负责产品规划和技术规划，在充分沟通的基础上输出各自的规划成果。整个规划过程中，在“产品分析”“内部规划评审”和“制定年度计划”三个活动上面，两个团队进行充分沟通和匹配，以确保产品与技术像“拧麻花”一样紧密结合。

通过实践验证，该公司的规划工作取得了良好的效果。根据市场信息制定的产品规划具有前瞻性，研发对市场需求的响应更加积极，且质量得到提升；技术研究工作提高了目的性，资源配置较原来更为自如。

3.2.3 研发项目管理

研发项目管理如图 3 – 35 所示。

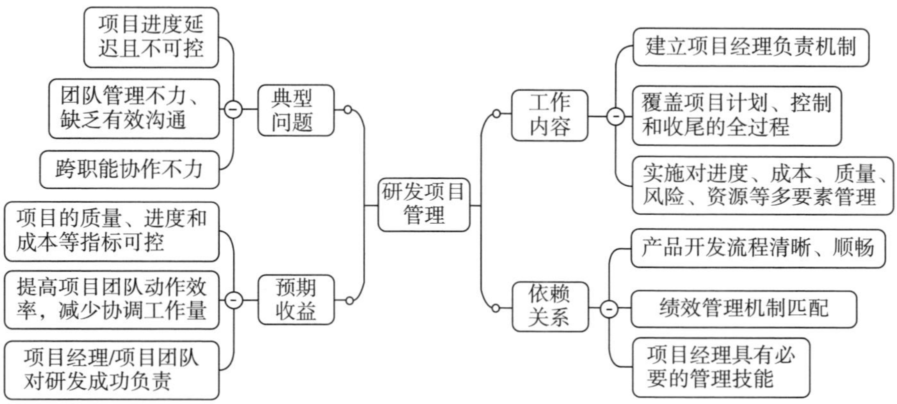

图 3 – 35　研发项目管理

研发体系的绝大多数工作都是以项目形式开展的。很多企业发现研发项目绩效不理想，于是就强调项目管理的重要性，甚至认为“项目做得不好，主要责任就是项目管理没做好”，于是项目经理承受了很大压力。

一个公司市场开拓不理想，不能简单归咎于市场部工作没做好；公司盈利不理想，更不能看成财务部工作不到位；同样的，项目和产品没有达到预期效果，也不能简单看成项目管理没做好。

研发项目的主要工作包括两类：一是管理类的工作，比如做计划、分配工作、协调资源、沟通汇报等；二是业务类的工作，比如定义需求、方案设计、产品实现等。业务类工作是直接增值的，是必须要做的。管理类工作并不直接增值，如果不做，好像也不会有致命的问题吧？

事实上，管理类工作过于简陋，就会令项目过程无序而凌乱，配合失当、整体效率将大打折扣；而管理类工作过于繁多，将会造成过程冗长、人浮于事、效率低下。

有一则笑话，很形象地讽刺了人浮于事的大企业病。

两个食人族到某大型高科技公司上班，老板说："绝对不许你们在公司吃人，否则我立刻开除你们！"三个月下来大家相安无事，突然有一天老板把两个食人族叫到办公室大骂一顿："不让你们吃人、不让你们吃人！还吃？明天你们不用再来上班了！"

两个食人族收拾东西离开该公司，临出门时一个忍不住骂另一个："告诉过你多少遍不要吃干活儿的人？三个月来我们每天吃一个部门经理，什么事都没有。昨天你吃了一个清洁工，立刻就被他们发现了！"

我们常常会发现某些研发项目管理得并不规范，工作衔接屡屡出现问题，项目成员疲于奔命。但客观地讲，项目整体绩效并不算差，甚至好于那些管理规范、有条不紊的项目。"乱拳打死老师傅"的方式是否更适合于研发项目管理？

究其原因，这些项目是在产品不甚复杂且缺乏资源的情况下，将管理类工作做了大量压缩，以业务类工作出现有限的混乱为代价，使项目团队直奔最终目标。

改进项目管理机制，目的是让研发项目运作顺畅、协调，提高整体效率。对于不同的企业，项目管理领域的问题不能一概而论，比如研发资源匮乏、项目目标不明确且中途变更、对项目缺乏绩效激励措施、项目管理能力或技术实现能力相对不足等，这些问题往往交织在一起，对改进工作提出了较高要求。

研发项目管理体系大致分为三个层次。如表 3－5 所示。

表 3－5　研发项目管理体系的三个层次

层次	主要针对问题	具体改进内容
初级项目管理	➢缺乏基础的项目管理手段 ➢项目变更频繁，项目整体处于失控状态，无法预计项目完成时间 ➢研发总监、项目经理无法了解项目当前状态	➢项目进度管理 ➢项目目标与范围管理 ➢项目基本度量管理 ➢项目汇报
高级项目管理	➢具备初级项目管理基础 ➢重大风险未被识别 ➢项目变更频繁 ➢项目资源未被有效使用 ➢项目运作效率需要提升	➢项目策略管理 ➢项目风险管理 ➢项目绩效管理 ➢质量管理、成本管理等（可选）

续表

层次	主要针对问题	具体改进内容
➢项目群管理	➢研发项目普遍延期且资源紧张 ➢项目之间资源冲突情况频繁发生，直接影响到项目进度	➢研发人力资源规划 ➢管道管理

◎初级项目管理

如果研发项目的管控毫无章法，活动凌乱且不受控制，项目经理无法了解到项目当前的大致状态，那么就必须建立最为初步的项目管理机制，以解决“有和无”的问题。尽管这种情况并不常见，但如果恰恰发生在激烈竞争的行业中，将会对企业的竞争力造成沉重的打击。

某公司责成空降的业务专家去领导一个项目，这是一项对公司未来发展具有重大意义的新技术研发项目。该专家欣然领命，信誓旦旦。然而事与愿违：项目管理得一塌糊涂，白白浪费一年时间，却一事无成，最后项目经理留下了一句“对不起”，飘然而去。对于公司领导层来讲，面对的是一地鸡毛，更是无法弥补的时间损失。

在长达一年的时间内，这家通过了CMM 4级认证的公司，为何对项目状态一无所知？事实上，这个项目仅有一个初期的里程碑计划，然后像脚踩西瓜皮一样，长期处于失控状态，甚至没有一次正式的工作汇报，问题暴露时已经不可收拾。痛定思痛，如果该公司坚持采用进度管理、阶段汇报等基础的监控手段，就不会造成失利局面。

◎高级项目管理

当研发项目具有相当的实施难度时，仅仅关注进度就不够了。另外，我们也发现，有些研发项目从管理角度来看还算规范，但是过程中的一些意外总会打乱项目节奏，项目最终趋于延期或者失败。此时需要采用更加完整、深入的手段去管理项目，这就是高级项目管理关注的内容。

即使在一家公司内部，研发项目特点也各不相同，项目经理需要根据实际情况采取针对性策略去开展项目：有的项目在技术实现方面没有成功先例，该项目就应将技术风险放在首位，尽快验证技术成熟度；有的项目在交付周期方面具有严格的限制，就应该采取一系列手段加快项目进度；还有的项目团队新近组建，彼此缺乏默契，团队建设将成为项目经理重点考虑的因素。如果项目经理对待任何项目都采用千篇一律的管理，只能说明他缺乏对项目特点的透彻认识，没有重点的管理将使得项目运作低效。

进度是一个研发项目最关注的目标，实际上进度目标包含了诸多要素和目标的实现。我们无法想象在产品质量不成熟、功能实现不完整的情况下，“按时”交付产品具有多少价值。也就是说，对质量、成本、资源、风险等诸多要素的管控，最终是为进度目标而服务的。

某公司为了提高研发项目运作效率，参考了行业标杆公司的优秀实践，制定了规范化的研发项目管理制度。但是在执行时发现项目效率并没有获得相应提升，很多项目经理反映新的管理体系尽管很规范，但是过于烦琐，相当比例的文档对项目的实际意义不大。

需要注意的是，并非按照要求“做了”就是规范化管理，就能够提高效率；更重要的是“做好”，以真正发挥作用。项目管理的诸多要素、工具、过程就像字典一样，做文章时，需要将这些字词进行有机组合。

接下来看一个失败项目的案例：

软件提供商A获得了为香港地区知名的电信运营商M开发软件系统的机会，这是关乎A公司未来发展方向的关键项目。A公司计划以成熟的BOSS系统①为基础，根据M公司的需求进行定制。

项目经理小W响应迅速，立即落实了项目成员，并积极做客户沟通等相关准备。然而市场负责人很快发现M公司要的不只是BOSS所能实现的计费功能，而是一个办公软件系统。

考虑到该项目对A公司步入海外市场意义重大，在软件设计师颇有非

① BOSS系统，Business & Operation Support System，即业务运营支撑系统。它涵盖了计费、结算、营业、账务和客户服务等系统的功能，对各种业务功能进行集中、统一的规划和整合。

议的情况下，公司还是决定："M 公司要什么功能，我们就做什么功能。"

项目经理小 W 开始了马不停蹄地工作：编写了近 200 页的需求规格书，进行了 4 个多月夜以继日的项目开发；在产品部署之前，项目团队为客户进行了一次远程演示。这时，大家才惊讶地发现 M 公司要的是一个业务操作平台，新系统的实现方式不符合 M 公司的业务操作习惯。

在这种不利局面下，项目团队再次做出努力：认真了解 M 公司的业务需求，将原来的工作推倒重来，重新进行开发。期间也遇到了客户接口人抵触、需求不断变更、沟通存在障碍等困难，项目团队坚持着积极负责的态度。

但是随着无休止的开发、演示、沟通、返工，项目已经延期半年有余，这几乎耗尽了双方的耐心。面对 M 公司给出的终止项目和赔偿的通牒，小 W 画了半天的决策树，也没能理出个头绪来，不知道该把队伍引向何方。

这是一个令人遗憾的案例。

决定研发项目效率的首要因素是项目经理的管理经验和项目团队的业务能力。在上述案例中，以小 W 为首的项目团队，既没有及时识别重大的实施风险，也没有对 M 公司的业务需求有一个清晰理解，想当然地认为修修改改就能够满足客户的需要，因此项目失败并不意外。

虽然 A 公司对此类项目有着一套成熟的管理方式，但是这只能算得上"初级项目管理"，达不到"高级项目管理"的层次。当研发项目具有明显复杂度时，即使达到了初级管理的要求，也会由于管理重点失当、风险缺乏识别等问题，致使项目失控。

在高级项目管理中谈到的项目策略，指的就是及时识别项目在交付周期、技术/业务难度、产品需求等方面的重大风险，并采取有效措施进行预防。

在该案例中，称职的项目经理应该在项目启动时就意识到这是一个全新系统研发项目，在技术难度、业务理解方面存在巨大风险，并且立即采取应对措施：

- 在启动之前对项目的可行性进行评估，判断该项目是否应该承接。
- 要求业务领域骨干参与项目，并且与客户建立密切联系。
- 通过建立原型、迭代等方式，尽快明确客户需求。

➢ 慎重评估项目工作量和资源需求，制定合理的进度计划。

◎项目群管理

当企业的研发项目出现大范围延期、资源冲突屡屡发生时，我们需要反思的是，整体的研发资源供给是否充足。

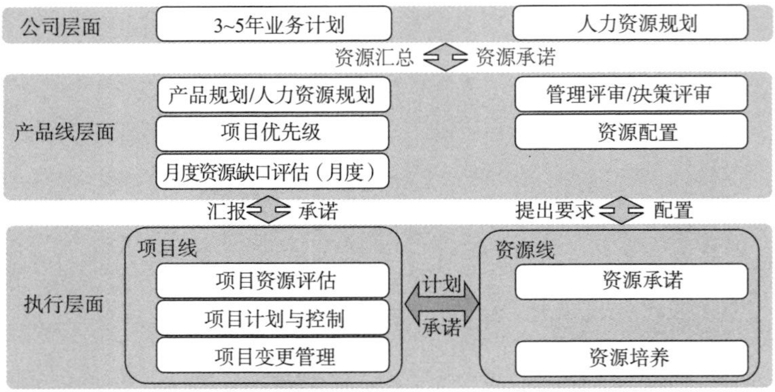

图 3－36　项目群管理

项目群管理主要关注于将研发资源按照项目优先次序进行配置，这需要在单独项目管理成熟的基础上进行。如图 3－36 所示。其中最重要的是产品线这个层面，担负着确定项目优先次序、配置研发资源和及时解决资源冲突的任务。

下面我们关注一个研发项目资源冲突的典型场景。

B 项目的某模块主力工程师 Y，因其对该模块的熟悉程度，在对应的换代产品项目 C 启动时，从 B 项目调至 C 项目，从事同类模块的开发工作。Y 在 C 项目组的工作量达到了满负荷。

在 C 项目的进展期间，B 项目的补丁版本随即启动。作为不可替代的一员，Y 还须参加 B 项目原负责模块的开发及维护支持。因为 B 项目中该模块的开发计划早在 Y 调离前已制定，且该模块并无他人可以替代。

此时 B、C 两个项目在人力资源和项目进度问题上存在严重矛盾。

以上述案例为背景，C 项目经理如何应对问题呢？

显然 C 项目经理立足于促进本项目的顺利交付，他可能采取的措施包括：坚决不释放资源、与 B 项目经理协商 Y 的工作比重、向高层领导施压、要求 Y 付出更多精力以兼顾两个项目、对 Y 提供更大的利益等。类似的，B 项目经理也会采取同样策略进行应对。这是完全符合逻辑的。如果项目经理妥协，他所领导的项目将趋于延期，这显然不是一名合格的项目经理。

那么此时，作为项目经理的上层管理者，如何应对该问题呢？

这位管理者应该立足于项目组合的顺利交付，综合考虑两个项目的重要程度和资源配置，做出最有利的决策，也就是“两利相衡取其大，两害相较取其轻”。他的判断难度在于如何避免被项目经理的夸张表演所左右，把握资源冲突的真实情况和研发项目的重要程度。

产品线层面出色的资源调配，可以提高研发资源的使用效率，却无法化解资源总体短缺的瓶颈。如果公司层面能够对业务发展具有清晰的预期，及时培养和储备关键性资源，将会令资源冲突问题大为改观。

预测未来的业务发展趋势并非易事。通常做法是，研发资源的配置相对充足一些，或者按照一定的折扣比例去计算研发资源的产出，这样会为突发事件提供周旋余地。

将研发项目管理分为三个层次，源于实际工作中的各类典型问题。如果改进措施选择错位，将无法解决问题。为了缓解整体研发资源短缺的矛盾，需要在项目群管理上下功夫，评估项目的重要性和优先级，将资源合理的投放，而此时强调项目的规范管理则无济于事；对于规模庞大、需要跨专业协作的研发项目，配置缺乏经验的管理人员，采取初级管理手段，这显然也是不恰当的。

需要注意的是，项目的复杂程度决定了项目管理的涵盖范围。在项目交付周期短促、风险可控、工作量不大的情况下，一套的初级项目管理就可以满足需要；当项目趋于更大规模且风险复杂的情况下，则需要高级项目管理机制。如果一味追求研发项目的规范化管理，诸多管理要素一个都不能少，将会出现“高射炮打蚊子”的尴尬局面。

下面我们展示若干研发项目管理改进的案例：

◎宽松的项目管理

某软件公司的开发项目，从完成结果来看相当令人满意：项目几乎从不延期。但是通过深入了解，就会发现该公司的研发体系运作效率并不高。每当开发项目即将延期时，项目经理就会摆出各种理由，来证明延期问题都是由于意外原因造成，责任不在项目团队；研发总监也认同项目经理的看法，将项目交付周期进行了调整。久而久之，进度目标的调整成了家常便饭。因此从度量指标上看，项目进度情况颇为乐观，但实际上项目延期的现象很普遍。

该公司也意识到运作效率不高的现实，有意改变这种粉饰太平、缺乏进取的局面。那么如何寻求突破口？

为了解决该公司的问题，咨询师比较关心项目延期的主要原因是什么、项目团队和管理层对项目延期持什么态度、已经采取了什么应对措施。

该公司长期从事电力行业软件的开发与升级，客户比较稳定，市场竞争并不激烈。近年来随着产品复杂程度加大，产品开发规模增加，但是公司盈利能力却不如从前。

这是一家企业文化比较特殊的公司，公司上下气氛融洽，很少出现发号施令、矛盾激化的情况。对于研发项目也是如此，公司领导层对项目团队充分信任，对延期问题持宽容态度；项目延期的主要原因是客户需求的不断变更（平均的需求稳定度约为60%），项目团队并没有有效的控制手段。公司对由此产生的进度延期并不反对，也不会对项目的绩效评价产生不利影响，一般都会接纳客户的要求。

简单地说，项目团队和管理层对客户需求变更及相关影响并不敏感，双方都认为这是“正常不过”的事情，由此产生的惰性是项目效率低下的根本原因。

如何改变这种现状？

该公司的研发项目难度并不高，主要问题也比较明显，因此可以采取上述的“初级项目管理”措施即可；通过基础的管理手段，改变该公司松散、粗放的管理作风，将会获得比较明显的边际收益。主要的改进思路如下：

➢ 项目范围管理。加强需求管理，一方面责成懂业务的需求分析师在项目初期与客户共同确定需求，《需求规格书》需要通过双方正式评审确认，力争在早期全面掌握客户需求；另一方面，严格控制项目过程中的需求变更。

➢ 项目基本度量管理。要求项目经理对需求变更、进度偏差、项目缺陷等基本指标进行度量，并作为项目评价的依据，督促项目团队对项目进度负责。

➢ 项目进度管理与汇报。项目总监定期听取重点项目汇报，公司不会因需求变更引起的延期而调整考核基线。

该公司的改进工作还需要考虑对原来温和作风做出调整所带来的风险，也就是说，公司是否具备承受能力。为了降低风险，咨询师选择了相对缓和的做法，并没有立即对项目实施严厉的绩效考评和激励手段。

从实施结果来看，获得了比较理想的效果：项目变更次数和进度偏差均有明显改善，公司并行承担的研发项目数量也获得增加。

◎研发项目的晴雨表

某自动化设备制造公司定义了明确的产品研发流程和项目管理机制，并获得了充分落实。绝大部分项目运行正常，质量合格。但偶尔会出现一些项目，在实施过程中由于意外情况导致项目出现重大延误和交付质量不达标。

从项目回溯看，这些项目同样遵循着公司的管理制度，也开展了风险管理，但效果并不明显。一年多的时间里出现了两次这样的情况，且都是重点项目，这引起了公司高层的密切关注。

该公司期望建立一套简练有效的评估机制，能够迅速判断出研发项目当前所处的状态和重大风险，以此为依据提醒项目经理采取相应的措施，避免项目的重大挫折。

这些重大的项目风险仿佛潜伏在草丛中的毒蛇，大部分时间里和你相安无事，却在无声无息地靠近你。当你麻痹到几乎要忘记它时，它意想不到地发动袭击，当你察觉时已经无法挽救。

上述改进需求颇具挑战性：这不同于简单的风险管理，而是需要建立研发项目的重大风险评估模型。就像晴雨表一样，根据当前所掌握的信息和数据，对项目健康状态和未来趋势做出客观判断，为后续的管理工作提供重要参考。

咨询师采取如图 3 – 37 的工作方法建立研发项目的评估机制。

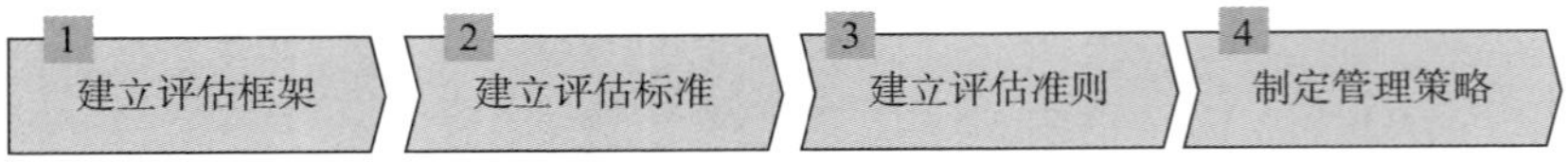

图 3 – 37　研发项目的评估机制

➢ 建立评估框架。针对该公司的项目特征，研发项目的评估框架包括产品定位、项目周期、产品需求、技术难度、团队协同等若干要素，并对要素进行明确定义。

➢ 建立评估标准。对于每个评估要素，定义风险等级及其评估准则。以项目周期要素为例，较历史类似项目的周期缩短 20% 以上，风险等级为高；介于 5% ~20%，风险等级为中；低于 5%，风险等级则为低。当项目经理无法对某要素给出明确评估结论时，其风险等级视为高。

➢ 建立评估准则。将各要素的风险评估等级进行量化，并且设立阈值评估项目的总体风险等级。当项目总体风险等级为“高”时，标志着项目实施难度大，需要强有力的外部支持，对项目经理的能力要求高。

➢ 制定管理策略。根据项目主要风险制定相应的管理策略，包括调整项目约束条件、寻求外部支持、优化管理手段等。

项目经理在项目各阶段启动时，可利用上述模型评估项目的当前状态。比如某研发项目的目标为“开发一款产品，同时满足高端和中端两个细分市场的业务需求，并且将目标成本在现有基础上降低 30%，否则无力在市场上竞争”。根据评估模型，该项目在产品定位、目标成本这两个要素上的风险等级为高，项目的总体风险等级为高。这提醒项目经理和决策层，需要对该项目的风险予以足够重视，并采取有力的应对措施，否则项目无法如期完成。

在使用研发项目评估机制时，项目团队有目的地收集度量数据，运用定性和定量相结合的方式，及时甄别出项目的所处状态和重大风险，取得了理想的预警效果。

◎研发项目的风险管理

风险管理是项目管理中的一部分，用于识别和规避风险，降低意外事件对项目造成的负面影响。如何设计风险管理的操作细节，使之真正为项目经理所用并发挥作用呢?

《风险跟踪表》用于记录风险的管理过程。在某公司的《风险跟踪表》中，每条风险需要记录表3－6的属性。

表3－6 风险记录属性

风险分类	风险描述	影响描述
提出时间	影响程度	发生概率
风险提出人	风险等级	响应计划
风险负责人	当前状态	应急措施
风险监督人		

填写如此详尽的内容，大部分项目经理都会望而却步。该表单尽管看起来规范，但实质上过于烦琐，将有用的信息淹没起来。项目经理即使真的想用这样的模板，也未必能很快找到位置。

我们从一个项目经理角度出发去考虑，风险管理是诸多管理工作的一部分，他不可能在风险管理上面耗费太多精力，因此需要简洁的管理工具，只要将主要风险标识并管理起来就足够了。

基于这个思路，咨询师将《风险跟踪表》做了最大幅度的简化。如表3－7所示。

表3－7 《风险跟踪表》

序号	提出时间	风险描述	响应计划	负责人	状态跟踪记录

表3－7中并没有出现发生概率、影响程度、风险等级等重要属性，原因是项目团队会直接将重要程度高的风险识别出来，因此风险等级的分析过程没有必要体现在表中。就像苹果公司的优秀产品设计一样，将复杂的功能隐藏在简洁的界面之下。

由于风险管理和项目监控的紧密关系，可以将《风险跟踪表》作为

《项目报告》的一部分，而不是单独的一个表单，让项目团队在项目例会时识别和分析风险。同时，将项目问题和风险的管理合并在一起，沿用风险管理的表单，以减少项目经理的工作量。

通过上述调整，将风险管理融入项目管理，使之成为项目经理工作中很自然的一部分，而不是流于形式。

接下来，我们看一下风险管理过程，某管理规范的样本如下：

➢ 风险管理计划需要每周更新。

➢ 所有标识的风险都要事件驱动或在周例会/月度评估会议/阶段结束会议上进行评估。

➢ 对顶级风险的状态进行跟踪，并每周向 PDT 开发代表、QA 报告。

➢ 在风险管理员的要求下，风险责任人应报告相应风险的状态。

➢ 对于规避措施未能奏效的风险及升级的风险，应该上报 PDT 开发代表或者其他合适的管理层，以便采取相应措施。

➢ 当产品级相关风险发生变化时，应通知到项目组，以便项目组进行跟踪和分析。

➢ 在项目结束时，项目的“风险列表”将被提交给 SEPG，以便更新组织级别的风险数据库。

上述风险管理过程得以实施的基础包括研发体系采取集成产品开发模式、项目分层管理、项目具有高复杂度、资源配置到位等；对于大量的轻量级项目，照搬这种管理模式是不可取的。

在本案例中，咨询师对风险管理过程进行如下调整：

➢ 在项目例会中，项目经理组织成员更新《风险跟踪表》，并责成专人负责跟踪。

➢ 出现超过项目范围的风险，需要向项目总监/产品经理进行汇报。

➢ 在项目结束时，将主要风险列入项目总结。

上述风险管理过程颇为简单，对于业务和技术难度不高的中小规模项目而言，可以满足实际工作需要，项目经理也不会由于过度冗余而对此敬而远之。

3.2.4 技术评审

技术评审如图3－38所示。

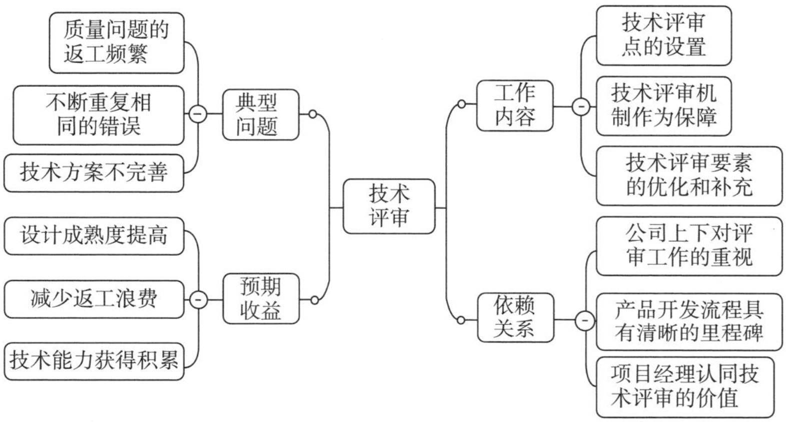

图3－38 技术评审

在产品开发过程中开展技术评审，目的是提高设计成熟度、减少返工浪费，从而提高产品交付的质量和速度。尽管采用的术语不完全一致，但在大多数研发管理著作中都会包括技术评审的内容，并将评审要点阐述得非常清楚。技术评审的优秀实践并没有任何秘密可言。

很多企业却在评审实践中遇到的问题，就是在时间和资源投入有限的情况下，如何让技术评审发挥应有的作用。

在一个研发管理信息化建设的项目中，企业的质量管理者提出了这样的要求：最大幅度地减少技术评审对人的依赖，最好是通过信息化系统自动进行评审并给出评审结论，并表示"即使系统实现的代价高昂，也在所不惜"。

有人可能会嘲笑这个想法是天方夜谭，不需要人的评审不就成了自动化测试？实际上，该企业有自己的苦衷：在组织评审时，大家没有积极性，给出的评审意见很是敷衍；评审尽管是在按照计划执行，也想了很多改进方法，但效果并不理想。不如索性抛开对人的依赖，使用信息化手段提高评审的严肃性。

该想法的本质是尽可能寻找一种有效的方法来替代流于形式的专家评审，只是管理者目前的想法缺乏可操作性而已。沿着这个思路，我们首先从评审要素入手，考虑提升评审效率的途径。

看下面一组技术评审要素列表：

（1）概要设计中对关键物料的新需求是否邀请 Sourcing Team 评审？

（2）概要设计中发现的缺陷是否得到解决或制定经过批准的解决计划？

（3）各模块的设计是否落实了《设计规格书》中的规格项和性能要求？

（4）概要设计是否满足可服务性需求？

稍微分析一下，就会发现（1）（2）两条的评审要素均涉及“是和否”的简单结论，判断起来并没有多大的技术含量；（3）（4）条则不同，尽管还是在询问“是和否”，但是需要富有经验的评审专家对评审材料进行深入理解，才能做出准确判断。

如果让初级工程师负责那些“简单”评审要素的判断，让技术专家负责那些“复杂”评审要素的判断，就可以让企业宝贵的专家资源发挥最大效率，进而让评审活动发挥更大价值。

技术评审和测试是质量控制的两个主要手段，其目的和价值并不相同。一些企业管理者会考虑：研发过程中可否去掉评审、仅利用测试去控制产品质量？

这与产品复杂度相关，一般来讲无法找到一种手段可将产品缺陷控制在可接受的范围。也就是说，仅靠单一的办法是无法完全保证产品质量，必须综合使用各种手段。但也有个别情况是不需要进行评审的，列举如下：

➢**评审对象难度太高**。设想某个技术专家的水平在公司内首屈一指，别人只能望其项背。他所制定的技术方案，别人只有学习的份儿，此时的评审并不能帮助其提高设计质量，因此这种情况下不需要进行评审。当然，开展“评审”可以起到学习的作用，并让其他人了解其工作进展，或者在细节上帮助其完善设计。需要注意的是，公司对此类评审并不需要担心，真正需要担心的是，如何去弥补该专家一旦离开所造成的空缺。

➢ **评审对象难度太低**。某些规模较小的改进性项目，沿用先前成熟的设计方案，技术上没有难度，开发人员完全可以保证设计质量，此时的技术评审显然多余，仅开展针对性测试就可以保证交付质量。

➢ **评审流于形式且难以扭转**。某些公司对技术评审的敷衍已经形成了风气，大家尽管口头上都在讲评审很重要，但是在实际工作中正好相反，通常表现为“专家没有时间”。在这种情况下，组织评审将会浪费大家的时间，对产品质量没有增益，反而产生“执行技术评审大体上可以保证质量”的错觉。此时，项目团队被迫以增强测试工作力度去挽救缺乏评审造成的负面影响。在工作习惯没有得到有效纠正之前，放弃评审实属无奈之举，其不良后果显而易见。

下面我们就从实战角度去阐述一下如何开展有效的技术评审。

◎技术评审点的设置

评审点设置必须依托于产品特点和研发流程。以集成产品开发流程为例，在整个过程中共设置了7个评审点。如图3-39所示。

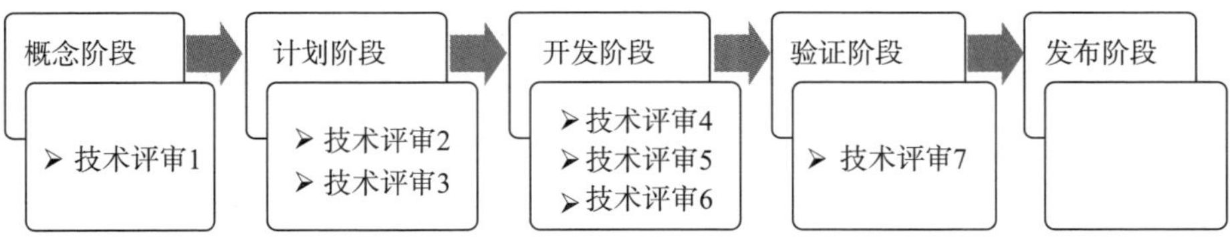

图3-39 技术评审点

每个技术评审点（TR①）都有明确的目的性，表3-8进行了简要介绍。

表3-8 技术评审点的目的性

评审点	评审目标	评审对象	评审专家
TR1，需求评审	关注产品需求规格的完备性，产品概念是否满足于需求规格	产品需求规格	产品经理、项目经理、SE、各领域技术专家、PQA等

① TR，Technical Review，技术评审。

续表

评审点	评审目标	评审对象	评审专家
TR2，总体方案评审	关注产品需求规格映射到产品总体设计的完备性	产品总体设计方案 以往评审遗留问题	项目经理、SE、各领域技术专家、PQA 等
TR3，各模块概要设计评审	确保产品总体设计完全、正确地在各模块概要设计中得到体现 确保各模块的概要设计足以指导后续详细设计活动	各模块概要设计 以往评审遗留问题	SE、各领域技术专家、PQA 等
TR4，各模块实现评审	确保总体设计分解到该模块的相关需求已经得到具体实现	各模块详细设计、各模块级测试报告 以往评审遗留问题	SE、模块负责人、技术专家、PQA 等
TR5，样机评审	对工程样机技术成熟度的评估	样机测试报告 以往评审遗留问题	产品经理、项目经理、SE、各领域技术专家、PQA 等
TR6，中试评审	对产品整体的设计稳定性和技术成熟度的评估	中试样机验证报告 以往评审遗留问题	产品经理、项目经理、SE、各领域技术专家、PQA 等
TR7，转产评审	评估产品的制造能力是否已经适应放量生产和发货的需求	产品试产报告 以往评审遗留问题	产品经理、项目经理、SE、PQA 等

从 TR1 至 TR7，技术评审伴随了产品从需求定义到逐渐实现、最终发布的完整过程，通过在每个关键节点去评估技术实现的成熟度，以保证产品研发全过程的交付质量。

这 7 个评审点是基于系统级的全新产品研发而设定的；对于那些技术复杂度低的改进型项目而言，需要对流程和技术评审点进行裁剪，以满足特定类型的产品研发需要。

◎技术评审要素

技术评审要素是企业在专业技术领域的经验总结，其他企业的评审要素仅供参考，并不能直接搬过来使用。

前面谈到，按照复杂程度划分，评审要素至少可以分为两类：简单的和复杂的。这里的简单和复杂并非是评审要素本身，而是指对这条评审要素做出判断而所需要的经验和投入。复杂的评审要素，一般属于产品级别这个层面，更多体现在研发过程的前端，比如在集成产品开发体系中，TR1 至 TR7 的评审要素。图 3－40、图 3－41 展示了 TR1（需求评审）、

TR7（转产评审）的评审要素框架。

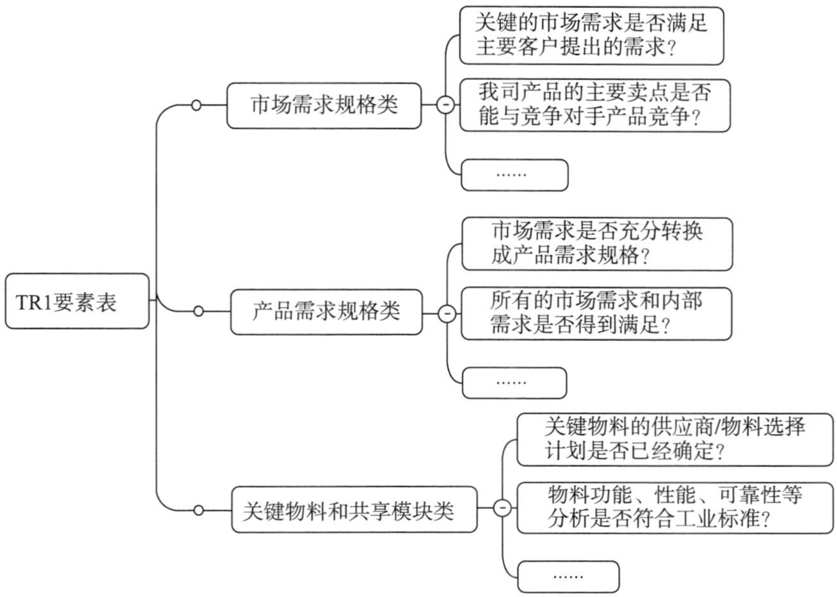

图3－40　TR1要素

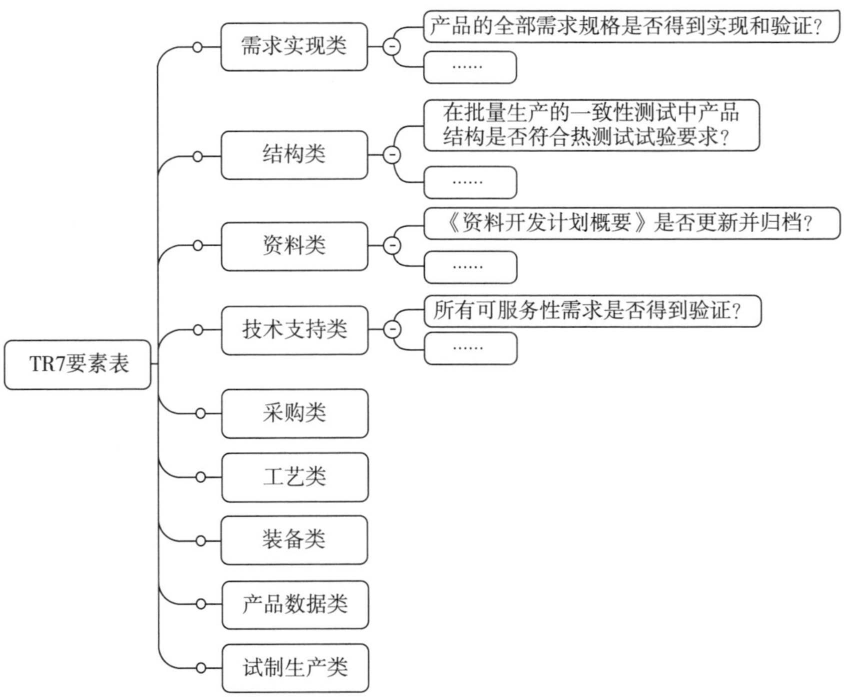

图3－41　TR7要素

复杂的评审要素，其使用者一般是项目组外部的评审专家。在使用这类要素时，往往难以简单判断“是与否”，而是需要专家评判产品的实现程度。比如“关键的市场需求是否满足主要客户提出的需求”“选择的产品概念中关键技术路线是否可行”等。实际情况可能是产品部分实现或者符合，结论也是见仁见智，因此对评审专家的专业能力提出了较高要求。

简单的评审要素，主要是针对工作成果的细节，具有明确的、容易判断的标准，可以直接判断“是与否”。比如“存在的致命问题和严重问题是否解决”“Beta 测试是否达到质量目标，并通过评估和综合测试”，评价时只要寻求到实现的证据即可，这对于评价者的专业能力要求并不高。此类评审要素，其使用者一般是项目组内部研发工程师的自检；为了交叉监督，也可以请项目组外的初级工程师充当评审专家。

◎技术评审的形式

在实际工作中，技术评审的形式大致可以分为规范评审和非规范评审等两种。其各有特点和适用场景，也都存在局限性，因此简单断定某种评审形式的优劣是不客观的。

在 IPD 体系中，对技术评审的具体过程有明确定义，可以称之为**规范评审**。它强调技术评审的计划性、评审对象和要素被评审会前使用、评审会议具有明确议程与结论。如图 3 –42 所示。

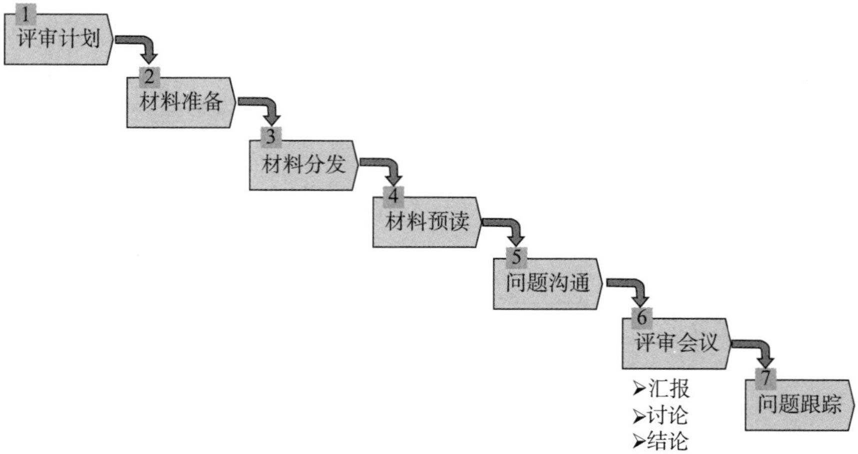

图 3 –42　规范评审过程

在规范评审过程中，重要的是评审会议前的准备工作。评审专家需要在评审会前仔细阅读评审材料并反馈评审意见，在评审会上就一些争议问题进行确认。如果期望评审不走形式，就需要让评审会成为形式——在会前已经发现了绝大多数的缺陷。如果评审专家在会前没有反馈有价值的评审意见，评审组织者有权提出警告甚至推迟评审会。

规范评审如果能够严格执行，将会产生理想的效果。代价是团队成员投入了大量的时间和精力：一次评审过程大约耗费3～5天时间，项目团队和评审专家都需要全力付出。因此，规范评审适用于对产品级工作成果、具有突破性设计方案的评审。

在时间进度不允许的情况下，我们也可以对规范评审的过程进行简化：将评审会前的活动全都取消，仅仅召开评审会。在评审对象具有较高质量、评审专家能够迅速熟悉评审对象的情况下，也可以收获到中肯的评审意见。

由于前期工作不足，这种简化后的评审能够做到“大事不糊涂”已经实属不易，较难发现深层次问题。因此，常用于规模较小、体现设计思路的工作成果评审过程。

非规范评审包括**自检、走查，或者散布式评审**，它可以用于对任何工作成果的评审，强调对评审对象的一丝不苟、细致入微，力求发现每一个细节上的缺陷。结合前面所讲的“简单的评审要素”，对评审人员的专业能力要求并不高，但是对责任心和细致程度却提出了较高要求。

在开展产品级技术评审之前，一般采用非规范评审活动进行初审，剔除其中的低级错误，防止出现由于评审对象质量太差，以至评审根本无法进行的尴尬情况。

召集评审时，是否与会人员越多越好？

答案是否定的。在研发领域，并不存在“三个臭皮匠赛过诸葛亮”，而是需要专业覆盖完整、评审专家积极投入。参加人员过多，就会出现“三个和尚没水吃”的情况，进而削弱评审质量。

3.2.5 研发组织结构

研发组织结构如图3－43所示。

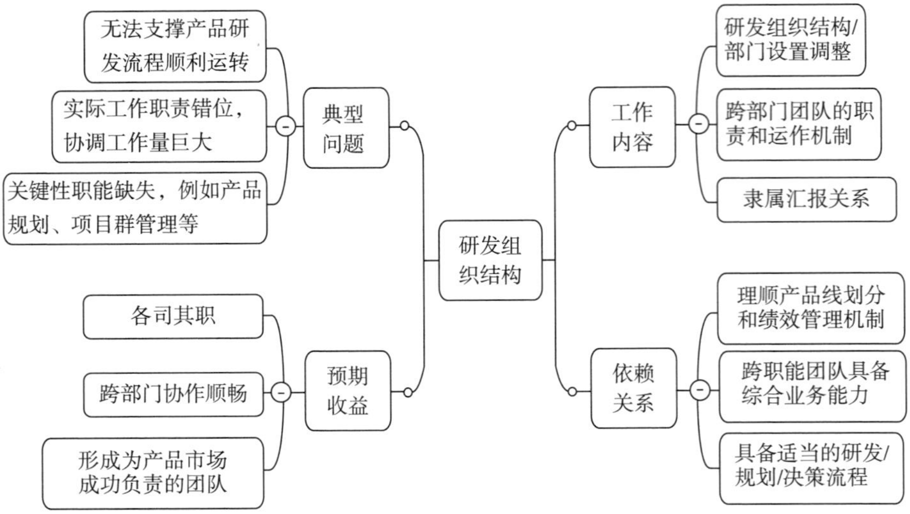

图 3－43　研发组织结构

在研发体系改进过程中，往往会伴随着组织结构的调整。这里的组织结构并非指研发体系中可见的部门设置和专业化分工，而是指建立虚拟的、跨职能的团队，用于整合某些重要职能。企业的产品只要不发生很大变化，其专业部门设置也就不会发生大的调整。

在咨询实践中，笔者发现几乎所有的企业都不存在研发职能彻底缺失的情况，只是某些职能的履行缺乏系统性、规划性，或者能力较弱，致使工作质量不理想。比如在很多企业中广受诟病的产品规划工作，即使规模再小的企业也不缺乏规划职能，只是由于缺乏信息输入、没有专人持续负责、碎片化的规划活动等因素，而造成规划质量不佳、难以指导产品研发等现象。

通常进行研发组织结构改进，就是期望将原来支离破碎、各自为战、缺乏协作的一系列活动都归并到一个明确的责任主体。目的是让重要任务得以高质量、高效率运作。如图 3－44 所示。

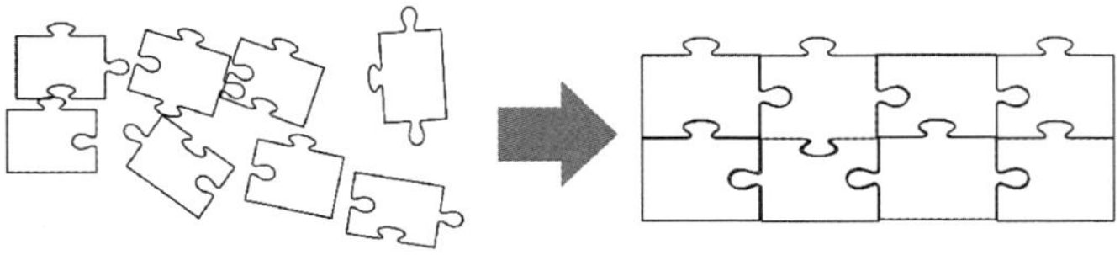

图 3－44　研发组织结构改进

比如复杂产品的研发过程除了研发，包括采购、制造、测试、销售、服务等部门都在其中承担着工作。如果缺乏强有力的、具有授权的项目管理者，这个过程则显得低效而拖沓，甚至没有人对产品的研发成功乃至市场成功负责。这就需要建立跨部门的项目团队，将原有缺乏协作、难以控制的过程改善为有组织、有计划、自我管理的过程，以推进项目运作。

不过单纯的研发组织调整，并不会获得任何效果，甚至会引发混乱。

某企业为尽快提高规划质量，成立了专门负责产品规划的部门。但却没有为规划工作建立相关的流程制度，也没有明确其他部门如何去配合。结果规划工作只是局限在几个人的办公室里，费尽心机的规划成果令大家极为失望；重金聘请的产品管理专家，并没有取得理想效果，还将企业原有的规划分工打乱，企业骑虎难下。

在进行研发组织调整，必须考虑到组织结构及其职责划分、相关流程制度、绩效评价机制等要素的匹配。以集成产品开发模式为例，其有效运作需要跨部门研发团队、结构化研发流程和跨部门绩效管理机制三个要素的共同支撑。如图3－45所示。三者的不一致将削弱实施效果：仅有流程，项目经理还是在唱独角戏；仅有组织，团队将不知道如何工作而原地踏步；仅有绩效管理，当事人将揽功推过、把工作当成权利游戏。

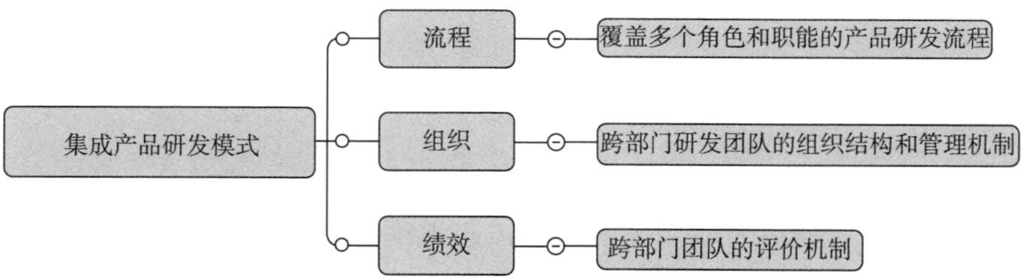

图3－45　集成产品研发模式

那么，只要完整地考虑了组织、流程和绩效的匹配关系，就会取得理想效果？

很遗憾，这仅仅保证了体系运作顺畅而已。想要获得良好的效率，就必须在关键业务能力上面有实质性的提升。比如集成产品开发体系中的开发流程，强调并行工程，也就是将原来串行的工作“拉到前面来做”，从而缩短周期。当串行工作变为并行工作方式时，需要研发团队更强的协作和预判能力。否则，即使“做了”却没有“做好”，没有能力支撑的管理制度并不会带来实质性改善。

组织调整并非轻而易举的事情，所谓“从古知兵非好战”，每当遇到操刀组织调整时，咨询师都需要慎之又慎。某些热衷于组织变革的改进者，对预期效果如数家珍，对风险含糊其辞，这往往是缺乏组织调整实践经验的一种表现。

在某次培训沟通的场合，曾经有过这样的对话：

（A 是培训讲师，B、C 分别是企业的研发管理者）

A：“在矩阵式管理模式中，有弱矩阵、平衡型矩阵，还有强矩阵，您认为哪种形式好？”

B：“当然是强矩阵。”

A：“主要是什么原因？”

B：“老师都这么讲，标杆公司也是这么做的。况且我们公司现在就是弱矩阵方式，效果不理想。如果不做出深刻调整，建立重量级研发团队和原来没什么区别。”

A：“那贵公司具体从何入手？”

B：“这个事情还真没考虑。”

……

A：“贵公司成立了跨部门的产品研发团队，负责端到端的产品实现和上市过程，实施效果如何？”

C：“喜忧参半吧。可喜的一面是大家改变了思路，都积极参与产品开发过程中，推诿扯皮的情况减少了一些；困难的是，项目经理还是只管进度，对产品的成本、质量仍然顾及不到；项目进入到试制阶段，管理就失控了。我认为这和项目经理的经验有关。”

A：“如果把研发过程分为两段：一是从立项到产品功能验证完成；二是中试与试制过程。分别由研发经理和制造经理管辖，是否可以有所改善？”

C：“这样做，与‘对产品研发实施端到端管理’的理念相冲突。”

A：“……”

上述对话反映了部分企业的真实情况，是理论与实践的矛盾。我们首先了解一下成熟的研发管理体系中的组织模式，然后再通过实际案例介绍如何在企业中实施组织结构调整。

在集成产品开发体系中，典型的跨部门团队及其管辖关系如图 3－46 所示。

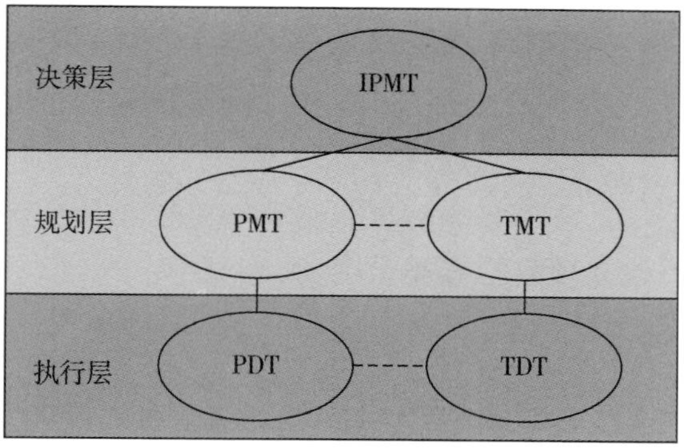

图 3－46　典型的跨部门团队及其管辖关系

IPMT① 是一个高层管理者组成的跨部门团队，负责制定产品战略和公司级别产品决策。IPMT 主要做两类决策：一是对产品规划成果进行决策；二是对重大研发项目的关键问题进行决策。IPMT 的工作目标就是获得最佳投资组合。

PMT② 和 TMT③ 的主要工作分别是完成产品规划和技术规划，并且将规划成果汇报至 IPMT 获得评审通过。这两个规划团队在各自工作实施过程中，需要进行良好互动，以使产品路标和技术路标相互支撑。

产品与技术规划成果将以《项目任务书（Charter）》的形式下达给 PDT④ 和 TDT⑤ 去落实。PDT 成员来自各个功能领域（市场、研发、服务、制造、营销、财务等），TDT 成员则主要来自研发和预研领域。两个执行

① IPMT，Integrated Portfolio Management Team，集成组合管理团队。
② PMT，Portfolio Management Team，组合管理团队。
③ TMT，Technology Management Team，技术管理团队。
④ PDT，Product Development Team，产品开发团队。
⑤ TDT，Technology Development Team，技术开发团队。

团队需要适时沟通，以便技术开发成果顺利转移到产品研发。

究竟哪个团队对产品的市场成功负责呢？

每个团队都需要对产品的市场成功负责，只是关注要点不同：IPMT 需要把握产品方向，确保资源的合理投放；PMT 负责将产品目标进行分解并落实为可执行的工作计划；PDT 则是按照《项目任务书》的明确要求，完成产品的实现和发布。三个层次相互衔接和支撑，完成各自的使命。

位置越高，责任越大。对于产品市场成败，IPMT 的决策拥有最大的影响范围和影响程度，因此 IPMT 责无旁贷地承担着更大责任。集成产品开发体系中的规划和决策机制，为企业领导层提供了很好的机会，能够从最高层次关注研发体系的运作质量，而不是应急式的救火。

◎案例一：建立项目指导委员会

企业研发体系中非常头疼的问题是多项目并行时造成的资源冲突。尤其在不清楚多个研发项目相对的重要程度、当前研发资源负荷状态时，产生的争吵和抱怨简直就像一场挥之不去的梦魇。

研发管理者为应付此类局面使出了浑身解数，但是仍然无法获得各方的满意。在紧急时刻，有的研发主管对项目经理开诚布公，“我手里也没有资源给你，这时候就要看你的协调和管理水平了”“你看××项目，人家从来都不抱怨，都是自己想办法解决”“资源问题一直都存在，就不要再提了”。项目经理只能在团队内部挖潜，或者到相关部门去“刷脸”协调资源。

这显然不是长久之计，资源紧绷的状态、提心吊胆的心情更令研发管理者如芒在背。如何应对这种局面？

首先需要承认，任何企业都是在资源有限的情况下开展研发工作，无论业界翘楚还是无名之辈，概莫能外。如果我们的管理可以让宝贵的研发资源投入到那些最增值的研发任务中，使那些最具市场潜力的研发项目获得充分资源，即使还有很多项目由于资源短缺而搁置，管理者也应该欣然接受这种现实，此时的研发体系已经发挥了最高效率。

那么如何使得研发资源获得良性配置呢？

仅是在项目经理这个层次进行资源协调，整体效率并不高。在每位项目经理眼里，自己项目的优先级总是最高的，应该获得充分的资源保证。这显然需要企业从研发体系整体情况出发，给出统一的考虑和调配。

在某企业的研发改进过程中，改进者建立了一个名为“项目指导委员会”的跨部门团队，主要包括产品管理和资源管理两类责任主体。综合来看，项目指导委员会既了解工作目标和优先次序，同时也清楚当前资源负荷的具体情况，可以据此做出资源调配。如图3－47所示。

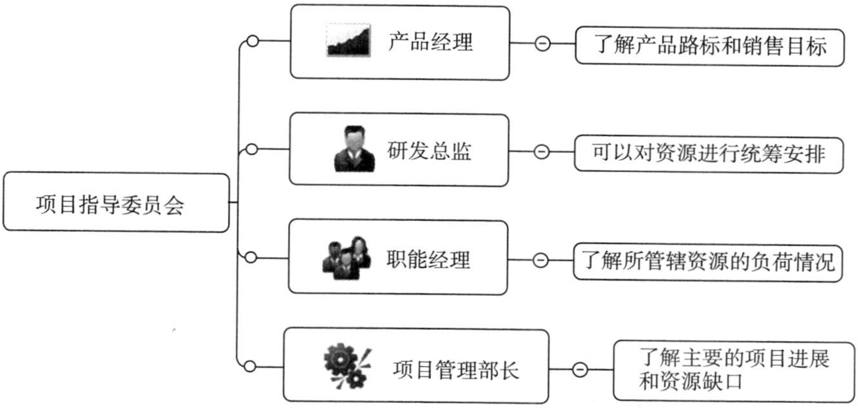

图3－47　项目指导委员会

项目指导委员会采用例会机制，由项目管理部长汇总项目资源冲突的具体情况，产品经理给出研发项目的目标和优先级别，职能经理提出资源调整建议，由研发总监确定最终方案，并知会相关的项目经理和工程师，执行资源和进度变更管控。

如何评价项目指导委员会的工作效果呢？

通俗地讲，每个项目经理都在为一个通过努力可以达到的项目目标而努力时，就证明项目指导委员会的工作是卓有成效的。

◎案例二：P公司的组织变迁

某高科技公司P研发体系的组织结构如图3－48所示。

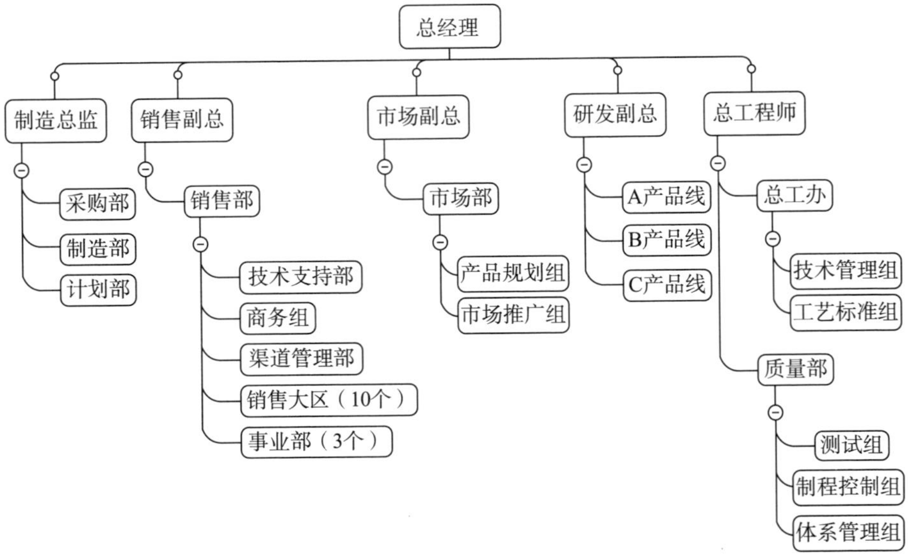

图 3-48　某高科技公司 P 研发体系的组织结构

在快速发展过程中，P 公司出现了如下的突出问题：

➢ 随着公司产品线的逐渐增加和部门划分的越来越细，部门间协调比较困难，无法快速响应客户。

➢ 公司对市场和销售进行了区分，但市场工作还主要停留在市场推广等短期性工作上，缺乏前瞻性的市场规划工作。

➢ 研发与市场脱节问题比较突出。对于市场需求主要靠高层把握，没有人对市场需求、竞争信息进行分析，没有整体的产品路标规划。

➢ 研发人员主要根据高层和销售人员的要求开发或修改产品，常常出现开发了只有一个客户需要的产品或功能。

➢ 总工程师管辖的两个部门（质量部、总工办）起到了监督与控制作用，但与制造、研发部门脱节比较严重。

➢ 没有人真正对产品的市场成功负责，只有总经理真正关心产品成功。

调研发现在市场部下面有“产品规划组”，但是却有名无实，无法履行产品规划的职责。P 公司产品规划的职责分别由总经理/核心领导、各产品线主管完成。但是这种不一致的、断续的，甚至是突发的工作令规划结果缺乏系统性，不断变更令研发团队穷于应付。

因此，需要以产品管理为主线，理顺P公司的研发体系：

➢ 在规划层，在研发体系内部，为每条产品线设立产品管理部，主要负责产品线路标规划、需求和信息的沟通与分析、资源规划与配置。

➢ 在总工办内部，建立技术规划组，负责公司级别技术路线规划和共享平台规划。

➢ 在决策层，设立虚拟的决策委员会，对产品规划、资源规划和重大产品方向进行决策。

➢ 在执行层，保持原有的产品线资源分工不变，增加技术预研部，主要负责技术规划成果的实现。

调整后的组织结构如图3－49所示。

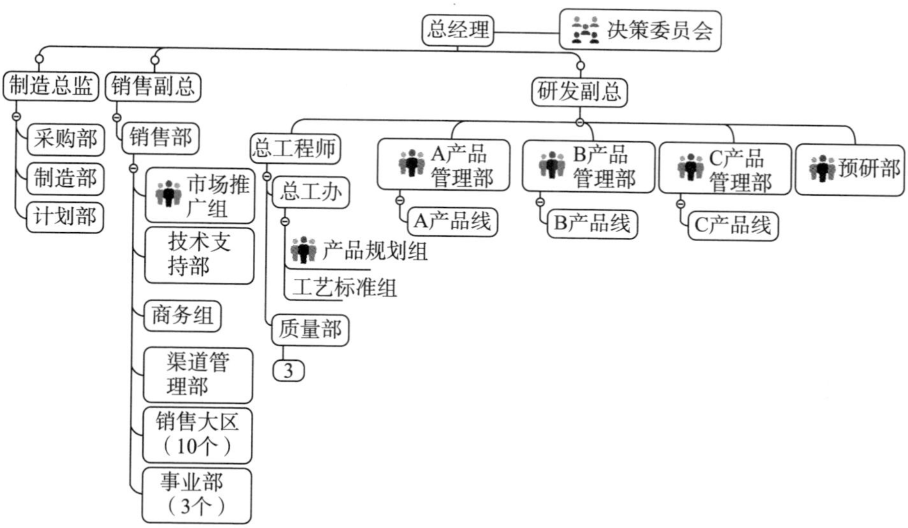

图3－49　调整后的组织结构

同时，需要为新增/调整的组织建立相应的流程制度和评价机制。以产品管理部为例，典型工作包括市场需求管理、产品规划、研发项目监督等，所涉及流程包括需求管理流程、产品规划流程、项目立项流程、项目绩效评价制度等。

最后我们需要澄清几个常见问题：

➢ 为什么没有将产品管理建立为单独的部门？

在图 3－49 中，我们将产品管理职能放在研发体系内部，目的是促进其与研发团队的有效沟通。产品管理团队成员主要来自研发和市场，由产品经理负责管理。产品管理职能设置初期，主要工作为产品规划、项目立项、市场信息和需求处理等；待时机成熟后，将会对产品经理下达明确业务目标，形成正式的产品经理负责制。

➢ 为什么各产品线的研发资源没有实施统一管理？

由于各产品线的专业技术差异较大，并不具备统一管理和配置的基础。在企业管理实践中，并非追求理想化的组织结构，而是将合理与效率放在首位。

➢ 产品需求和市场信息如何传递？

产品管理团队中有专门的信息需求接口人，负责接收来自各个领域的信息，并及时处理和反馈；产品经理定期组织与销售、技术支持等部门的沟通例会，了解市场一线的信息。

3.2.6 研发绩效管理

研发绩效管理如图 3－50 所示。

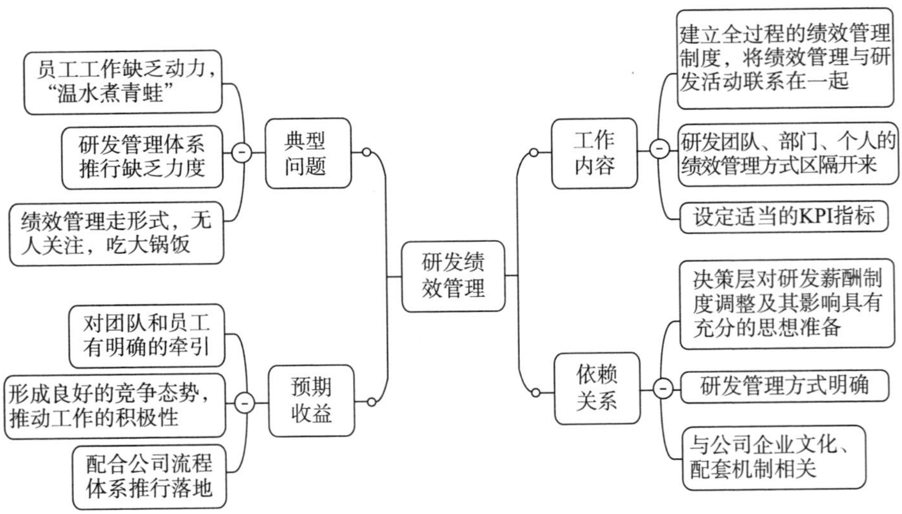

图 3－50　研发绩效管理

绩效管理和激励机制事关研发体系的运作效率和工程师的个人利益，

并且直接影响到研发组织的稳定，其重要程度不言而喻；但若要让绩效管理机制达到预期的作用，却并非易事。我们回顾下面一则被炒得沸沸扬扬的员工离职案例：

2018年9月27日，文章《离职能直接影响中国登月的人才，只配待在国企底层?》刷屏。该文章披露的一份西安航天动力研究所2018年9月17日落款盖公章的《张小平参与我所型号研制工作》影印公文迅速流传。

公文的主要内容为，研究员张小平离职前在西安航天动力研究所作为项目主要成员，参与了多项不同吨级航天液氧发动机等国家重大型号研制及预先研究任务；张小平是发动机研制过程中最关键的技术岗位，具有不可替代的重要作用。他的离职直接关系到我国重型运载火箭的方案选择和研制进度，甚至会影响到我国载人登月重大战略计划。

从上述案例披露出来的信息来看，我们不难感受到研发绩效管理在实际操作中的难度：作为国之重器的研究机构，其长期沿袭下来的薪酬激励模式在该研究人员身上骤然失效，从研究所跳槽到民营企业，薪酬从12万元直接变成了百万，这种悬殊差异将对研究所的其他研究人员造成相当的影响和冲击；我们并不能简单地为研究所打上“官僚低效、埋没人才”的标签，事实上，即使研究所期望留下人才，其能够提供的薪酬待遇也是在一定范围内，不可能做突破性安排。

为了做好研发绩效管理，我们首先需要准确理解绩效管理的价值与作用。

研发绩效管理是研发管理者非常重要的管理工具，可以促使研发工作的顺利开展、研发任务和目标的达成、研发体系建设的落实等。正如华为轮值CEO徐直军所言：**“绩效管理整体上要促进生产力的发展，而不是约束生产力的发展，且不是要高成本。站在管理者角度来讲，绩效管理就是要让你的下属都愿意跟你一起干。”**

在很多研发体系改进项目中，改进者将设计重点聚焦于研发流程、项目管理制度，却忽略了绩效管理机制需要随之进行调整，结果造成体系制度的执行缺乏力度，在没有体现真正价值之前就已经流于形式，如此的体系改进工作殊为可惜。研发体系的改进，很大程度上是在与以往低效、粗放的工作习惯做斗争的过程，如若缺乏绩效管理/激励手段进行强力牵引，期望改进过程自觉推进将是不现实的事情。

在研发管理实践中，由于不断地学习沟通和改进优化，很多企业的绩效管理机制和业界优秀公司极为相似，但是仍然感觉效果不理想。工程师认为吃大锅饭，工作缺乏动力，干好干坏一个样；管理者则认为尽管投入成本不菲，但是激励作用并不显著，拿这些“无功无过”的工程师无可奈何。

什么原因导致同样一套管理机制在不同企业的效果存在巨大差异？研发绩效管理到底难在哪里？

在这里，我们采用人力资源管理中经典的动力机制模型，对研发绩效管理进行深入分析。如图 3－51 所示。该模型包括价值创造、价值评价和价值分配等三个阶段，只有达到每个阶段的良性操作三个阶段的有效衔接，整个价值链才能形成积极的正向牵引，并获得理想效果。研发的绩效管理机制，其实质就是通过价值链的正向牵引，提升研发体系运作效率。否则，如果无法有效解决正向牵引问题，无论被包装成什么夺目的形式，都难以对研发体系产生真正的价值。

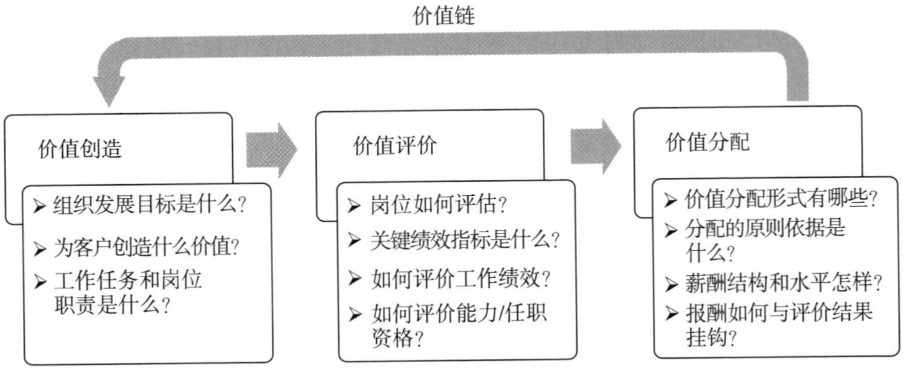

图 3－51　动力机制模型

研发体系本身具有灵活性、多变性和不稳定性等特征，它不像制造领域那么稳定，也不像销售领域那么易于衡量，这确实给绩效管理带来很大的难度。如表 3－9 所示。

表3-9 研发绩效管理实践的主要难点

价值链	研发绩效管理实践的主要难点
价值创造	➢ 没有足够成熟度的研发体系，导致量化评价难以顺利开展，进而影响到价值分配 ➢ 包括产品规划、产品研发、产品维护等研发工作本身的难度和不确定性给绩效管理带来困难 ➢ 研发管理者未能将绩效管理贯穿于研发工作始终，也没有提供足够的资源/精力去支撑绩效管理，客观上影响了绩效管理的效果
价值评价	➢ 研发工作（包括规划、开发、维护、预研、共享、支撑、辅助等）的多样性，为价值评价带来困难 ➢ 缺乏充分可靠的基础度量数据，为评价指标的设置带来困难 ➢ 研发成果（市场成功）体现的滞后性，不利于及时激励
价值分配	➢ 研发体系的激励机制受到公司整体薪酬结构影响，且需要付出比较高昂的成本 ➢ 价值评价结果与价值分配如何关联，需要结合实际情况而定 ➢ 研发激励的范围和力度是否合理，直接影响到研发体系的运作效率

我们来看几个研发绩效管理中的真实案例，它们展现了实际工作的困难所在。

◎案例一：研发管理者的时间跨度

某公司的研发管理处于较低的成熟度，主要表现为：产品方向和定位模糊，常常会发生大幅度的重大变更；研发项目计划性差，人员更迭频繁，项目延期现象严重，产品质量和稳定性低于市场中的竞品。

该公司期望通过强有力的绩效管理手段扭转上述的混乱局面，即为项目团队设立明确的评价指标，包括进度偏差、需求稳定、质量缺陷、文档完整等，并且提高了项目奖励的力度。但是在项目评价和付诸奖励时却犯了难：项目评价结果惨不忍睹，根本无法体现项目团队的工作付出和完成质量，项目奖励也就没有发放，激励机制最终被迫放弃。

为什么会出现这种情况？

通过详细分析，我们发现该公司研发管理混乱的根源在于研发管理者将注意力聚焦于短期和某些重点项目，缺乏对产品的长期规划，缺乏对项目群和研发资源的统筹考虑，也就是说从管理的时间跨度和覆盖范围来讲都是不足的：从研发主管、产品经理、项目经理、开发组长乃至研发工程师，对于研发工作的规划是层层依托和分解的，我们显然无法强求项目团队在上层不断变化的情况下还能够保持一个稳定的绩效，前面的激励措施最终折戟沉沙，也就不足为奇了。

◎案例二：没有功劳，也有苦劳

为了攻克某技术难题，周君带领几位下属制定了项目攻关计划，计划获得公司评定委员会评审通过后，于2015年4月正式投入运作。

作为项目经理的周君，深感肩上的责任重大，同时也对前景充满了信心。他同30名成员共同讨论，为项目制定了规划，规划包括项目目标、项目里程碑、主要交付件等。同时，自己不断参加项目团里方面技巧的培训或自行学习，用周君的一句话来概括“项目，就是我的生命”。

应该说，周君是一位不错的项目经理，从项目启动那天开始，项目成员个个精神抖擞、意气风发，项目组的组织气氛一直好于其他项目组。但是，项目从2015年4月起一直持续到2016年1月，就是不见成果，而这个日期就是公司给项目组下达的终结日期。

怎么办？项目组成员，包括周君在内，陷入了前所未有的恐惧。

“项目还要不要做下去？要做，从哪里作为突破口？项目到底存在什么问题？”针对一系列问题，利用头脑风暴法，大家认真冷静地进行了一天的讨论，讨论内容从“项目要做下去，从哪里作为突破口”慢慢过渡到“项目本身会不会有问题”。

问题就出在这里！经过大家反复、认真的思考，项目组所有成员都傻了：“项目的假设前提有问题，项目再做下去也是徒劳！”

整整十个月零三天，30名项目组成员，耗费了公司大量的人力、物力、财力资源，周君无法接受眼前的现实，一下子就病倒了，一病就是两个月。恰值该公司年终绩效评定开始，“对于他们的绩效，如何评”。

当前案例中周君及其团队的绩效确实难以评价。大半年时间的工作付出，结果却一事无成，如果评价结果为“优”，不仅与工作结果不相符，而且对其他团队也不公平；如果评价结果为“劣”，实际上就是对项目团队艰辛努力的不认可，不仅人情上过不去，而且以后谁还愿意承担类似的“苦差事”？没有功劳，也有苦劳，因此大家比较容易接受的结果显然是

“中”，却颇有“找平衡”之嫌。

从价值评价这个阶段来看，似乎并没有改进之处。但这种尴尬如何规避？

这个案例并非仅仅在“价值评价”阶段出现问题，事实上“价值创造”阶段中的目标设定工作不到位导致问题在后面爆发：具体体现为研发项目目标设定不准确、技术攻关具有一定风险、缺乏阶段性的总结与评估。这些研发管理领域的问题没有很好地解决，期望公平合理的评价结果无异于缘木求鱼。

◎案例三：有钱可以任性

某公司研发体系采用统一的年终绩效评价和年终奖机制，考评成绩分为A、B、C、D四个级别，比例分配约为15%、30%、50%、5%，对应的年终绩效奖金比例为1.2、1.1、1、0.8，即最大激励差异为50%，最佳绩效与普通绩效的激励差异仅为20%，研发人员普遍积极性不高，甚至出现“劣币驱逐良币”的倾向。

在研发绩效管理机制设计时，首先需要考虑的就是公司在绩效激励方面的决心和投入力度。比如李健熙就任三星集团会长时，推行“信赏必罚”的奖励工资制度：员工的基本工资比重占60%，另外40%由能力而定。能力评价决定员工的实际年薪，评为一级能得130%的酬金，若评为五级，甚至连基本工资都领不到。同一职级的员工，实际年收入最高与最低可以相差5倍。这在李秉哲①时代，以及当时韩国其他公司是不可想象的，引起了极大的震动。

案例公司和三星相比，在激励程度和激励效果上存在着极大的差异。某种程度上，我们讲“有钱确实可以任性”，尽管绩效激励包括物质层面和精神层面，并且具有多种令人炫目的手段，但是物质激励终究是最基础和重要的。

由于不同企业的研发体系各具特色，研发绩效管理机制需要与之匹配，才能发挥理想效果。因此，并不存在一套完美的、可以完全照

① 李秉哲：三星集团的创始人，李健熙是李秉哲的三子。

搬的管理模式，但这并不妨碍借鉴其他公司的优秀做法，提炼出适合公司现状和需要的绩效管理机制。表 3－10 就是研发绩效管理成功的关键所在。

表 3－10 绩效管理成功的关键

价值链	绩效管理成功的关键
价值创造	➢ 研发体系的运作日趋成熟和稳健 ➢ 主要研发工作的目标明确，符合 SMART 原则 ➢ 绩效管理和研发工作良好结合
价值评价	➢ 面向主要的研发工作，设定合理的绩效目标，而➢ 不是面面俱到、细致入微 ➢ 收集必要的度量数据和关键绩效活动
价值分配	➢ 绩效评价结果与激励机制挂钩 ➢ 激励具有力度，且拉开差距

接下来我们展示某大型高技术公司的绩效管理机制。该公司研发体系庞大且复杂，拥有多条产品线，因此一套成熟稳健、适用范围广泛、富有激励效果的绩效管理机制是必不可少的。

该公司将研发绩效管理分为四个典型步骤。如图 3－52 所示。

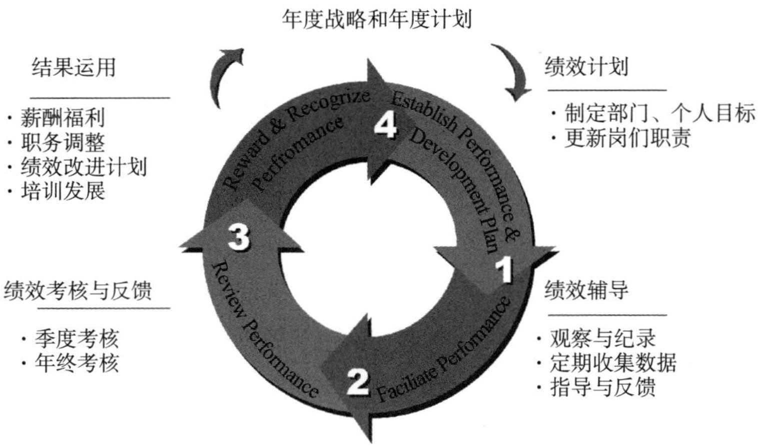

图 3－52 研发绩效管理全过程

在绩效计划活动中，强调研发工作目标的重要性，将产品线和部门的工作任务层层分解；除了设定明确的 KPI 指标，还强调完成目标所完成的工作过程。为了达到这一目的，该公司采取了 PBC 工具设定绩效计划目标。

PBC（Personal business commitment），即个人业绩承诺，是IBM发起的以战略和经营目标为基础、层层分解目标的工作与考核方式，其本质是一种围绕业务来进行的考核管理工具。PBC由Winning（制胜力）、Execution（执行力）和Teamwork（团队合作）三个部分构成。图3－53为典型的PBC样例。

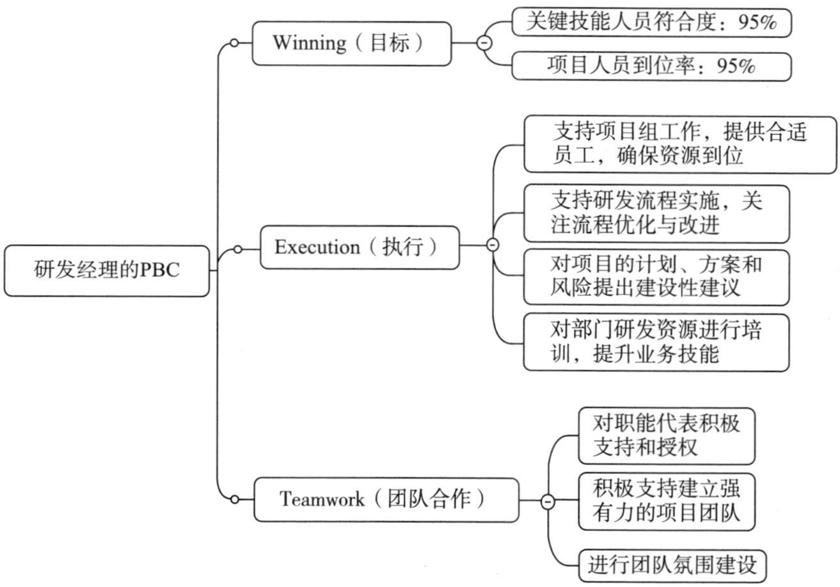

图3－53　研发经理的PBC

在制定PBC过程中，强调上下级充分沟通，将工作目标、关键支撑性工作达成充分共识，这实际上就是将绩效管理和研发工作充分结合起来，让原来冷冰冰的指标制定工作拥有了真正的价值。

不仅在绩效管理乃至在整体研发管理工作中，那些优秀的方法和实践并没有立竿见影、点石成金的奇妙效果，是否发挥作用取决于执行者的勤勉态度、业务能力和执行决心。同样的工具，敷衍了事和一丝不苟，其结果却有着天壤之别。下面案例就展现了一个优秀的研发管理者如何做好绩效计划工作。

2009年4月10日，网络产品线总裁丁耘正在为做好与下属的PBC沟通忙碌地准备着。在他的桌面上，放着各二级部门主管已经完成的PBC初稿。对于每个主管的PBC初稿，他都认真阅读，并标记出“哪些地方需要改进，哪些地方是需要自己提供帮助的”，准备好相关的问题提纲。同时，他还就PBC沟通过程中应采用什么样的沟通方式、需要注意什么，咨询了IBM顾问的意见，并接受了IBM顾问的辅导。

4月13日、14日，丁耘与各二级部门主管“一对一”的PBC沟通如期进行。在沟通过程中，丁耘与各二级部门主管针对PBC进行了深入的沟通。从业务目标、人员管理、价值观与行为到能力提升计划，都在他们交流的范围之内。

在这个过程当中，丁耘应用教练式辅导的方法，更多的是扮演提问者和倾听者的角色，大部分时间都是让下属在说。而在沟通过程中，他会适时对某些问题进行发问，引导下属自己去思考去寻找答案。如他经常问“在这方面，你准备怎么去做”“你在这件事情上的独特价值是什么”“你认为你在这中间能起到什么作用”等。而在一些关键问题上，他也会分享自己或别人的成功经验，给予正向反馈。同时，对于下属来说，他们也能通过这一次深入沟通的机会，与主管交流自己的想法和思考，校正彼此之间的认识差异，并进行及时的求助。正因为如此，原定每个人1.5小时的沟通时间，由于沟通和辅导地不断深入经常被延时，有的甚至延长到2.5个小时。通过这次PBC沟通，丁耘与各二级部门主管，很好地就绩效目标进行了深入交流，削除偏差，达成共识，实现上下对齐。

在这次PBC沟通过程中，参加沟通的二级部门主管们都有一个深刻的体会，那就是：在平时，我们以为与直接主管的沟通很顺畅，但实际上很多直接主管认为重要的工作，我们并没有发现，这就是说还存在上下不一致的地方。因此，PBC的沟通还是非常必要和有效的。以前，很多主管都以“工作忙、没有时间”为理由，很少对下属的PBC进行沟通与辅导。他们在潜意识里，把PBC沟通当成不增值的工作。殊不知，正是因为在前期没有把工作方向和重点讲清楚，导致工作中走了很多弯路，这反而要花更多时间去补救，有时还可能导致非常不好的后果。同时，这样的沟通过程，也是主管与下属相互学习、共同成长的过程。

对此，丁耘说道：“在PBC沟通中，我问的问题，有些已经有了答案。但有些问题，我是期待从下属的反馈中获取信息。我只是在引导大家，这样一个双向沟通的过程，也是大家的启发和碰撞。”而下属也反馈通过这一次深入沟通，不论是工作方法还是管理方式上，都获益良多。

——选自《华为人报》第211期

在绩效管理循环中，绝大多数的时间属于**绩效辅导**，它是主管辅导员工达成绩效计划的重要过程。然而很多公司并不重视这项工作，制定计划目标后将其束之高阁，在整个研发工作期间不闻不问，直到绩效评价时拿出来进行比对，这实际上丧失了研发管理最好的机会点。好比在足球比赛中，即使场上形势处于劣势，教练员也不动声色，直到比赛结果告负后却埋怨队员发挥不好。

这种“秋后算账”式的绩效管理方式令员工心存不忿，以下是员工的心声：

员工A：由于工作的具体环境，压力比较大，感觉自己在工作中有些缩手缩脚，这时候特别需要有个经验丰富的导师能够对自己的工作做一个目标性的指导，使自己在工作中的方向更加明确，取得更好的绩效。

员工B：我认可主管对自己的评价，但是在工作遇到困难的时候，如果能得到主管及其他员工的帮助和支持，我想事情就会顺利很多，自己也可以从中更好地学习和总结。

员工C：事前沟通或过程中沟通，这样对员工的工作有一个及时的反馈作用，以达到提高绩效的目标，而不是为了沟通而沟通，这样的沟通叫“安抚”。

因此，绩效辅导与持续的沟通是绩效管理的重要环节，没有辅导与沟通就不是绩效管理。通过辅导，帮助员工不断改进工作方法和技能，随时纠正员工行为与目标的偏离，并对目标/计划进行跟踪与修改。通过沟通，了解工作的进展、潜在的障碍和问题、寻求可能解决问题的措施、帮助员工不断提高等。

在绩效辅导阶段，研发主管对员工的工作情况、度量数据、关键事件进行有效的了解和收集，并且与员工开展了积极沟通，相信**绩效考核和反馈**工作就不再那么痛苦，这就是所谓“不惊讶原则”。

以下几则案例展示了研发绩效考核中常见的问题，根源主要集中在绩效目标制定和绩效辅导工作的不重视和不充分，这样得到的绩效结果难以令员工心服口服。

作为主管，X对考核工作可谓“独有见解”，每逢季度末，他都要为自己给下属“评定”的成绩找出标准上的依据来。比如X先在自己的脑海中给每个下属定出A、B、C、D，为了证明自己的评定是准确和客观的，他便拿出原来的计划和评定标准，从中寻找出为什么给某一下属评定为A或B的依据和原则，以便令该下属心悦诚服。

季度考核开始了，主管A仔细回想了近期自己的几个下属的工作表现。经过比较，感觉员工B近两周工作很努力，进步较快，而对于B在本季度前期工作中的一些不足也渐渐淡忘了。于是，在绩效考核中B取得了非常好的成绩。但考核结束后不久，B的工作效率和热情又恢复如初，而部门内其他员工都抱怨说：“绩效再好有什么用，还不如到最后冲刺一下。”整个部门的气氛和业绩都受到消极的影响。

主管B对公司在季度考核中所要求的比例很不理解，觉得部门中的员工工作都不错，实在无法给下属打出“正常”和“需改进”，于是在考评时给下属均为“良好”以上成绩。在评审过程中，鉴于其部门组织绩效并不突出，而考核比例又严重超标，所以将部分员工的成绩调整为“正常”。在B与这部分员工沟通过程中，引起了员工极大的不满。

绩效反馈是主管和下属共同探讨，提高员工绩效的又一个机会；主要目的是双向交流，面谈既是对前期工作的回顾，也是对未来工作改进点的探讨和目标制定。

在A办事处的办公室里，主任M和电源销售经理L在充满着友情、和谐的气氛中正在进行着工作考评。如果是一位不知情者，看见他们欢声笑语的模样，还以为他们是在聊天呢?

其实，这是他们正在配合公司人力资源部，在进行考核试点的分级评定。

“在市场目标、销售目标、公关目标的完成量上，根据公司下达的计划目标量，你们还有一些差距，只能给你打B了。但货款回收目标你们完成得很好，打A。可是在服务目标的完成上有一定的差距，而且还曾出现过工作投诉。在管理工作中，虽然你们工作非常努力，部门氛围、人气较足，但因下属进步比较缓慢，所以也只能打B。在今后的工作中，你要在这几个方面注意提升。”

考核临结束时，主任M说：“L，我看最多也只能打B了。”可L却笑哈哈地说：“M总，打B都高了。”

对于一个下属的工作考核等级，在主管的笔中，也不过是在短短的几分钟便可完成，但A办主任M与电源销售部经理L之同的工作考核，却进行了足有半个多小时。而这个过程有肯定成绩、有指出不足、还有一点小小的批坪，但更多的却是一种坦诚的关怀。

在公司内部，上上下下都在讲沟通，尤其是对于员工考核中的工作沟通。但在调研中发现，员工投诉90%恰恰由于部门主管和下属未进行良好的工作沟通而造成的。

绩效结果运用是将绩效考核结果与激励措施关联起来，以达到激励效果。激励措施包括物质领域和精神领域，前者包括职位/工资晋升、项目奖/绩效奖、股权激励等；后者范围更加广泛，比如让员工承担更大责任、给予发展机会、充分的信任关注和沟通、给员工更多的自由空间、通过证书/荣誉/奖牌/庆祝表彰其成绩、建立职业发展通道和任职资格体系等。如何有效利用和配置这些激励措施，满足员工需要，激励其不断充实自己，提高研发工作绩效，体现了研发主管的管理艺术。

本章要点

1. 研发体系改进是研发体系内诸多要素不断达到平衡的过程。

2. 改进方案一般涉及多个模块的调整，因此方案设计将会历经一个从总体到局部的细化过程。

3. 改进工作并非单纯的创新和移植过程，改进者既要有丰富的研发管理经验，又要有将企业实践和经验相结合的能力。

4. 设计改进方案时，需要遵循以业务成功为出发点、基于问题开展设计等五项基本原则。

5. 边际收益递减原则告诉我们为何很多优秀的管理方法在实际工作中失效。

6. 能够满足70%以上的需求，或者规避70%以上的问题，已经算得上高质量的解决方案。

7. 没有业务能力支撑的改进工作，将无法获得实质性的效果。

8. “无为而治”并非放任不管，而是因势利导，在某种情况下是明智之举。

9. 大型企业具有更大惯性，研发改进工作的风险和难度也较大，需要注意采取稳健、慎重的策略。

10. “总体规划，分步实施”是应对大规模改进的常用策略。

11. 缺乏操作级别规范制度的解决方案是不完整的。

12. 产品开发流程描述了特征相似项目的逻辑过程，并非真实的执行过程，它需要和项目管理制度相配合。

13. 切莫轻视流程裁剪，它影响到研发项目执行的效率。

14. 产品规划工作一方面需要适当的规划流程；另一方面取决于规划人员的业务能力。

15. 立项评估和产品规划的目标相同，方式各异，需要根据实际情况进行取舍。

16. 优秀的项目管理可以准确把握项目的特征和重点风险，采取针对性的策略和过程，最大限度地逼近项目的目标。

17. 项目群管理和管道管理的基础是良好的单项目管理。

18. 对于研发体系中的关键性活动，不仅要“做到”，更重要的是“做好”，这样才能产生真正的价值。

19. 评审专家深入了解评审对象并发现问题，才能提高技术评审的效果；

20. 在工作实践中，可以根据需要，选择恰当的评审形式，以保证评审的质量和效率。

21. 研发组织调整势必伴随着流程、绩效的同步改进，需要慎重考虑。

22. 研发组织结构改进，目的是将原来零散或是缺乏协作的系列活动都归并到一个明确的责任主体，让重要任务完成的得更具质量和效率。

23. 如果研发资源已经配置到最有价值的工作中，即使还有任务由于资源短缺而搁置，此时研发体系也已发挥了高效率。

24. 研发绩效管理成功的关键就是定准目标、充分激励，并且将绩效管理和研发工作融合起来。否则，无论采取怎样的管理模式，都无法获得理想的效果。

第 4 章

完善解决方案

从初步的解决方案到合格的解决方案，需要历经一个严格的完善过程。是否有足够的资源去落实解决方案？方案是否具有充分的可操作性？方案中是否存在冗余和不完整的部分？这些尖锐的问题可能在设计过程中并没有被认真的考虑，一旦进入推行阶段，其中的含糊漏洞都将暴露无遗，届时的调整需要付出高昂的代价。

完善解决方案，就是要将考虑不周到的、逻辑不合理的地方逐一发现，并且有效解决，直到满足质量要求。完善过程是挑剔而苛刻的，但是历经了这样的过程，不仅解决方案的质量可以上升一个台阶，改进工作主导者的专业能力还会步入新的层次。

当改进者投入全部心血，完成解决方案初稿时，会有如释重负、大功告成的感觉。但需要切记的是，从一个解决方案进化到一个合格的、可实施的解决方案，还有很长的路要走。初步方案只是基于经验的思辨成果，它需要像璞玉一般被反复雕琢，否则将会在实施过程中遭遇碰壁。

4.1 从乔布斯的苛刻要求谈起

一项初步设计完成的解决方案，就好比产品的原型样机，需要不断完善以达到发布的程度。苹果公司产品的惊艳亮相，离不开乔布斯的苛刻与偏执。我们不妨从乔布斯身上学习一下如何精益求精，哪怕是细节也不放过[①]的精神。

① 案例来自沃尔特·艾萨克森所著的《史蒂夫·乔布斯传》。

◎案例一：机箱里面的电路板

印刷电路板深藏于麦金塔①的内部，没有哪个用户会看到它，但乔布斯还是会从美学角度对它进行评判。“那个部分做得很漂亮，”他说，“但是，看看这些存储芯片，真难看，这些线靠得太近了。”

一名新手工程师打断了他：“只要机器能运行起来就行，没人会去看电路板的。”

乔布斯的反应和往常一样：“我想要它尽可能好看一点，就算它是在机箱里面的。”

◎案例二：现在就发几把枪，把我们全干掉

iPhone 最初设计是将玻璃屏幕嵌入铝合金外壳。一个周一早晨，乔布斯走到艾弗②跟前说：“我昨晚一夜没睡，因为我意识到我就是不喜欢这个设计。”艾弗瞬间意识到乔布斯说的没错，于是很沮丧：“我记得自己当时感到非常尴尬，因为居然要等到他来发现这个问题。”

问题在于 iPhone 的重点是屏幕显示，而他们当时的设计是金属外壳和屏幕并重。整个设备感觉太男性化、太注重效能，是一款任务驱动型产品。

“伙计们，在过去 9 个月你们为了这个设计拼死拼活，恨不得杀了自己，但是我们要改掉它。”乔布斯告诉艾弗的团队，“我们要没日没夜没有周末地工作。如果你们愿意，我现在就给你们发几把枪，把我们全干掉。”然而团队成员并没有迟疑，同意修改。“这是我在苹果最值得骄傲的时刻之一。”乔布斯回忆说。

研发改进方案的完善与打磨产品异曲同工，下面是某公司研发绩效管理改进的案例。

---

① 麦金塔：Macintosh，是苹果公司一个系列的个人电脑。

② 艾弗：Jonathan Ive，苹果的首席设计师。

某高科技公司对研发体系实施严格的绩效考核机制。具体来讲，就是将研发人员的考评成绩分为若干等级，明确每个等级的占比，防止在绩效评价中的平均主义。

在短短几年时间内，该公司就对绩效评价的等级及其占比做出了三次重大调整。如表4-1所示。

表4-1　绩效评价的等级及其占比

序号	时间	等级及其占比
1	2005年1月开始实施	S（杰出、≤10%）；A（很好、30%）；B（好、50%）；C（需改进、≥8%）；D（差、≥2%）
2	2007年1月—2008年6月	A（优秀、25%）；B（良好、45%）；C（尚可、25%）；D（不足、5%）
3	2008年7月—2009年12月	A（杰出、10%）；B（良好、40%）；C（正常、45%）；D（须改进、5%）
4	2010年1月以后	A（杰出）、B（良好）、C（正常）、D（须改进）；参考比例为10%、40%、45%、5%，但组织与个人绩效挂钩，根据组织绩效等级浮动部门员工考核比例

仔细分析一下数次调整的原因：

➢ 开始实施的时候，将绩效等级分为S、A、B、C、D五个级别，其中B以上（包括B）的占90%，总体来讲绩效评价过于宽松，不利于区分档次、调动员工积极性。

➢ 2007年1月做出第一次调整，将五档改为四档，减少了评价难度；同时调整了等级对应的比例，分布趋于合理，但仍然总体评价偏高，且“尚可”“不足”等评价令员工反感。

➢ 2008年7月做出第二次调整，对A、B、C、D四个等级进行了重新定义，将其对应的称谓修改得更加合理；放大了C档的比例（45%），加上B档（40%），绩效处于中游的员工占了绝大多数，比例已经趋于合理，同时降低了评价难度。

➢ 2010年1月做出第三次调整，在保证总体比例不变的情况下，引入了部门绩效成绩对员工绩效等级分布的影响因素，牵引员工关注部门绩效。

可以看出该公司的绩效管理制度，每次调整都具有明确目的，都在修正先前制度在执行过程中遇到的问题，不断调整以日臻完善。由此看来，一个合格的解决方案是来之不易的。

提出合格的解决方案并不容易，究其原因，主要有以下三点：

其一，问题复杂。目前面对的企业研发体系问题多是深层次的，且在短期内难以解决，比如关键性业务能力不足、人力资源短缺、跨部门运作不顺畅等。有些问题并非仅仅出在研发体系自身，这显然增加了解决方案的难度。至于那些显而易见、比较明确的问题，通常已经在企业发展过程中获得了解决。

其二，经验主义。咨询师拥有一些实施成功的案例，抑或曾经在知名企业从事研发管理经历，将会带有过度自信倾向，认为在其他企业的成功经验，面对当前企业类似问题时，也可以如法炮制、药到病除，却忽略了企业自身特殊性而引起解决方案的差异。

其三，矫枉过正。在进行研发体系设计时，参与者通常会有一种矫枉过正的倾向：原来的做法不规范、不严谨、不到位，新体系设计时需要更加的规范和严格。因此体系设计中，对体系的可操作性、资源配置是否充分等因素考虑不足，这种解决方案在实践时将会遇到较多挑战。

有这样一个寓言故事：某地的一群老鼠，深为附近一只凶狠无比、善于捕鼠的猫所苦。这一天，老鼠们群聚一堂，讨论如何解决这个心腹大患。老鼠们颇有自知之明，并没有猎杀猫儿的雄心壮志，只不过想探知此猫的行踪，早作防范。有只老鼠的提议立刻引来满场的叫好声，说来也无甚高论，它建议在猫儿身上挂个铃铛，如此一来，当猫儿接近时，老鼠们就能预先做好逃遁的准备。

在一片叫好声中，有只不识时务的老鼠突然问道："那么，谁来挂铃铛?"众老鼠默然。

由此可见，一个未经推敲的解决方案和一个合格的解决方案是完全不同的。在研发体系优化过程中常常会遇到类似情况。

某公司出现产品方向不明确、立项不严谨的问题，导致研发出的产品缺乏市场竞争力，于是大家决定采取产品线的管理机制。在公司内部划分若干条产品线，并在产品线内部建立以产品经理为核心的产品管理团队，负责产品规划、项目立项等工作，产品经理需要为产品线的市场成功负责。大家对该措施均表示赞同，并承诺积极支持产品经理的工作。

然而在开始实施时就遇到了难题：没有人愿意承担产品经理这一重要角色，更谈不上组建产品管理团队。

其实，大家都很清楚产品经理的难处。这是个新鲜事物，没人有工作经验，负责的领域广泛，责任重大，需要很强的业务能力，却没有相应的权力去调动资源。因此大家在心里掂量一下，感觉没法接这个“大招”。所以，产品线管理模式在这家公司也仅仅是停留在口头上，并没有实质性的进展。

一个合格的研发体系解决方案，必须具备针对性、合理性、经济性和可操作性四个关键性特征，这样才具备付诸实践的基础前提。对于这四个特性的含义和判断标准，将在后面的章节详细阐述。

这里要先关注一下完善方案时容易被忽略的方面：改进者的心理准备。

4.2 敞开胸怀，迎接挑战

行业的快速发展对整个企业，包括研发体系提出了更高要求，而研发体系的改进方案也需要稳、准、快，受时间和资源限制，不允许改进者在推行实践中反复验证和修改方案。为了确保解决方案的高质量，改进者就需要以一种豁达的心态去面对这种挑战。

◎担当

在研发体系改进项目中，咨询师和企业之间的关系大致相当于教练与运动员、参谋与指挥官。咨询师对解决方案本身负责，更进一步，需要对其执行结果负责。如果仅仅停留在前者，这导致咨询师更关注企业管理者对解决方案的认同，而不是解决方案本身的有效性，往往会造成解决方案悬在天上、难以落地的窘境。

Z公司在进行市场规划体系改进项目时，咨询方提出需要建立市场信息的收集和分析机制，获得了管理者的一致认同。接下来，咨询师列出了需要对市场和竞争对手情报收集的清单，并举出了十余种信息收集的方法，仿佛机器猫翻开了它那魔力口袋，真让人大开眼界，并煽情地建议“了解客户和竞争对手要比了解自己的配偶还要详细”。

这个方案粗看起来无可挑剔，但从企业管理者角度去思考，就会发现该方案存在致命的漏洞。该方案直接套用了行业领先公司的优秀实践，但Z公司并非行业巨头，其规模无法支撑该方案落地所需的庞大资源。Z公司尽管刚开始会啧啧称赞，但迟早会发现这仅仅是屠龙之技而已。

改进者关注解决方案的有效性、可执行性，并非如“谈笑间，樯橹灰飞烟灭”那般轻松，思考方案的历程充满挑战，注重实用性的解决方案通常也不够漂亮和绚烂，也需要花费更多精力去获得广泛的认同。但如果缺乏这种努力和投入，解决方案的质量就无法得到保证。

合格方案的获得，需要改进者不能仅仅从旁观者视角进行思考，而是从企业决策者和管理者的角度去考虑解决方案。从解决“你们的问题”转变为“我们共同的问题”，改进者将会有完全不同的体验。这并非改进者在自找麻烦，而是体现了真正的职业意识和担当心态。

◎包容

从长期的咨询项目实践来看，并没有各方面都完美无瑕的解决方案，甚至新方案的推行还会引发新的问题，一个能够解决或者缓解企业当前阶段主要矛盾，并对未来产生总体趋势向好的方案就可以称之为合格的解决方案。解决方案的提出者难免出现偏差和误判。因此，方案被质疑，甚至被颠覆，都是很正常的事情，不能因为解决方案是心血结晶，就不容别人批驳。

有些改进者甚至将提意见的人打上“不易合作”“不支持变革”“思想落后”的标签，其实大可不必。开国元勋陈云曾说：“对于正确的反对意见，可以补充我们对客观事物认识的不足。对于不正确的反对意见，我们要把它驳倒。愈是不正确的，就愈要把它驳得彻底。既然要批驳，就得找论据，这可以加深我们的认识。正确的意见往往就是由系统地驳倒不正确的意见而产生的。”

改进者需要拥有这种包容心态，敞开胸怀去接受别人的意见和质疑。拥有包容心态的改进者其实是把自己从解决方案的支持者与反对者这类位置上拔高，从更高层次公允地看待解决方案，这样良好的心态对完善工作来讲是必要的。

◎好奇

在研发体系中，“人”是最活跃的要素，也是最难以捉摸的要素。在研发体系改进过程中，咨询师会对如下问题感兴趣：

➢ 这家公司具有哪些鲜明的企业文化和潜规则，所提出的解决方案是否与之有激烈冲突？

➢ 新的方案实施时，研发管理者和工程师有哪些感受，是支持、漠视还是不屑？他们的态度对方案推行有哪些影响？

➢ 这家公司面临的问题如此明显，是公司管理者没有及时采取措施，还是以往的努力并不奏效？

➢ ……

这些问题的真正答案，在深入了解一家公司之前是不得而知的，这直接影响到解决方案的成熟度。想当然的看法常常将咨询师引入歧途。因此，咨询师也需要具备好奇、谦逊的心态，驱使其不断深入理解企业问题、探究解决途径。

4.3 完善解决方案的五步法

初步的解决方案，大致相当于“工程样机”，还需要历经一系列严谨的过程，才能锤炼成真正的“商业化产品”，最终付诸实践。完善解决方案包括如下五个典型步骤。如图4－1所示。

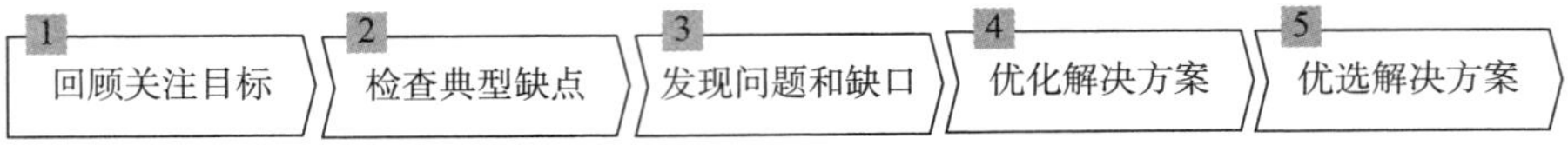

图 4－1　完善解决方案的五步法

4.3.1　回顾工作目标

工作目标在改进项目启动时已经确定，为什么在完善方案时还要去回顾？

改进工作通常会历经一个相当长的过程，比如确定改进目标与范围、现状诊断、提出解决方案、规范制度的详细设计等。在整个过程中，涉及不同层次的人、不同领域的问题，这些问题甚至还交织在一起，理清头绪并非一件容易的事情。

就像一个软件开发项目，不同阶段、不同干系人对项目需求都有不同的看法，即使是客户，在初期也难以将自己的真实需求表达清楚。随着越发深入的了解，先前的想法被修正、新的想法被唤醒。这种变化尽管令人沮丧，但确实反映了目标不断确切、逐步实现的曲折过程。如图 4－2 所示。

图 4－2　需求的理解与传递

在诸多研发体系优化项目中，我们常常会遇到工作目标不明确甚至不合理、工作目标与企业现状（主要存在问题）不一致、解决方案与工作目标不匹配等情况，就像举枪瞄准时忽然发现靶移动了位置。

在进行产品研发时，有一个很重要的活动就是产品的“验证与确认”，是要保证产品规格满足客户的原始需求，就是说“要做正确的事情”。我们在完善解决方案时也是类似，首先要对工作目标、发现问题、解决方案进行一次“校准”，防止他们之间不一致的情况出现。

笔者在河南羑里城参观时，曾参加了一个很有意思的游览项目。羑里城相传是当年商纣王拘禁周文王的地方，“文王拘而演《周易》”。这个游览项目据说是参照《易经》建成的迷宫，游览者进入迷宫后，需要自己寻找出路。进去以后，发现道路被错落的障碍物阻隔，一时之间还真的找不到出口。正在着急的时刻，不知不觉就走到了迷宫的中间位置。这是一个高台，可以俯视整个迷宫。居高临下将迷宫看得一清二楚，从而顺利找到了出口。那种感觉真是豁然开朗！

咨询师需要从更高、更全面的视角去审视研发体系全貌及其解决方案。也许之前被广泛诟病的问题仅仅是偶然因素引起的，而那些深层次问题却是导致体系低效的根源；也许原来确定的改善目标过于宏大，需要从一个小目标入手，“伤其十指不如断其一指”；也许受多种因素影响，解决方案已经背离初衷，和改善目标渐行渐远。这都将会令我们的努力化为泡影，因此回顾目标是完善解决方案步骤中首要的一点。

下面我们看几个研发体系改进的案例，来感受一下校准目标的重要性。

◎在一张白纸上画画

某公司在确定研发改进目标时，想法比较简单：“我们公司的管理就像一张白纸”“其他公司研发体系的问题，我们都存在”“我们就是要引入成熟的管理体系，领导层已经下了决心”。由此看来，项目目标就是将成熟的管理体系原汁原味地落实下来，事实上该公司已经下定决心，为此可以“削足适履”。

在接下来的方案设计中，咨询师将该公司的研发体系与标杆进行了全面对比，确定了完整的改进点和实施步骤，改进范围显得专业而丰富。在回顾改进方案时，咨询师经过反复考虑，认为该公司在目前业务发展势头良好的情况下，没有足够的资源对研发体系进行大刀阔斧的变革。另外，在比对标杆管理模式时，现行体系尽管存在很多不一致的地方，但是对支撑未来一段时间的业务发展足矣，并没有做大幅度调整的必要性。

因此，咨询师建议公司将项目目标进行调整，重点关注产品的市场导向、跨部门协同、研发项目的绩效评价等几个典型的薄弱环节，并由此提出了相应的解决方案。

通过与该公司核心层的数次沟通，双方终于达成共识：从业务发展角度出发，针对目前存在的主要问题，将项目目标进行“瘦身”。从项目实施结果来看，效果是令人满意的。

◎改善还是认证

某软件开发公司期望通过 CMMI 三级认证过程，提高产品开发的效率与质量。简单地说，该项目的目标有两个：改善研发效率和获得 CMMI 三级认证。在实施过程中，该公司为了图省事，要求实施方直接提供符合 CMMI 三级的管理规范和过程文档，要求研发体系遵照执行，于是在很短的时间内就顺利通过了认证。

那么是否同时也达到了绩效改善的目标呢？非常遗憾的是，不但没有改善，反而有所倒退。项目团队为了满足 CMMI 的要求，新增了一个名为“CMMI”的文件夹，用来存放那些 CMMI 要求输出、项目团队却认为没有用处的文件。

由此看来，这个项目做着做着，目标就丢了一半：只关注认证这个硬指标，将改善丢到一边。我们无法评价整个项目是否成功，也许该公司早已将目标确定为通过三级认证。

◎找个明白人问问

某公司正在开展研发项目制度优化的研讨，参加讨论的是公司负责流程管理的相关人员。在确定项目进度计划颗粒度做到何种程度为宜时，大家发表了不同的意见。有人说，越细致越好，原来项目延期的主要原因是计划做得不够细，很多活动被忽略掉；有人说，需要有不同层级的计划，对应不同的颗粒度；有人说，颗粒度需要以“周”为单位，这样可以和项目监控的周期相匹配；有人说，可以让项目经理自行决定，公司不做强行规定，但是却遭到其他人的反对，这样做项目恐怕会更加混乱。

大家的意见无法达成一致，这样吵下去仿佛没有尽头。此时，有人建议去参考项目管理方面的专著，还有人建议去了解一下优秀公司的操作方法。

有个人突然说道：“找个明白人问问吧。”于是，邀请了几位资深的项目经理，将他们的管理实践进行了分享。大家从项目管理的实际需求出发，很快找到了适当的解决方案。

“不识庐山真面目，只缘身在此山中。”通过观察上述几个改进案例，我们发现随着改进工作不断深入，很容易陷入某些细节，却忽略了大的方向和目标。因此我们认为重新校准改进目标，并非可有可无的事情。

4.3.2 检查典型缺点

合格的解决方案需要具备针对性、合理性、经济性和可操作性四个典型特征。这并非简单打上理想化的标签，而是利用充分的信息去证实这一点。我们首先需要了解这四个特征的真正含义，并通过若干问题去检查解决方案的典型缺点。

◎针对性

针对性要求解决方案紧扣研发体系的主要问题，直接命中要点，也就是说从逻辑上要讲得通。要明辨那些似是而非的观点，如下理由不能作为解决方案具有针对性的解释：

A. 根据××管理体系在企业实施的经验数据来看，贵公司的实施收益将包括缩短研发周期××%、降低质量损失××%、提升产品利润

××%。

B. 如业界最佳管理实践、经典模式/著作所指出的那样，贵公司应该采取××管理方式，因为这是标杆公司普遍采用的、先进的管理模式。

C. 贵公司目前实施效果不理想，源自实施不到位、不彻底，通过强制办法坚持执行下去，终究会有令人满意的结果。

这些宏观理念对改进工作具有启发意义，但作为方案有效性的判断依据则显得牵强。即使借鉴某研发管理模式及其优秀实践，可以解决公司当前的实际问题，也需要从逻辑上解释清楚，这才是负责任的态度。

对企业而言，解决方案的针对性，也就是正确性，首先来自我们对当前企业研发问题的洞察力。对问题分析和判断得越准确、越客观，提出的解决方案就越有效、越有针对性。对问题浅尝辄止、过分夸大、求全责备、避重就轻，都会有损于解决方案的质量。

我们来看两个典型案例，感受一下何谓解决方案的针对性。

- 产品成本管控

某重型机电设备公司，其研发团队对产品成本控制不力，某主打产品的基础成本较竞品高出5%左右，影响了公司的盈利能力。

在研发体系优化项目中，项目团队将成本管理流程作为改进重点。咨询师在产品开发流程中增加了成本管理的典型活动，比如目标成本设定、成本分解、设计评审、成本跟踪等，并在项目目标中明确设定了成本相关的 KPI 指标。如图 4－3 所示。

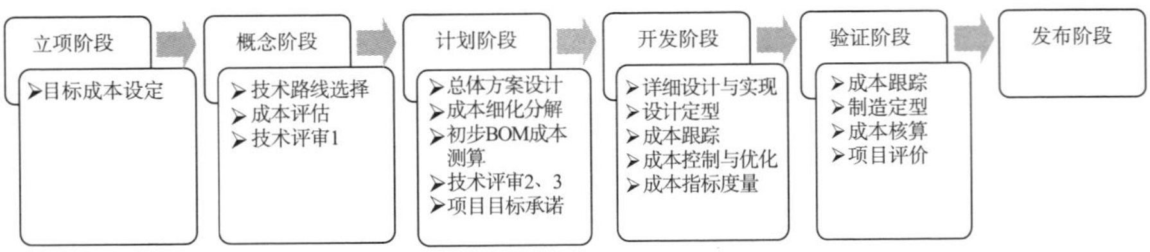

图 4－3　成本管理

上述这个关于成本管理的解决方案是否有针对性呢？

解决方案中体现了成本管控的内容，应该说具有一定的针对性。但深入了解该公司的具体情况后，就会发现针对性并不明显。

事实上，研发团队并非不关注成本。公司也曾经下达了降成本的指标要求，将责任落实到研发、制造和采购等部门身上，这些部门也根据公司要求付出了相当的努力。

然而在实际项目运作过程中，研发团队对成本控制往往是心有余而力不足。项目周期越来越紧张，工程师需要优先考虑产品质量和稳定性，不敢贸然引入新材料、新设计方案（以前有过草率采用新的设计方案而造成重大质量事故的教训），只能利用目前成熟的设计方案进行小幅度调整；制造体系也是类似情况，完成目前的任务已经捉襟见肘，没有多余的精力研究工艺改良。降成本的重任就落在了采购体系上，但不断下降的采购价格已经接近极限。

从上述信息中我们可以了解到，研发团队并非不重视成本控制，而是在紧张的交付周期面前，没有精力从设计优化角度考虑降低成本，毕竟产品的质量和交付是头等大事。因此，在研发流程中强调成本控制，收效并不明显。

通过进一步的数据收集，咨询师发现：在产品开发项目中，工程师是在某典型产品的基础上进行设计且调整不大，设计更改对产品成本的影响一般在 -3% 至 +5% 之间。也就是说，单独项目对产品成本的影响并没有想象得那么显著。

因此，比较有针对性的建议是：

➢ 鉴于第一代产品对后续产品的成本构成产生重大影响，因此需要明确设定成本目标，并进行严格控制。

➢ 对于后续产品的研发，强调将产品成本控制在合理的范围，同时对设计变更进行控制，降低变更造成的损失。

➢ 对重点产品线，公司逐步完善产品平台，从平台层次采用设计优化手段降低成本。

（限于篇幅，具体解决方案略）

- 项目经理短缺

某公司处于业务快速发展阶段，同时有大量研发项目需要完成，且项目复杂度高、周期紧张，对研发团队的管理能力和技术能力提出较大挑战。

对于关键性资源方面，首当其冲的就是项目经理的需求量激增。但有经验的项目经理数量不足，一个项目经理需要同时承担多个项目，工作压力很大。有项目经理曾经说："睡觉做梦时都是项目上的事儿，常常会把几个项目的事情搞混。"

针对该公司项目经理紧缺的问题，咨询师给出了如下解决方案：

➢ 建立项目经理的任职资格体系，将现有项目经理划分高级项目经理、中级项目经理、项目助理等不同级别，明确定义各级别项目经理的任职要求、所能够承担的项目等级。

➢ 从项目产值、实施复杂度等维度对研发项目划分等级，再根据项目等级，明确项目管理团队的资源配置标准。

➢ 建立项目经理资源池，公司责成项目管理部统一分配项目管理资源。

该解决方案可以将资源紧张问题从隐性转化为显性，却无助于问题的解决，因此并不具备针对性。针对性的解决方案需要从尽快缓解资源短缺的现状着手，具体操作步骤如下：

➢ 在明确资源缺口的总体状况后，首先解决项目经理的人选问题。由于项目经理需要具备较高的专业能力，可以从设计和维护的骨干中选择部分具有管理意识的人员作为备选的项目经理。

➢ 为项目经理建立职业发展通道，提高项目经理的待遇，打消技术骨干对转职的顾虑。

➢ 实施项目管理知识和规范的培训，并责成有经验的项目经理实施"导师制"，通过项目实践，促使新晋的项目经理尽快掌握管理技能。

◎合理性

针对性的解决方案能够直接命中问题要害，但这还不够。解决方案还需要满足合理性和完整性，才能发挥作用。就像一棵大树仅仅拥有树根和树干是不够的，还需要枝叶进行搭配。

一项完整的管理制度，不仅是一纸流程规范，还要有配套的组织模式、绩效机制。前者是流程执行的主体，后者能够督促流程落实。具体看下面一个简单的管理实践：

某公司期望纠正会议迟到的毛病，这需要相关机制的共同作用。

➢ 对于双周项目例会，会议主持人以通知方式明确会议时间和主题，参会人员禁止迟到，任何人不得例外。（流程制度领域）

➢ 以会议召开时间为准，每迟到一分钟罚款5元，按照时间累计没有上限；无故缺席会议者通报批评，罚款作为部门活动经费。（绩效管理领域）

➢ 会议主持人/秘书负责会议签到，参会迟到者在会议结束后将罚款交至会议主持人。（组织支撑领域）

这样才可以称之为合理和完整的管理规范。

解决方案的合理性，需要提出者充分了解企业管理现状，并具有丰富的管理经验。

在某研发绩效管理体系项目推行中，遇到了如何给研发人员设定绩效目标的问题。大家很希望能够为研发人员设定明确的度量指标，这样既容易操作，还能体现公平。

那么如何设定指标呢？比如软件开发工程师，主要工作是完成某软件模块的开发，因此设定了“平均月产出代码行数不少于××行（工作量指标）”“单元测试发现问题数不少于××个（质量指标）”。

从该工程师的角度来看，为了达到上述指标要求，他可能采取的应对措施是通过代码冗余去增加代码行数，通过上报重复问题以达到考核要求。这样完全背离了设定绩效指标的初衷。

我们需要将指标设定得更加合理，使绩效指标和工作目标相一致。比如将目标调整为，“按时高质量交付，开发过程符合××规范要求，在××时间达到技术评审的要求”。这样实现了结果和过程的双重约束，可以发挥较好的绩效牵引作用。

合理性还体现在全面考虑各种因素，提出综合价值最高的解决方案。研发领域的很多问题是企业管理基础、历史沿袭、业务特征交织在一起的结果，改进方案有些类似跷跷板，目的是寻求一个良好的平衡点。

某公司为了解决产品研发缺乏市场导向的问题，对现行的激励机制做出重大调整：将产品上市后的销售利润按照一定比例进行提成，作为研发项目奖金，牵引研发团队关注市场成功。

这种解决方案具有针对性，却有简单粗暴之嫌：项目立项决策来自领导指示或者销售意向，研发团队并没有选择的权力，因此无法对产品的市场成败担负全部责任；部分产品的利润水平受公司策略影响，利润与项目团队的贡献程度并没有明显的关联关系；前瞻性的预研工作无法在短期内产生经济效益，没有人愿意承担此类工作。由于研发项目实际情况的多样化，该解决方案并不具备合理性。

针对该公司的实际问题，需要在充分考虑研发团队的工作性质与工作量、对企业的综合贡献等因素，提出切实的解决方案。

◎经济性

什么是经济性？请看下面的小故事。

国内某日化公司引进了一条国外肥皂生产线。这条生产线包括将肥皂从原材料的加入直到包装装箱自动完成。但意外发生了，销售部门反映有个别的肥皂盒是空的。于是，这家公司立刻停止了生产线，并与生产线制造商取得联系。

得知这种情况在设计上是无法避免的，经理要求工程师们解决这个问题。于是成立一个以几名博士为核心、十几名研究生为骨干的团队，知识类型涉及光学、图像识别、自动化控制、机械设计等门类。在耗费数十万元后，工程师们在生产线上一套X光机和高分辨率监视器，当机器对X光图像进行识别后，一条机械臂会自动将空盒从生产线上拿走。

另外一家私人企业也遇到了同样的情况，老板对管理生产线的小工说："你一定要解决这个问题。"于是这个小工找来一台电风扇，摆在生产线旁，另一端放上一个箩筐。装肥皂的盒子逐一在风扇前通过，只要有空盒子便会被吹离生产线，掉在箩筐里。问题解决之。

从这个故事，我们可以体会到何谓经济性。将一个解决方案当作一项投资来看，讲究的就是投入产出是否得当、资本安全是否有保障。比如某公司研发体系运作效率不高，表面上看来问题很多，相互交织，难以短期厘清头绪；通过一系列深入了解，笔者发现大部分问题的根源在于公司管理松散、“做好做坏一个样”、研发团队责任心不强。于是，考虑了一个“简单粗暴”的方式：设定几个 KPI 考核指标，并且将考核结果直接与奖金挂钩。推行之后，惊讶地发现研发团队的积极性骤然提高，交付质量和进度均有明显改善。这种解决方案几乎兵不血刃，展现了强劲的经济性。该公司尽管先前也考虑了各种改善措施，花大力气，力图从根本上解决问题，然而却收效甚微。从经济性上判断，显然后者是不合格的。

研发体系解决方案的投入包括付出的资金、骨干员工的参与工作量（体系设计与接受培训）、信息化系统的投入、改变工作方式所带来的效率下降、扩充的资源、沟通成本、机会成本等。

研发体系解决方案的收益包括短期和长期两个层面，比如研发效率提升、质量提高/损失下降、产品生命周期成本降低、减少返工和变更、协作顺畅、提高满意度/积极性、达到行业准入标准、提升公司品牌和口碑，甚至整肃团队等。

需要提出的是，“提高研发管理意识”“了解先进研发管理模式”等不适合作为解决方案的收益。原因是管理知识如果不能转化为实实在在的商业价值，对企业而言就算不上收益。而且过度的知识占有，将会滋生一批夸夸其谈的管理官僚，反而会降低整体运作效率。

当收益低于投入，这样的解决方案往往是不合格的。比如企业为了及时获知研发项目的进度信息，马上去研发一套管理的信息化平台是不明智的，而通常的做法是招聘几个文员，专门负责收集项目数据；类似的，一个规模只有二三十名研发人员的小规模公司，效仿行业巨头去建立任职资格体系和薪资体系，也是不经济的。

关注方案的经济性，还需要考虑解决方案针对的是共性还是个性问题、相关问题出现的频次、流程被调用的次数、相关人员规模等，以期达到最大的使用价值。

在某公司的产品开发项目中存在的突出问题包括立项评估不充分、需求定义不完整、跨部门协作混乱、转制造条件不齐备等。针对这些问题，该公司对其现有的研发流程进行了优化设计。

在试点运行时，才发现符合要求的项目并不好找。全新产品的开发项目较多出现了上述问题，也确实适用新制定的流程，但从数量上来看，仅占全部项目的10%左右；改进型项目占了绝大多数，但研发难度和项目复杂度并不高，并不适用新的开发流程。

在流程设计阶段，大家并没有把重心放在改进型项目上面，只是列出了几条裁剪要求，对此类项目针对性并不强。基于这种情况，流程设计团队不得不重新考虑工作重点。

上述案例所描述的情况，出现在很多研发改进项目中。设计团队将90%的精力投入到使用概率仅有10%的流程上面，可以说并不经济。恰当的做法是将研发项目按照特征分类，根据各类项目的典型问题和数量占比，确定流程设计的重点，而不是“胡子眉毛一把抓”，浪费了宝贵的时间。

◎可操作性

没有在工作实践中得到落实，即使看起来再完美的改进方案，也是毫无意义的。不妨考虑表4-2的两种情况。

表4-2　解决方案对比

	解决方案一	解决方案二
方案得分	该解决方案比较完美，得90分	该解决方案看起来比较简单，得60分
模块实施数量	该解决方案中包括5个模块，实际推行时3个模块获得了落实，也就是模块实施率为60%	该解决方案中包括3个模块，全都得到落实，也就是模块实施率为100%
实施程度	该解决方案在公司中落实范围的比例为40%	该解决方案在公司中落实范围的比例为70%

不难计算：

对于方案一的实施得分为：$90\times60\%\times40\% = 21.6$ 分；

对于方案二的实施得分为：$60\times100\%\times70\% = 42$ 分。

看似完美的解决方案一，从实施结果来看，完败于不那么显眼的解决方案二，其原因就在于它们在可操作性方面的差异。一个看起来很完美的解决方案，并不等于一个可操作的解决方案。若是缺乏可操作性，前者对企业来讲，几乎没有任何价值；而后者，尚有产生价值的可能性，只是到底价值几何，还需要实践去检验。

请看如下案例：傲慢的人力资源经理。

咨询师小王在对某公司进行研发管理现状调研时，与人力资源总监李女士开展了一次访谈。

“李总监，您好！此次调研工作的主要目的是全面了解贵公司研发管理的现状和大家关注的主要问题，还请您不吝赐教。”小王开始了他的访谈工作。

“王老师，您客气啦！据我所知，这个公司的研发管理比较随意，一些主要的管理制度并不完善。就从绩效管理来看吧，他们很难客观评价项目组的真实工作绩效，打的绩效分基本都是高分，他们认为打低分就会让大家丧失工作积极性。这让我们的人力资源管理很难做。”李女士简单地抱怨了一下。

小王认真听着李总监的讲话，当他注意到对方使用的“这个公司”“他们”等字眼时，略感诧异。

“您能谈谈在研发绩效管理方面的具体措施吗?”小王接着问道。

“是这样的……”李总监侃侃而谈。

“我首先组织研发体系内各部门重新梳理了研发人员的任职资格体系……

“我之后在研发体系中推行了绩效管理和PBC① 机制，强调研发工作的目标导向……

① PBC，Personal Business Commitment，即个人绩效承诺，是员工针对自己岗位的工作绩效而进行承诺的一种考核方式。

“在绩效评价和激励机制上面，我投入了大量心血，可以看成我的得意之作吧……”

小王飞快地做着记录。渐渐地，小王感觉很窘迫：李总监好专业！现在已经做得这么完善，咨询的价值如何体现啊？

“李总监，您对研发的管理真是非常精通啊！”小王由衷的赞许道。

“我就是要挑战一下咨询公司，看看有什么更好的管理模式提供给我们。老实讲，我在外企做过很长时间的人力资源管理工作。”李总监颇有自信。

小王有些不快：作为咨询师，与很多公司合作的咨询项目中，人家都是称呼“王老师”，自己在谈论研发管理时，对方也都是洗耳恭听。而这一次，倒是有些不受重视。更麻烦的是，李总监说得头头是道，自己能想到的都被人家说了，实在是找不出什么先进的管理模式可以碾压对方。

小王迟疑了片刻，冲口说道：“李总监，我有一点不太理解，按照您刚才的说法，贵公司的人力资源管理，乃至研发管理是比较到位的，为什么还会出现很多问题？”

“这……”李总监犹豫了一下，下意识地推了一下眼镜，“是这样的！刚才我所描绘的，都是我在心里的愿景，将要按照我的规划一步一步落实下去。毕竟我来到这个公司才三个月时间，很多情况还是不太了解。我原来在××公司（一个著名的跨国公司）工作时，管理模式就是这样的。”

“是这样啊。”小王定了定神，仿佛找到了对方的弱点，接下来需要进一步扩大优势，“我感觉您刚才谈到的管理方法都是很棒的，我也很受启发。但是我想这么多的改进工作，我们需要有实施步骤，您认为从哪里切入比较恰当？”

“这个我还没有仔细考虑。不过，我想饭还是要一口一口地吃，事情也是要一件一件地做。”李总监显得缺乏自信。

“好的。我们咨询方会全面了解贵公司的研发体系状况，提出一个具有针对性的解决方案，人力资源管理自然是其中的重要组成部分。这个领域还需要您多多给予帮助和指导！”小王简单礼貌地进行着总结。对于能够扳回一局，小王颇为庆幸。

事后，小王才了解到，由于业务的迅猛发展，该公司从大牌跨国公司挖来了很多中高层管理者，目的是尽快提高公司的管理水平。令人尴尬的是，这些管理者都期望按照原来公司的做法行事，由于意见不一致，大家为此进行了几次激烈的交锋，互相都说服不了对方。在协调无望的情况下，很多管理者纷纷开始在自己的管辖范围内施展拳脚，而公司却成了“马路警察，各管一段”。

明朝的儒家心学泰斗王阳明之所以伟大，是他用毕生时间去践行了“知行合一”的理念。相应的，提出一个在其他公司运作成熟的管理模式并非难事，但是让它在当前企业良好的运作起来却不简单，案例中的人力资源总监显然清楚其中的利害，于是选择了冷眼旁观。

可操作性首先体现在符合企业目前的管理基础和配套资源。企业管理者谈到优秀公司的某些管理实践时，都会产生强烈共鸣：如果这些做法可以在自家公司落实该有多好啊！令人头疼的问题就可以解决了！但往往没有实际行动。

其中很重要的原因就是，任何一种管理实践都需要资源去支撑，而现状却是所需的资源不充分或者能力不具备、配套管理体系不完整、改进意愿不坚决，所以就成了“听的时候激动，做的时候不动”。

某公司在实施集成产品开发体系时，正在考虑其中的业务决策①机制如何落实。公司成立了公司最高领导层组成的决策团队，对全部研发项目定期进行业务决策，并建立了业务决策相关的管理制度。

有人提出了疑问：公司目前同时开展的研发项目有几十个，需要进行的业务决策数量，分摊到每个月有十多个左右，按照规范的业务决策过程所需的时间，对于公司领导层来讲，根本是不可能的！

显然，目前定义的决策评审制度过于理想化，在实际工作中是无法落实的。沿着这个思路，接下来同样会有几个问题来质疑方案的可操作性：

➢ 公司最高领导层，是否关注所有的研发项目？

---

① 业务决策评审，即DCP，Decision Check Point。DCP是指公司领导层组成的决策团队，根据产品研发项目的商业价值和市场潜力，对项目进行“通过/不通过”的业务决策，目的是将宝贵的研发资源投入到最具潜力的研发项目中，使得整体投资回报最佳。

➢ 所有的研发项目，是否都需要进行决策评审？是否都应该如IPD流程中规定的那样，需要有3个决策评审点？

➢ 决策评审对哪些项目来讲，是有实际价值的？

➢ ……

于是公司怀着务实的态度，重新讨论了决策评审的实施细节，在原来基础上做出了部分调整：

➢ 根据项目重要性和业务复杂度，将研发项目分成不同类型，对各类典型项目设定适当的业务决策点。

➢ 将业务决策分为公司和产品线两个级别，并组建两级的决策团队，这样提高了决策的针对性，也减轻了公司级决策团队的工作压力。

➢ 任命专人负责制定决策评审的工作计划，每个月度划出专门时间召开决策评审会议，使得该工作例行化。

上述调整使得解决方案具有可操作性，在落实后也取得了预期的效果。

除了考虑公司管理基础和资源投放之外，可操作性还要关注执行者是否具备业务能力和工作意愿。具备能力，同时又有充分的意愿，当然是非常理想的情况；能力和意愿不是恰好满足要求，但通过短期培养使得能力达标、通过鼓励和说服使其具备意愿，也是不错的情况；但是当面对执行者的业务能力具有较大缺口，或者执行者并不积极认可的局面，改进者不得不反思：问题是否出在解决方案的可操作性上。

某公司在采取产品线管理机制，为各产品线任命了产品经理，要求产品经理对产品线的市场成功负责：对产品线设定了明确的KPI指标，将产品经理的薪酬和绩效结果关联起来。尽管激励措施比较给力，但几个产品经理先后辞职，之后也无人愿意承担。自此，产品线管理无法实施下去。

原因是什么呢？

该公司产品线管理机制推进的步子太大，已经脱离了实际的能力基础。之前，该公司并未有产品线管理的经验，也没有一套成熟的运作机制。任命产品经理，牵头负责产品线的目标落实、产品规划、市场营销，初衷是好的；但是新任命的产品经理对自己能力没有充分信心，对工作结果没有把握，因此不敢贸然接受挑战。

此时不应该诟病产品经理缺乏勇气，而单纯通过宣传、鼓动，甚至强迫使其接受任命。这里面就存在了执行者的能力和意愿不足的情况。一个比较切实可行的方案是，从产品管理制度的建立和执行入手，先不管结果，而是将过程做到位；等到产品线管理运作初步成熟后，再将绩效激励机制引入产品管理中，这样才容易被大家所接受。

再来观察咨询过程中遇到的红军、蓝军对抗案例，来感受一下可操作性对解决方案的重要意义。

华为在战略规划工作中有一个有趣的实践：红军和蓝军的对抗。红军代表着现行的战略发展模式，蓝军代表主要竞争对手或创新型的战略发展模式。蓝军的主要任务是唱反调，虚拟各种对抗性声音，模拟各种可能发生的信号，甚至提出一些危言耸听的警告。通过这样的自我批判，为公司董事会提供决策建议，从而保证华为一直走在正确的道路上。

"有一些疯子，敢想敢说敢干，博弈之后要给他们一些宽容，你怎么知道他们不能走出一条路来呢?"华为技术总裁任正非在某会议上引用法国马其诺防线失守的典故称，防不胜防，一定要以攻为主。

2008年，华为计划将子公司华为终端出售给贝恩资本，正是蓝军发现了终端的重要性，并提出了云计算结合终端的"云管端"战略，从而避免了华为"脱手"终端业务。

某高科技公司受到华为管理实践的启发，也在公司内部专门成立"蓝军指挥部"，用于发现红军策略上的漏洞，提供中肯的参考意见。然而从结果来看，远远没有达到预期目标：蓝军所提出意见基本属于较低层次，参考价值有限。久而久之，该公司取消了"蓝军指挥部"。

为什么在华为很好的方法，换了公司就走样了呢?

通过对该公司的深入了解，咨询师认为"红军、蓝军模拟对抗"方法在该公司缺乏可操作性有两方面的原因：不能和不敢。"不能"是因为该公司业务繁忙，具备规划能力的骨干人员匮乏，无力分出强有力的资源组建"蓝军"。因此实际运行中，蓝军成员的规划能力根本无法与红军对抗，低层次的对抗意见正是体现了这一点。“不敢”是因为该公司的企业文化强调严格服从，并不鼓励别出心裁，因此蓝军也不敢越雷池一步，所提意见只是隔靴搔痒，没有实际价值。

要使得解决方案具备可操作性，也就是接地气，需要投入精力去深入了解企业的真实情况，将脑海中的解决方案逐渐打磨成在企业中可以落实下去的解决方案。

◎检查清单

如何判断改进方案是否具备了针对性、合理性、经济性和可操作性等关键性特征？每个关键特征均包括了一系列具体问题。如表 4 –3 所示。

表 4 –3　关键特征说明

基本要求	主要关注问题
针对性	➢研发体系的改进目标、重点问题、解决方案这三者是否存在逻辑上的一致性 ➢解决方案是否对应了全部的改进目标 ➢解决方案在逻辑上是否聚焦、清晰、简洁
合理性	➢解决方案是否在其他公司（或者以往改进项目）中获得实施？实施经验与教训对本项目有哪些意义 ➢在解决方案中，流程制度、绩效管理、组织支撑是否相互匹配 ➢减少解决方案的部分内容，是否影响其效果？类似的，解决方案是否过于简单，而无法达到目标 ➢解决方案是否可以获得持续性改善
经济性	➢是否对解决方案的收益和代价，以及实施结果的不确定性，进行了全面评估 ➢解决方案针对普遍出现的问题还是个性问题 ➢解决方案是否具有量化（包括收益、效率、资源投入、成本、问题数量、偏差等）的分析过程
可操作性	➢解决方案是否考虑了执行细节，并达到操作级别 ➢解决方案在资源、专业能力等方面的需求，企业是否可以满足 ➢解决方案是否会受到相关干系人强烈反对而难以推广

我们利用这些问题去检查初步的解决方案，发现典型缺点意味着解决方案中存在硬伤，一旦推行下去将不可避免地碰壁。此时，应该重新审视和调整解决方案，以提高其质量。

4.3.3 发现问题与缺口

在解决方案初步合格后，仍然有很多细节问题需要其挖掘和弥补，才能锤炼出成熟的解决方案。研发改进的实施经历表明：几乎每个解决方案在实施和推行过程中都需要不断调整，才能日臻成熟。但是，如果以“即使考虑再全面，以后都需要改”为借口，对解决方案敷衍了事、妄图蒙混过关，将不成熟的解决方案去贸然实施，一旦出现重大问题，将会令改进工作搁置，根本没有调整的机会。

在问题挖掘时，需要经过实施细节论证、干系人分析、配套资源评估、影响分析四个步骤。如图 4 –4 所示。

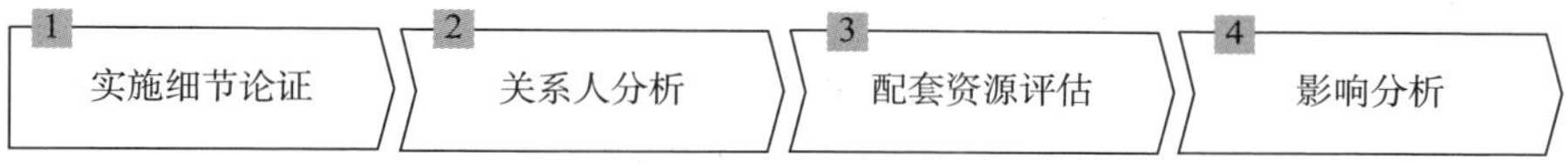

图 4 –4　问题挖掘的四个步骤

◎实施细节论证

任何解决方案都需要去实施，那么索性就让它在脑海里，或是虚拟环境里实施一下。我们可以选择几个有代表性的业务骨干，将解决方案/流程制度当成剧本，模拟着运行一下，时间可以很短，活动可以不充分，像彩排一样。只要仔细观察运行的过程，就能够发现其中不顺畅、不合理的地方。

当然最简单、最经济的方式，就是你一个人分别扮演若干个角色，在脑海里将解决方案完整地执行一遍，琢磨过程是否连贯、考虑每个角色内心的真实感受。就像运行程序出现 BUG 一样，将发现的问题记录下来，作为后续完善的目标。

在论证实施细节时，我们会关注如下几个典型问题：

➢ 这个解决方案的实施细节、具体步骤是什么？

➢ 在具体实施中会遇到哪些困难？如何克服或者规避？

➢ 实施工作是否缺乏某些必要的支撑工具或者资源？

➢ 在实施过程中，哪些人会反对？是否意味着解决方案存在缺陷？

通过实施细节的模拟，上述问题都有了明确且令人信服的答案，这说明解决方案在细节上是经得起推敲的。下面的案例展示了这一过程：

某公司引入集成产品开发体系，技术评审制度的建立是其中重要的组成部分。解决方案中明确规定，在产品研发流程中设置了若干技术评审点，并且对技术评审的执行过程、参与角色、评审要素都做了具体定义。

该公司组织研发管理和技术骨干，对技术评审制度进行细致的研讨。下面就是大家的主要意见。

项目经理首先提问："在制定项目计划时，就需要考虑将技术评审作为计划的一部分，需要多长时间呢？"按照规范要求，一次典型的评审过程需要3～5天。项目经理对此提出异议：项目周期这么紧张，根本无法为每个技术评审留出这么长的时间！

技术专家也提出："很多项目并不复杂，没有必要把每个技术评审都做得非常充分，只有复杂的产品才需要这样！"

对于制度中要求"在评审之前，需要将评审材料准备好，不能出现低级错误，否则将会影响评审效率"一项，项目经理指出："在这里，肯定需要有人对评审材料的质量把关！"同时问："谁来确定评审专家？哪些人可以作为评审专家？你选择人家，人家不乐意或者没时间怎么办？"

评审专家搞定后，就要将评审计划和评审材料发给专家。流程上规定评审专家及时反馈评审意见，防止出现没有准备就去参加评审会的情况。QA 对此表示担忧："评审专家不反馈或者在敷衍怎么办？"

……

咨询师将技术评审的全过程一幕一幕地展现出来，并在会后反复查看会议记录，总结当前解决方案存在的问题。原本以为这是个比较成熟的解决方案，在总体逻辑和操作细节方面应该不会有重大缺陷，没想到问题多得出乎预料：

- 需要根据不同项目类型设置技术评审点，而不是一刀切。
- 专人负责评审材料不能出现低级错误。
- 常常找来评审专家并不称职，导致评审效果很差。

➢ 公司是否可以对评审工作有激励措施，督促大家关注评审。

➢ 有什么办法可以提醒评审专家投入精力去检查评审材料，并反馈有价值的意见呢？

➢ ……

在制定解决方案时，改进者很容易从大处着手，高屋建瓴，忽略了这些不起眼的小问题。如果这些问题没有处理好，将使得实施效果大打折扣，甚至根本无法实施。通过实施细节的论证，可以提前发现实施中遇到的多数问题，从而有针对性地完善解决方案。

◎干系人分析

干系人的能力和意愿决定了解决方案是否能够被落实到位。由于多数的企业并非拥有军队一样强悍的执行力，研发体系的管理者也没有生杀予夺的权力去驱使大家改变原来习惯的工作方式，因此在完善方案时必须要考虑主要干系人的实际态度。

哪些人属于主要干系人呢？一个寓言故事就说明了这一点。

一只母鸡和一头猪是朋友。一次，两位商量着要合作项目。

鸡说：“咱俩关系这么好，合作点项目吧？”

猪说：“合作什么项目？”

鸡说：“我考察市场，咱俩合作鸡蛋火腿肠项目，一定畅销。”

于是在鸡的动员下，猪不经过思考就签了协议，生产鸡蛋火腿肠，而且还做了法律公证。

这个协议签完了，会发生什么事情呢？鸡回去下蛋就可以了，猪却要献出生命啊！

在这个故事中，母鸡和猪都是干系人，不过重要程度不同：猪需要全情投入、舍命相助；母鸡只是负责摇旗呐喊，不必做关键性的付出。由此可见，猪的角色就是主要干系人，必须在解决方案中对其予以足够重视。

IBM 日本总部曾发生过一个著名的“东京事件”，起因是 IBM 东京公司高层决定秘密重奖几位工作出色的骨干分子。这在美国 IBM 本部也是一种例行的激励手段，但让管理层意想不到的是，领奖的几个人刚走不久，一些没有得到奖励的人就跑来要求辞职。

他们这么做倒不是闹情绪，原因很简单：别人被重奖，而自己没有得到奖励，证明自己工作成绩不突出，得不到领导认可，继续“混”下去没劲儿，还不如自己知趣点，主动申请走人，免得日后被老板裁掉那么尴尬。

令管理层想不到的是，等这些人刚走，那些受到奖励的人又跑来要求辞职！原因更简单：由于自己被老板重奖，害得同事们丢了饭碗；而同事因此辞职又害得公司工作陷入被动。所以，既对不起同事也对不起公司，只好坚决辞职，以谢同事和公司。

IBM 的东京高层并没有意识到员工之间具有如此之深的认同感，以致重奖少数“功臣”的同时挤走多数的“群众”。由此可见，对干系人意图的充分了解，不能仅仅停留在口头上。

对于研发体系改进而言，主要的干系人包括赞助者、执行者、监督者和重要旁观者四类角色，他们具有完全不同的业务诉求。如表 4 –4 所示。

表 4 –4　干系人的业务诉求

干系人	定义	关注点
赞助者	研发体系改进工作的发起者和决策者，比如企业的总经理、研发总监等	➢是否能够解决目前重点业务问题 ➢是否会对现有业务造成负面冲击或者为组织带来动荡？风险可控程度如何 ➢改进收益和见效时间怎样 ➢改进工作的投入产出是否得当
执行者	解决方案/流程制度的具体执行者，比如产品经理、项目经理、项目团队等	➢是否可以提升个人的工作效率、减少工作中的困扰，甚至是工作量 ➢是否需要学习更多知识、面对陌生的工作模式、带来新的困扰和不确定性 ➢是否能够提升个人在组织中的地位 ➢是否能够为个人带来利益
监督者	监督与评估解决方案落实情况，比如项目管理部门、PQA、部门经理等	➢是否需要为此增加额外的工作量 ➢在监督过程中，是否有明确的标准和工具 ➢监督工作是否会引起他人的反感 ➢监督工作是否具有价值，并获得他人的认可

续表

干系人	定义	关注点
重要旁观者	与解决方案并非直接相关，但其本职工作和心态会受到影响，比如部分中层管理者	➢本职工作是否受到影响和改变 ➢个人的权力、利益是否会受到影响

在实际工作中，主要干系人的意愿和能力对方案落实具有决定性影响，而各类干系人的影响程度也不尽相同。比如对于执行者而言，是否具备足够的业务能力是体系运行的根本保证，同时也需要积极的态度。而对于赞助者而言，其坚定的推行意愿就显得尤为重要。针对不同的解决方案、解决方案的不同模块，干系人的能力和意愿都可能有所差别，需要对此仔细分析，采取积极措施去弥补关键性的差距。

表4－5展现了一个简要样例。

表4－5　能力和意愿对方案落实的影响

干系人	能力影响度	意愿影响度	弥补措施（样例）
赞助者	–	***	提供逻辑严谨的解决方案 定期汇报工作进展 参与重要研讨与决策
执行者	***	***	专业培训、建立工作范例 采用正向激励为主的引导策略
监督者	**	*	提供可操作性的监督标准 将监督的工作量控制在合理范围内
重要旁观者	–	*	向重要领导通报、大规模宣贯

某软件开发公司，在推广编程规范的过程中，就充分考虑了主要干系人的切实情况，采取一系列有针对性的措施，打消了各方面的顾虑，在短期内达到了改进目标。

该公司在长期软件研发过程中，一直没有对编程规范进行明确要求，这样对产品稳定性、维护性带来不小的麻烦。于是该公司决定严格推行编程规范：《编程规范》撰写好后，通过了小范围适用，接下来就是如何进行全员推广。

不妨对主要干系人进行具体分析。如表4－6所示。

表 4－6　主要干系人的主要观点

主要干系人	主要观点
赞助者，即研发总监	决心推广编程规范，减少产品的质量问题 担心引起员工不满，影响工作积极性，甚至离职
执行者，即软件项目经理、软件开发工程师	多数工程师持抵触态度，认为对工作质量提出了更高要求，改变了工作习惯，感觉没有必要性 增加了工作量，并不能带来收益
监督者，即 QA（质量保证工程师）	赞同推广工作 对由此增加的工作量（主要是代码检查、度量统计等），并不情愿 担心影响同事关系
重要旁观者，无	——

在软件公司里，遵循编程规范是基础要求。对软件工程师来讲，并非提出了难以企及的技能要求；工程师从熟悉规范到遵循，大约需要一周时间。咨询师得出的结论就是，从技能方面来讲并不存在障碍，主要阻力来自大家的心态。

针对赞助者的顾虑，实际上是不存在的。目前尽管工程师的工作压力较大，但工作氛围尚可，不存在成规模离职的可能性；推广工作难度较小，不会诱发不满，可以通过沟通打消赞助者的顾虑。

针对工程师的反对，主要源于改变工作习惯的不满，但是通过适当地引导和督促，并非不可逾越。值得注意的是，该公司一直以来温和的管理方式，使得任何一项制度的推行过程都比较漫长，如何克服惰性才是关键。

综上分析，可以采取“软硬兼施”的策略进行编程规范的推行工作，解决方案的具体步骤如下：

➢ 组织业务骨干对《编程规范》进行集中评审，以供软件工程师和 QA 去遵循和使用。

➢ 责成研发骨干在公司范围对《编程规范》进行培训，使大家对规范要求有准确理解；同时结合以往的典型质量案例，传递统一编程规范的重要意义。

➢ 要求在统一的时间点，实施新版的《编程规范》，项目组内部互相检查，QA 进行抽查，通报所发现的不符合项，为期一周。

➢ 在第二周，继续项目组互检和 QA 抽查的工作，对于发现的不符合项进行公司范围的通报批评。

➢ 从第三周开始，进行项目组之间的互检/抽检，QA 负责组织，对于不遵循规范者进行停职培训，所在项目绩效降级处理。

在上述案例的解决方案中，由于充分考虑了主要干系人的切身感受，同时也没有一味迁就，在短时间内顺利完成了改善目标。

◎配套资源评估

标杆公司的研发体系令人耳目一新、运作协调顺畅，仿佛研发出高质量产品就成了顺理成章的事情。事实上，产品成功的背后，充足的资源投入是必不可少的。同样的，改善解决方案时也应该评估企业的承担能力。主要的配套资源包括如下四类：

- 配套的人力资源

配套的人力资源包括业务骨干的质量和数量。比如公司期望打造跨部门协同的研发项目管理机制，需要具备跨职能管理和大规模项目管理经验的项目经理；公司引入敏捷开发模式（以 Scrum 为例），则需要有人胜任 Scrum Master 和产品负责人，同时对研发工程师的专业能力提出了更高要求；公司考虑产品线管理模式，则是以培养合格的产品经理为前提。

- 配套的管理机制

在研发管理体系中，流程制度并非孤立存在的，流程规范、绩效激励、组织模式这三者需要相互匹配。一个典型的案例就是，某公司期望对优秀的研发项目进行奖励，改变以往拍脑袋的评价方式，则需要以一套项目度量体系为前提。但是由于管理基础不具备，项目的奖励机制只好暂时搁置。因此，某些看起来不错的管理实践能否适用于某个企业，还需依管理基础而定。

- 配套的资金

资金的投入是最明显的，招聘人员和扩充团队需要钱、上马信息化系统需要钱、发奖金需要钱，甚至组织培训都需要钱。如果仔细计算一下研发体系改进方案需要投入的资金，还真有可能让人大吃一惊。

- 配套的信息化系统

有些工作靠人工去完成，简直是不可能完成的任务；如果交给信息化系统，那就是轻而易举的事情了。比如提供各种项目状态的报表、工程师的工作负荷情况、设计变更的流转、BOM 的生成与变更等，都是信息化系统所擅长的。某些解决方案在拥有信息系统支撑的条件下，显得游刃有余；当条件不具备时，则需要权衡系统实施的必要性。

◎影响分析

战国时的赵武灵王，为了摆脱国势衰落、备受侵扰的不利局面，毅然发布了“胡服骑射”的政令。结果立即遭到国内许多皇亲国戚的反对。赵武灵王力排众议，冲破守旧势力的阻挠，坚决实行向夷狄学习的国策。实行胡服的次年，赵国就建立起以骑兵为主体的军队，它在对中山国、北方匈奴的作战中取得了重大胜利。可以说，经过“胡服骑射”改革的赵国，成为当时除秦国外，国力最强的国家。

如果赵武灵王面对反对意见，不是着眼于国家的长期发展而选择坚持，却屈从于当下守旧势力的阻挠，就不会造就赵军强大的战斗力。

解决方案不仅要解决当前主要问题，还必须着眼未来。两弊相衡取其轻，两利相权取其重。比如某公司从事客户定制产品开发，发现多数项目不是批量小，就是利润低，资源不堪重负，公司整体盈利能力不理想，部门之间也互相指责。假设为了缓解矛盾，公司为项目金额、毛利率设定了门槛，低于最低额度的项目不接纳。这种方式在短期具有明显正向的效果，但久而久之，弊端就凸显出来，公司项目数量日趋减少，市场影响力也在逐步缩小，最终错失了很多重要客户。因此，从长期来看，该解决方案构想是不合格的。

我们再看一个关于产品线绩效评价的案例：

大型的通信设备制造商一般会拥有多条产品线，各产品线基本保持独立，同时各产品线需要结合起来形成一个完整的解决方案提供给电讯运营商。如何对诸多既独立，又合作的产品线进行绩效评价？

在 2002 年，华为公司的总裁任正非曾有过这样的阐述：“产品线要考核和核算，但不要说哪个产品赚钱，哪个产品不赚钱，赚钱的就趾高气扬，不赚钱的就垂头丧气，这样公司很快就崩溃了。就像 N 公司的例子，几年前我去 N 公司时，请了手机部经理、基站部经理和系统部经理来交流，手机部经理和基站经理都神采奕奕的，系统部经理就垂头丧气的，就是因为他们实行产品线考核，结果这样他们的核心网和光网络就垮掉了。我们不能这样考核，今天是你贡献，明天是他贡献，大家都在贡献，我们要这样考核。

“公司对于整个研发体系的考核：一是考潜力的增长；二是对公司的贡献。潜力的增长是对未来的贡献，现在的贡献就是收益，对整个大团队的考核必须兼顾这两方面。对每条产品线的考核不要太偏重利润率，要明确公司给你的目标是什么，给你什么样的资源，要围绕目标来考核。如果说光网络今天不赚钱了，不要光网络了，结果也无法使交换机进步。我们要均衡发展，今天不赚钱的项目也要加大投入，今天赚钱的项目要加大奉献。我们希望长远地生存下去，因此评价要从长远角度考虑。”

4.3.4　优化解决方案

优化解决方案就是弥补方案推敲时发现的缺陷和差距，可能是在细节方面进行调整、可能是对所需的配套资源进行补充，也可能是重新思考解决方案。

我们通常需要考虑如下问题：

➢ 针对所发现的问题，在原有方案的基础上进行删减、调整、新增，或是充实细节，提高方案质量，是否可以有效弥补上述差距和缺陷？

➢ 设想在解决方案实施的过程中，与现行的工作方式相比有哪些较大差异及所引起的困难，这些困难是否有克服的手段？

➢ 对于不同的干系人，是否存在反对和抵触的态度？对其中的合理意见，可以考虑吸收和采纳；对其中的不合理意见，是否有办法将其限制在一定范围内以降低负面影响？

➢ 如果目前的解决方案需要被推翻，那么从中获得了哪些经验教训？

接下来我们看几个完善解决方案的案例：

◎解决方案的简化

某公司进入行业发展的快车道，发现产品开发流程问题很多。如图4－5所示。

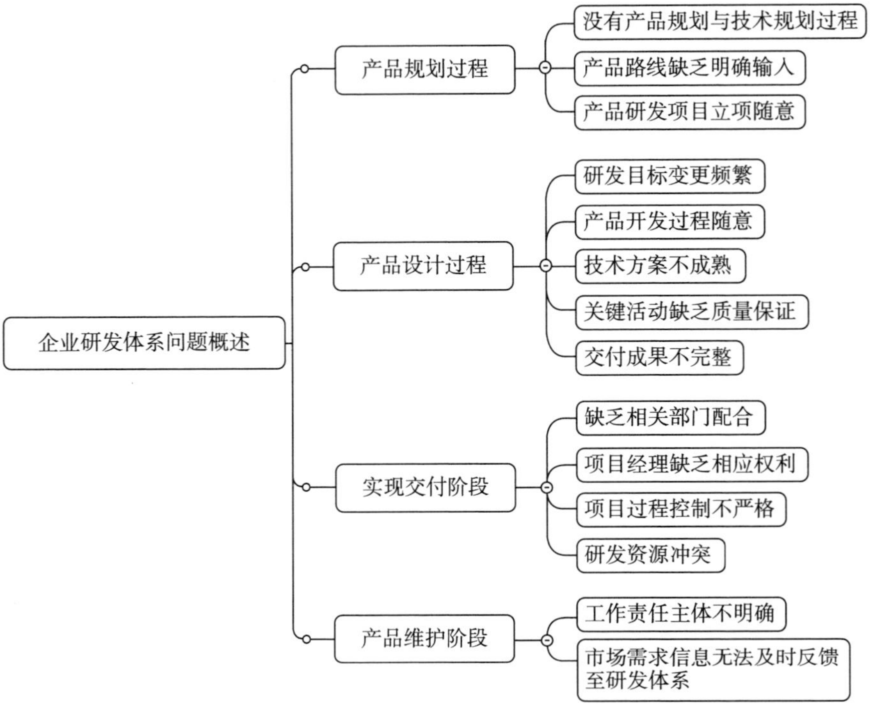

图 4－5　企业研发体系问题概述

为了解决上述问题，相应的改进思路如图 4－6 所示。

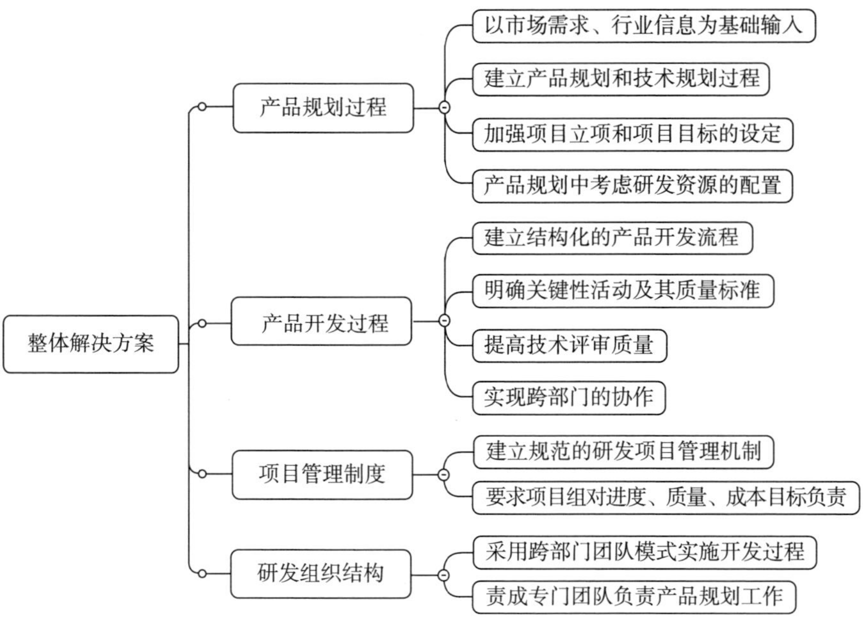

图 4－6　整体解决方案

该解决方案具有明确的针对性，基本与主要问题相对应。在进一步分析解决方案时，咨询师发现产品规划过程上存在资源和业务能力问题。该公司规模较小，目前缺乏产品规划人员，更谈不上具备市场分析、信息处理、路标规划等业务能力，而这些能力却是做好产品规划工作所必需的。另外，该公司并非行业领军企业，无论在企业规模、产品竞争、市场份额等方面与行业标杆具有相当大的差距，产品策略以跟随为主。

如何完善解决方案中规划过程出现的问题?

一种方式是投入资源到规划工作，这项资源并非简单地加几个人，而是需要真正具备规划能力的专业人员，短期内获取方式主要是招聘，但鉴于行业特殊性，招到合适人员并不容易；如果公司内部提拔，则需要较长时间来进行能力培养。

另一种方式是放弃产品规划工作，通过加强项目立项与评估的环节去弥补缺乏产品规划带来的漏洞。对于该公司目前阶段而言，这是比较适当的选择。公司在行业中当前所处地位和既定的“跟随”战略决定了规划工作并非重中之重，通过立项评估工作基本可以保证产品研发方向，同时也节省了资源投入。

综合考虑上述因素，将初步解决方案中“产品规划”部分去掉，同时强调了“项目立项”工作。这样，在不降低改进目标的前提下，考虑到企业现状，简化了解决方案及其操作难度。如图4－7所示。

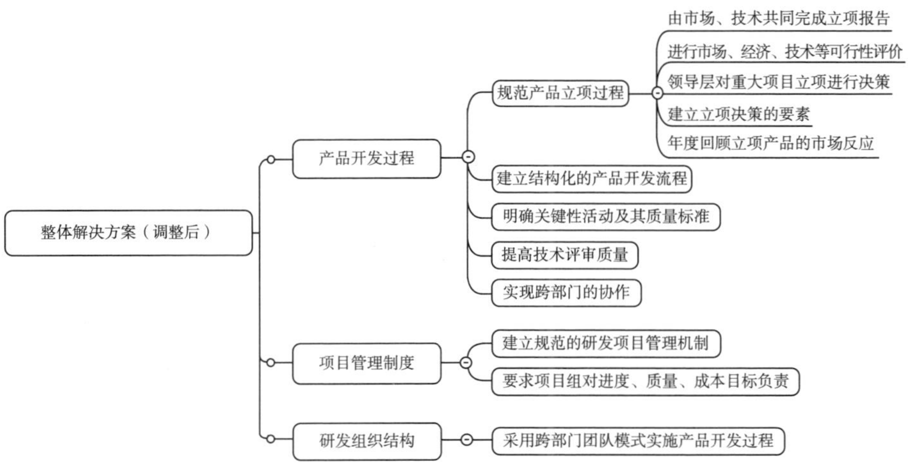

图4－7　整体解决方案（调整后）

◎设计与工艺的协同

某机械设备制造商对产品研发流程进行改进。在考虑跨部门协作时，大家将注意力放在产品设计与工艺工程的配合上面。由于产品交付周期越来越短，两个部门在协作中的矛盾也逐渐凸显出来。目前的工作模式如图4－8所示。

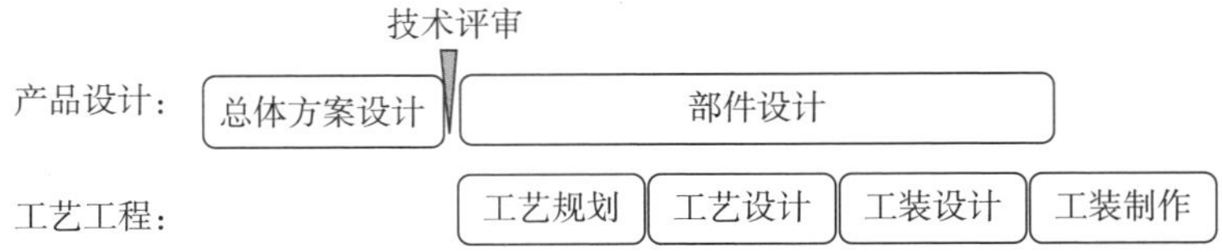

图4－8　某机械设备制造商的工作模式

在完成方案设计之后，设计部门主要开展“部件设计”工作，期间会生成大量的部件图纸，这些图纸提供给工艺部门进行工艺系列工作。事实上，两个部门的工作多数情况是并行的，由于设计图纸并没有通过最终评审，在“部件设计”过程中出现了很多更改，这影响到工艺准备工作，频繁的更改着实令其招架不住。

为了解决困扰两个部门的难题，改进小组提出了图4－9的解决方案。

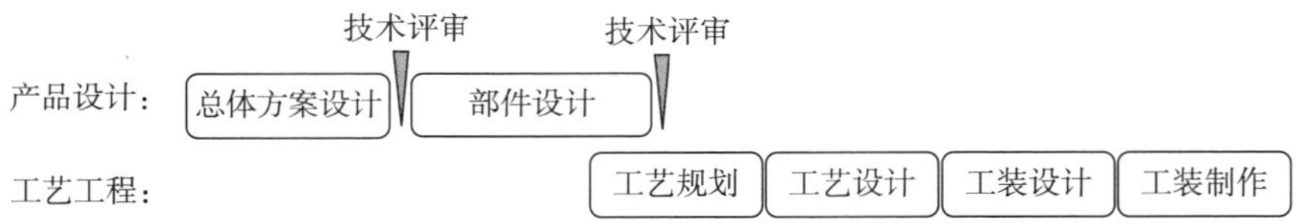

图4－9　改进工作模式

其思路就是将原来的并行工作模式改为串行，在“部件设计”完成后进行技术评审，以保证图纸的质量和齐套性，减少返工变更。

粗看起来，这个解决方案明确界定了产品设计和工艺工程两个部门的分工界面，减少了由于设计不成熟而造成的大量变更，也解决了两个部门的工作矛盾。因此，好像是个合格的解决方案。

但这种调整付出了时间代价！在原来的方式下，完成“部件设计”和“工艺准备”的全部工作，大约需要50天；在新的方式下，完成同样的工作，通过估算，却需要70天左右的时间。在产品交付越发紧张的趋势下，这种解决方案是不可行的。

那么是否需要走回原来的老路？

通过进一步分析，改进者发现并非没有改进空间。设计和工艺并没有形成良好的协作关系，工艺人员不知道设计会出什么样的图纸、设计人员也不知道工艺需要什么样的图纸，双方都是按照自己的习惯安排工作进度，并没有为对方考虑。对于图纸变更所带了成本损失，设计人员并不关心，认为只要按时间完成工作就可以。针对这样的实际情况，比较务实的解决思路如下：

➢ 设计与工艺部门开展协同办公，明确双方的工作进度和具体需要，共同制定详细的工作计划。

➢ 将设计工作、工艺工程进行分解和细化，明确活动之间的依赖关系，为具体项目开展提供帮助。

➢ 设定图纸/文档变更（由于设计错漏所造成）的 KPI 指标，纳入技术部门的绩效考评。

其中第二点改进建议对技术要求极高，因此，咨询师邀请了对设计和工艺工作都非常熟悉的资深专家进行研讨，还邀请了优秀项目团队分享其工作经验，很快就总结出若干条行之有效的工作指引。

4.3.5 优选解决方案

如果我们能够提出若干不同的解决方案，就需要在这些方案中选优。值得注意的是，优选的目的并非“矮子里面拔将军”，或是证明某一个解决方案具有压倒性的优势，而是面对几个合格方案时做出取舍。

方案优选时考虑的维度并不固定，每个人都可以根据需要建立自己的评估准则，下面提供了一个典型的参考标准。如表 4-7 所示。

表 4-7 方案优选时考虑的维度

评价维度	说明
实施风险	解决方案实施过程中的不确定性，比如企业外部和内部变化对实施造成的影响、关系人改进的意愿不坚决等
改进收益	解决方案为企业带来的正面收益，比如效率提升、周期缩短、成本降低、质量提高等

续表

评价维度	说明
成本代价	为实施改进方案，企业所付出的成本和引发的负面影响，比如提高质量的同时，降低了发布速度
见效周期	包括解决方案获得推行落实，直至获得明显效果的时间跨度，见效周期显然越短越好，否则将使企业缺乏耐心而中止，或者形势变化导致解决方案失去时效性
复杂程度	包括整个解决方案所涵盖的模块、与企业当前运作模式的差异程度、实施范围，复杂程度高意味着改进失败的可能性随之提高
后续影响	对企业长久发展造成的影响，比如企业奖励“救火英雄”“加班狂人”，短期内可以激发工作热情，长期来看并不利于提升效率

下面的模拟案例展现了研发体系中不同奖励方式的优选过程。

某企业为了激发研发人员的工作积极性，考虑对研发工作进行绩效评价，并给予相应的奖励。绩效激励形式主要有两种，分别是绩效奖和项目奖，如何在两者之间进行选择？

可以通过表 4 –8 进行对比。

表 4 –8　绩效奖和项目奖对比

对比项	绩效奖	项目奖	说明
实施风险	***	**	项目奖的实施风险在于奖励覆盖不完整而造成的矛盾，绩效奖的实施风险在于容易丧失激励作用
改进收益	***	**	两种都可以获得激励作用，绩效奖具有更理想的效果
成本代价	**	*	相比绩效奖，项目奖操作简单，不需要积累大量的基础数据，对评价人/项目经理的要求并不高
见效周期	*	***	项目奖能够在较短时间内得到落实，对项目有及时的激励作用
复杂程度	* * *	*	绩效奖的难点在于绩效目标和绩效评价，项目奖的难点在于项目目标的设定，相对而言，前者具有更大的难度
后续影响	* * *	*	绩效奖更为均衡全面，对研发体系有理想的促进作用

企业可以根据上述对比结果、结合企业目前状态去选择何种激励机制。需要注意的是，脱离了企业现状去评判两种激励方式的优劣是没有实际意义的，两者都有各自的使用场景，某些企业在管理实践中也会将两者结合起来。

本章要点

1. 解决方案需要历经一个严谨的完善过程，才能付诸实践。

2. 针对性、合理性、经济性和可操作性，是判断一个解决方案是否合格的四个关键性标准。

3. 过度规范、复杂的解决方案通常难以落地。

4. 完善解决方案时，需要考虑到主要干系人的意愿、配套资源是否到位，以及对未来工作造成的影响。

5. 优选的目的并非“矮子里面拔将军”，而是在合格方案中选择最优。

第 5 章

推行解决方案

在解决方案的推行过程中，最主要的风险来自人的因素。比如干系人是否认可解决方案并努力执行下去？采取哪些有效措施可以提升执行者的业务能力，以满足解决方案的要求？如何面对各种不同的声音？诸如此类，这些关于人的问题，如何处理得当，将推动解决方案落实并获得收益。否则，将会令之前的努力半途而废。

本章展现了实施过程中的典型问题及其应对措施，尤其是客观、慎重的应对干系人的不同意见，以获得理想的推行效果。

将解决方案在工作实践中推行并获得预期效果，是整个研发体系改进中决定意义的一环。否则，无论看起来多么先进的解决方案，只不过是飘在天上的空中楼阁。

诸葛亮的“隆中对”展现了他作为大政治家的高瞻远瞩、远见卓识；更为难能可贵的是，他用毕生精力去实践自己的战略构想。提出高质量的解决方案并非易事，将其付诸实践则更具挑战性。作为体系改进的操刀者，显然也应该对此给予充分重视。

对于企业而言，体系推行过程中，工作量最大、压力最大的就是负责推行的项目经理。下面是一封来自推行项目经理Z的求援信（节选）。

尊敬的××老师：

您好！

××咨询公司已经帮助我们公司设计了一整套研发管理体系，并通过了大家的评审。但是这个项目的范围并不包括体系推行工作，而且体系本身还缺乏很多细节流程的支撑。鉴于时间和资源等因素，公司领导要求尽快推行，务必获得明显效果，我被任命为负责推行的项目经理。

在具体的推行工作中，我遇到了很多棘手的问题，请您给予帮助指导。

首先，就是大家配合度的问题。尽管在动员会上，大家都表态要全力配合。但是在研发工作中，还是按照原来的路子行事。比如流程要求项目经理在项目初期制定完整的项目计划，里面包括进度、资源、交付件、质量等管理要素，项目经理仍然只是搞个进度计划，其他的就被忽略了。

其次，就是职责转变问题。我们本来期望通过组建跨部门的项目团队，全面负责项目过程中的事项，以加快项目速度；但在需要协调时，项目组还是要请示部门经理，本质上和原来的运作模式没有太大的区别，甚至更加烦琐。

最后，实际效果问题。公司领导对体系推行寄予厚望，我的压力很大。本来设想可以很快见效，但是很多同事反映：新的体系比原来更加烦琐，需要额外输出很多文档，研发周期又很紧张，根本没有时间把流程走完，只能应付一下。

……

我现在真不知道何去何从，甚至怀疑自己是否早就应该拒绝这个任命。请您给我中肯的建议。

从这封信中，能够感受到这位推行负责人的焦灼心态，面对困境他显得束手无策。那么如何做好解决方案的推行工作呢?

5.1 运筹帷幄，决胜千里

在推行解决方案的过程中，改进者很是希望一切尽在掌握，达到“运筹帷幄，决胜千里”的程度。然而实际工作并非一帆风顺，常常会遇到很多的意外状况。为了减少阻力，改进者需要按照系统化的步骤开展推行工作。

研发体系推行一般包括两个阶段：试点运行和全面推行。前者类似产品的中试过程，目的是验证体系的成熟度，修正体系在实际运作中暴露的问题，并为全面推行积累经验；后者类似产品的量产过程，将新的体系逐步在更大范围内获得执行，并获得改进效果。

之所以分为两个阶段，主要原因是为了规避风险，不至于将不成熟的体系贸然全面推广，以致问题大范围暴露而无法应对。在风险可控、复杂度低的情况下，也可以选择将两个阶段合并起来。推行工作过程如图 5 –1 所示。

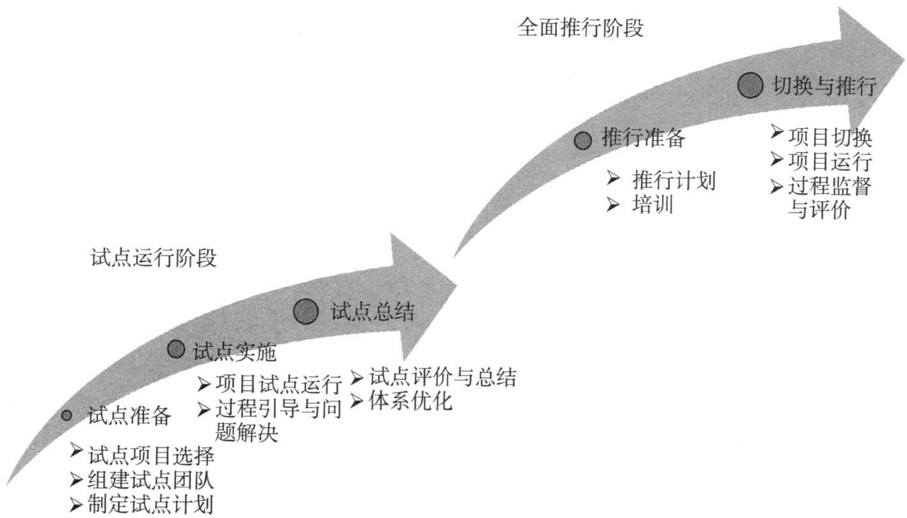

图5－1　推行工作过程

下面对关键性活动进行简要说明。

◎试点运行阶段

●试点项目选择

试点项目选择的标准包括覆盖被验证体系/流程、具有通用价值、资源充分、项目团队意愿积极等。笔者曾经遇到选择过于轻量级项目作为试点的情况。这样的项目只能验证方案的一个子集，尽管很大程度上规避了风险，但是却没有起到试点作用。问题没有真实地暴露出来，公司将没有足够的经验与信心开展后续推行工作。

表5－1展示了试点项目的选择和验证内容。

表5－1　试点项目的选择和验证内容

序号	项目名称	项目经理	项目类型	试点验证内容				
				试点周期	流程阶段	评审点	团队运作	项目管理
1	XXXX产品开发项目	张三	全新	2015.5—2015.12	立项→概念阶段：流程，活动说明，文件模板；	Charter；CDCP；TR1－2；相关要素表；相关文件模板；	IPMT；ITMT；PMT；PDT；运作手册；职责说明；	项目管理规程；质量保证指导书；相关文件模板；

续表

序号	项目名称	项目经理	项目类型	试点验证内容				
				试点周期	流程阶段	评审点	团队运作	项目管理
2	YYYY 产品开发项目	李四	全新	2015.4—2015.12	规划→发布阶段：流程，活动说明，文件模板	PDCP ADCP TR3－6 相关要素表 相关文件模板	IPMT ITMT PDT 运作手册 职责说明	项目管理规程 质量保证指导书 相关文件模板
3	ZZZZ 产品开发项目	王五	改进	2015.5—2015.12	开发→验证阶段；流程，活动说明，文件模板	EDCP ADCP TR7 相关要素表 相关文件模板	IPMT ITMT PDT 运作手册 职责说明	项目管理规程 质量保证指导书 相关文件模板

● 组建试点团队

与试点相关的组织包括试点项目团队、推行团队、领导小组。其中，项目团队是执行和验证新体系的主体；推行团队负责为项目团队铺路搭桥，创造条件，以及引导落地；领导小组则需要听取试点运行的进展情况，并提供支持。

值得注意的是，对于复杂的制度体系推行，推行团队不仅需要告诉项目团队做什么，更应该明确具体做法和交付标准。比如在推行绩效管理制度中，推行团队开展培训，让相关人员充分明确绩效计划、绩效辅导与反馈等工作的详细步骤，并指导具体操作。

● 制定试点计划

试点计划类似于产品开发计划，涵盖了试点准备、试点实施和总结的整个过程。表5－2为某试点运行计划的片段。

表5－2 某试点运行计划的片段

序号	任务	交付成果	责任人	时间
1	试点准备		张三	
1.1	组建推行项目组	项目组任命	张三	
1.2	确定推行策略、目标及范围	试点项目、推行策略等	李四、王五	
1.3	制定沟通培训计划	沟通培训计划	王五	

续表

序号	任务	交付成果	责任人	时间
1.4	建立问题反馈渠道	问题反馈渠道	李四、王五	
1.5	推行开工会议	开工会议程、纪要	张三	
2	试点实施		张三	
3	试点总结		张三	

- 试点评价与总结

在完成试点项目后，需要对试点效果进行评价。评价重点包括试点项目绩效、运行过程中遇到的问题等。同时，根据试点执行情况，对新体系进行必要的修改和调整。

在完成试点之后，需要做出如下重要判断：

➢ 新体系是否已经被验证有效并且足够成熟，可以进行全面推行？

➢ 如果新体系缺乏效果，是否需要进一步修正，或者被放弃？

➢ 全面推行需要提供哪些资源和条件？

请注意，试点几乎是修正缺陷、规避风险的最后机会。一旦进入大规模的推行，就好比“按下了核武器的按钮”。尽管也可以在问题突出时做出调整，但将付出不小的代价，并留下朝令夕改的负面印象。所以，试点工作一定要做实、做细、做透，为全面推行做好充分准备。

◎全面推行

尽管从过程和活动来看，全面推行类似于放大版的试点运行，但是全面推行工作担负着让改进方案在更大范围得到落实，并取得预期收益的使命。随着推行对象的差异，全面推行的难度和工作量也存在很大差异。

表5－3展现了一个典型的全面推行工作，所需要完成的工作目标及其典型方法。

表5－3　全面推行工作的方法与目标

工作目标	主要意义	典型方法
建立度量体系	以量化方式客观衡量改进效果	➢建立度量体系 ➢收集度量数据 ➢分析和评估改进效果

续表

工作目标	主要意义	典型方法
业务能力提升	使得业务能力满足改进方案的要求	➢业务能力分析、资源规划 ➢培训、招聘、能力评价、过程引导、工作指导等
组织职责切换	组织运作适应于改进方案的要求	➢组织结构、工作职责调整 ➢培训、沟通
流程制度切换	流程制度在广大范围得到落实并固化	➢培训、引导 ➢建立标杆和样例 ➢监督 ➢沟通
绩效评价切换	牵引改进方案落实	➢建立/调整绩效管理机制 ➢设定绩效目标 ➢收集绩效数据和相关信息 ➢实施激励机制

在全面推行阶段，沟通占了很大比例的工作量，包括培训、信息通报与汇报、问题解决与引导等，目的就是让相关干系人充分了解改进的意义，明确自己的工作内容，以减少推行的阻力。

另外，获得实质性的改善，常常伴随着业务能力的真正提高。比如某公司决定引入 FMEA① 以提高产品设计质量，仅仅绘制产品故障树是远远不够的。更重要的是故障模式的识别能力、失效数据的积累和分析能力等。这些才是支撑 FMEA 真正发挥作用的关键。关键能力的提升是改进工作成败的决定性因素，没有能力支撑的改进仅仅是形而上学，就像聘请世界名帅来执教缺乏基本功的运动队一样，无法获得真正效果。

让我们回到 Z 经理的那封求援信，如何给出合理建议呢?

不得不遗憾地承认，当前该推行负责人进退维谷：公司领导层、执行层（研发团队）对该解决方案的看法具有很大差异。短期内无法调和的矛盾，集中在这位负责人身上。他有两种选择：一是伺机离开这个棘手的岗位；二是勇于面对现状。这里关注后者。

面对这种情况，需要遵循两个原则：一是规避风险，无论如何业务中

① FMEA，Failure Mode Effect Analysis，故障模式影响分析。

断是不可接受的，不能由于改进工作而冲击研发工作的正常运转和有效产出。企业管理者务必要将风险控制在较小范围内；二是“实践是检验真理的唯一标准”，那些未通过实践验证的，或者在验证中缺乏效果的改进方案应该被果断放弃或者调整。

基于上述两个原则，笔者认为当务之急并非将并不成熟的管理体系进行全面推行，而是尽快验证方案的有效性，根据试点结果确定后续工作。因此，笔者对该负责人的建议如下：

➢ 将目前管理现状如实向相关领导进行汇报，包括推行进展与收效、有关人员的观点、当前的主要问题等。目的是让领导层清醒地认识到问题所在，利于决策和工作支持。

➢ 建议放弃立即全面推行的设想，规避风险。选择两三个适当的试点项目，认真履行新设计的业务流程，并且配置专人负责试点项目的引导和检查，根据试点结果评估方案的有效性。

➢ 鉴于底层细节流程缺失这一现状，可根据需要制定计划去逐步完善流程制度，以支撑工作开展。

5.2 方案推行实战

不同难度的推行对象，其推行方法和力度有所区别。一般来讲，如果方案简单，推行过程倾向于简洁；方案复杂且涉及领域较多，则需要相对完整的推行过程，也会耗费更多时间。

下面我们看几个体系推行的实际案例：

◎案例一：开发项目计划的落实

Watts S. Humphrey①，享誉世界的软件质量之父。在他担任 IBM 商业

① Watts S. Humphrey，ACM 会士，IEEE 终身会士，卡内基—梅隆大学软件工程研究所（SEI）的资深研究员，SEI 软件过程研究奠基人，SEI 软件过程成熟度模型发明人。

程序开发实验室负责人之际，IBM 360 系统已经发布，硬件将陆续交付用户，但是360 编程系统的设计仍未完成。在过去一年里，原定交货日期已经拖延几次，没人相信交货日期。

为此，Watts S. Humphrey 走访实验室、会见管理人员，了解工作进展情况。每到一处，被要求提供开发计划和进度时，管理人员都拿不出像样的工程计划，一些小组只是随便涂几笔而已；当问及开发软件的最佳方法，他们都大谈评估和计划，但是问及为什么不按这一方法展开工作，他们则回答没有时间。

由于360 系统极为关键，Watts S. Humphrey 决定获得管理层的支持。如果项目团队事先未能提交书面开发计划，将不得给任何项目提供资金，不得发布其产品。每个小组必须为当前项目制定计划，并且要得到其他小组的赞同。这项指令在所有实验室中引发了一场恐慌，但是也取得了预期的效果：开发小组在90 天内完成了原定计划，并且在接下来的两年半内从未延期。

产品开发计划的重要性是显而易见的，IBM 的管理人员却并不打算制定一份可遵循的项目计划，给出的理由也很牵强。从描述可以判断，未能执行的根本原因是没有形成职业习惯，以及缺乏必要的惩罚。

如何应对这些职场老手？显然说服教育、以理服人无法在短期内见效。Watts S. Humphrey 祭出了撒手锏：没有书面计划就没有预算，并且获得了领导层的坚定支持。尽管引起了“恐慌”，结果却是令人满意的。

在这个简洁有力的案例中，推行对象是一项名为“制定并执行产品开发计划”的管理制度，并不涉及其他相关的管理制度，同时公司也具备落实的前提条件，推行难度不高，只是缺欠强力推动。因此，采取短促有力的措施，很快就可以看到效果。

◎案例二：产品规划制度的落实

某企业为解决资源配置不合理、产品研发缺乏前瞻性等问题，建立了崭新的产品规划流程，需要进行试点运行。图 5－2 展现了完整的推行计划。

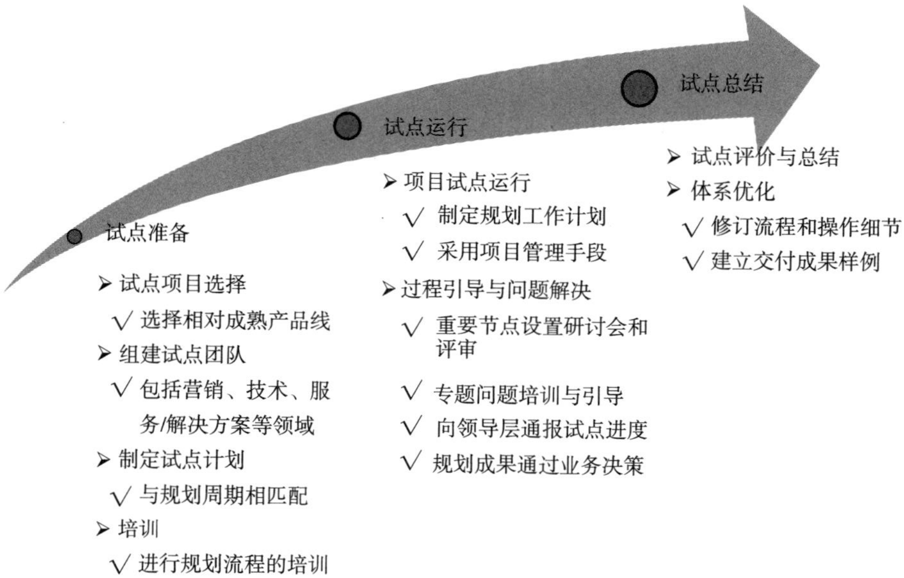

图5－2 完整的推行计划

规划工作对该企业来讲是新鲜事物，需要一个熟悉、提高的过程。在推行工作时，应该帮助试点小组将细节做到位，获得相关干系人的认可。表5－4是需要重点关注的活动。

表5－4 需要重点关注的活动

序号	重点活动	说明
1	试点项目选择	➢选择比较成熟的、主打的产品线，有利于规划工作开展，规划成果也容易被认可 ➢新兴产品线，处于寻求市场突破口的阶段，对规划要求高且不确定性大，不宜作为试点对象
2	组建规划团队	➢需要研发、市场、服务和解决方案的业务骨干共同参与，并且将研发领域作为团队负责人
3	培训	➢培训的重点是规划流程及其活动细节
4	试点项目运作	➢在试点项目运作过程中，强调几个层次的沟通： ➢团队内部的沟通，形式为研讨会和评审 ➢规划团队与业务部门的沟通，将规划思路向业务部门领导进行汇报 ➢规划团队与领导层的沟通，形式为定期工作报告、规划成果汇报与决策
5	体系优化	➢分析试点运行中的问题，修订规划流程 ➢形成交付成果样例，便于全面推行

5.3 推行风险与应对措施

5.3.1 从谏如流VS力排众议

在解决方案推行过程中，常常会遇到一些疑惑、变通，甚至反对的声音，这些声音显然对工作造成负面影响。那么，我们如何应对这些不同的声音呢？

大名鼎鼎的商鞅是这样做的：

秦民初言令不便者，有来言令便。卫鞅曰："此皆乱法之民也！"尽迁之于边。其后民莫敢议令。

凡是提出不同意见的人，都被打上了"乱法之民"的标签被施以严惩，唱反调的人自然就闭嘴了。这种极为刚性的处理方式，可以使法令在短期内获得推行，令管理面貌为之一振；但是，如果无法获得多数人的支撑，将会出现人亡政息、重回旧轨的结局。更为重要的是，研发体系改进获得成功，内在动力在于关键性业务能力的提升，而不是仅仅在表面上落实一套体系制度；没有主要干系人的由衷支持，在实际执行时就会处处打折扣，是无法获得真正效果的。

那么是否需要遵循多数人的意愿，待时机成熟后再进行实质性的改进举措呢？要知道人是有惰性的，一个组织更是如此。如果仅仅凭借温和、怀柔的说服引导工作，寻求这个成熟的时机恐怕是非常渺茫的事情。

面对挑战和反对的声音，拿出和风细雨的工作作风、等待水到渠成的机遇到来，结果却"我本将心向明月，奈何明月照沟渠"。反其道而行之，拿出"虽千万人，吾往矣"的气魄，对反对声音进行迎头痛击，乃至压制，又会造成大家的抵触情绪，而无功而返。

那么应该采取什么态度应对这些不同的声音呢？折中的态度是否会获得更好的效果呢？

实施改进的唯一目的是获得真正的绩效提升。而在试点验证和全面推行的过程中，常常会暴露出方案本身的缺陷，这就需要我们适时的修正方案，在极端情况下甚至要放弃新的体系。导致这些不同声音的原因，一部分是工作不习惯、不熟悉；另一部分则反映了解决方案本身的缺陷。在看到阶段性结果之前，无从分辨“固执己见”和“锲而不舍”。因此，一味地姑息、一味地强硬，都并非明智之举。

一个正确的观点是，用实践去检验解决方案。如果实践证明方案是有效的，就应该坚定的全面推行；如果实践证明方案没有效果，那么就应该被果断调整甚至放弃。

某公司为适应软件产品快速交付的需求，引入了敏捷开发模式，制定了相关的研发管理流程和制度，这与原来的研发模式存在很大差异。在推行伊始，有些研发团队认为敏捷研发的要求过高，很多推荐的研发实践（比如测试驱动、短周期迭代、重实现轻设计等）缺乏应用场景，因此并不打算落实到实际研发项目中。

该公司的研发领导并不否认推行敏捷模式具有一定的困难，同时也不认同知难而退，关键是敏捷模式能否为研发项目带来价值。因此选择了两个项目作为试点，在敏捷教练的帮助下，严格执行敏捷研发的实践。通过试点运行，敏捷模式获得了比较理想的效果，项目组应对需求变更的能力大为增强、交付质量也有所保障。同时，项目组也认识到，敏捷模式具有典型的适用范围，对团队技能提出了新的要求。

基于试点实践，该公司调整了敏捷研发的相关管理机制，并设计了mini项目演练以帮助研发团队熟悉敏捷模式。敏捷模式在该公司的推行进展比较顺利，项目进度和质量有了明显改善。

5.3.2 推行风险应对手册

在推行过程中，将会面临很多意想不到的情况，如果不能及时解决，将影响到推行工作的继续，整个体系改进将会半途而废。

首先需要区分两个概念：问题和风险。

问题是指解决方案中存在的明显缺陷。比如方案本身缺乏针对性和可操作性、企业没有方案推行所需的基础条件和资源等。这些问题通常是由于方案设计和完善工作不扎实而造成的；甚至某些改进者抱有“无论如何努力，问题总归是有的，只要在推行中能够解决就可以”的错误想法，更削弱了方案质量。在推行之前务必消除解决方案中的问题，具体方法就是严格执行方案设计和完善阶段的典型工作，达到其质量标准。

某通信芯片设计公司，为了提高产品的设计质量和市场成功率，引入了某标准的研发体系，但在项目试点过程中暴露出流程适用性不强、操作细节设置不合理、冗余活动浪费时间等问题。

由于公司对此项改进工作投入了大量精力，“沉没成本”使其不能轻言放弃，于是该公司寄希望于信息化平台去促进体系落实，并且获得预期收益。

信息化系统可以将既有管理过程进行固化，并不能使原来不适当的流程变得顺畅而高效。上述做法无异于掩耳盗铃，可以预见的结果就是新的管理体系名存实亡，最终会回到原来的做法上面。

如果方案存在重大的问题或是硬伤，在推行中无论怎样努力去消除，都将事倍功半。明智的做法是将注意力集中在方案本身的重新设计上。

风险则与问题不同，是在推行过程中出现的意外事件。比如企业遇到市场形势逆变、人员发生更迭、企业对实施难度考虑不足等，这些状况必须在推行过程中进行及时有效的应对。

下面是推行过程中的典型风险与应对措施。

◎体系并未真正获得试点运行

在试点运行过程中的最大风险是并没有进行真正意义上的试点运行，我们无法从试点结果中判断解决方案是否具有推行价值。

我们看一下兵圣孙武训练的案例。

孙子武者，齐人也。以兵法见于吴王阖庐。阖庐曰：“子之十三篇，吾尽观之矣，可以小试勒兵乎?”对曰：“可。”阖庐曰：“可试以妇人乎?”曰：“可。”

于是许之，出宫中美女，得百八十人。孙子分为二队，以王之宠姬二人各为队长，皆令持戟。令之曰：“汝知而心与左右手背乎?”妇人曰：“知之。”孙子曰：“前，则视心；左，视左手；右，视右手；后，即视背。”妇人曰：“诺。”

约束既布，乃设鈇钺，即三令五申之。于是鼓之右，妇人大笑。孙子曰：“约束不明，申令不熟，将之罪也。”复三令五申而鼓之左，妇人复大笑。孙子曰：“约束不明，申令不熟，将之罪也；既已明而不如法者，吏士之罪也。”乃欲斩左右队长。

吴王从台上观，见且斩爱姬，大骇。趣使使下令曰：“寡人已知将军能用兵矣。寡人非此二姬，食不甘味，愿勿斩也。”孙子曰：“臣既已受命为将，将在军，君命有所不受。”

遂斩队长二人以徇。用其次为队长，于是复鼓之。妇人左右前后跪起皆中规矩绳墨，无敢出声。于是孙子使使报王曰：“兵既整齐，王可试下观之，唯王所欲用之，虽赴水火犹可也。”

训练这些养尊处优的宫中美女，使之迅速成为令行禁止的准军人，孙武顺利完成了一项不可能完成的任务，在吴王选择退却时，孙武选择了坚持。

我们发现很多的“试点运行”过程并没有像孙武一样将细节执行到位，貌似落实了改进方案，却在重要活动上面“偷工减料”，和原来的操作方式并没有差异。问题主要在于推行小组没有明确的执行标准，试点团队态度敷衍。

某公司在推行跨部门团队管理模式时，推行小组发现项目经理在制定计划时，仍然沿袭着以往的做法：根据项目里程碑要求，项目经理制定一级计划，之后将计划下达至各个职能部门。这样就难以保证计划为各个部门所真正理解和认可，大家也没有机会考虑彼此工作的协调。推行小组发现问题后，对项目经理提出明确的要求：

➢ 项目经理与核心组成员共同制定一级、二级计划，并且对计划做出正式承诺。

➢ 核心组成员负责制定本领域的三级计划，并且与一级、二级计划相匹配。

➢ 随着项目推进，计划不断被跟踪、更新。

➢ 项目经理与核心组成员召开周期例会，确定计划的执行情况和项目面临的问题与风险。

上述案例就较好地规避了推行敷衍、要求含糊、监督不力的问题，严格的试点运行才能真正检验体系的有效性。

“体系并未真正获得推行”的应对措施：

➢ 选择适当的试点对象、试点团队。

➢ 加强培训与沟通，明确要求，严格监督。

➢ 对推行过程中出现的问题及时给予关注。

◎推行效果不理想而被废止

在试点运行的时候，发现效果没有达到预期，是恢复从前的做法，还是坚定不移地推行新体系？这确实是两难抉择。

推行效果不理想，我们需要分析问题出在哪里。

● 原因是解决方案本身的问题

比如缺乏针对性、过于理想化、没有考虑企业的资源配置和承受能力。同时，一项改进措施是具有时效性的，当企业情况发生变化，改进措施也就落伍了。此时应该承认方案本身的缺陷，不能一味强调削足适履般的严格执行。

● 原因是细节并不完善

解决方案的总体思路和方向是正确的，但是操作细节并不完善，这引起执行者的困惑，也影响了推行效果。比如某企业针对研发文档没有统一管理、版本混乱的情况，利用信息化平台对项目文档进行配置管理。在使用过程中，项目成员反映 IT 系统对文档管理过于死板，修改文档都需要走变更流程，影响工作效率，不如原来方便。对研发文档实施配置管理本来是一个有效的管理实践，该企业遇到的问题实际上是方案细节设计过于理想化所造成的，只要根据文档的类型定义其受控状态和变更流程就可以解决上述问题。

• 原因是改善的效果滞后显现

对于浅层次的研发问题，有针对性的解决方案容易在短期内见效，比如对计划粗糙、过程随意的项目团队，制定项目计划并严格控制，能够看到项目进度受控、项目运作情况明显好转。

对于深层次的研发问题，即使有针对性的解决方案，也无法在短期内取得明显效果。比如产品规划工作需要规划团队拥有市场判断、需求把握、业务分析等能力做支撑，这些能力的提升并非在短期内一蹴而就。表面上，就是规划成果乏善可陈，尤其在管理层具有较高期望时更是如此。面对这种情况，半途而废则殊为可惜，需要坚持不懈地贯彻下去：关键性业务能力的提升并非朝夕之功，也没有捷径可循，一旦形成就可以成为企业的核心竞争力。

“推行效果不理想而被废止”的应对措施：

➢ 分析具体原因，采取针对性措施。

➢ 根据试点运行出现的问题，对解决方案进行优化，使之趋于成熟。

◎管理体系未能持续下去

研发体系能够持续运行下去，前提是其具有合理性和适应性。随着企业的业务模式和产品特征不断变化，那些不再适宜的管理体系被抛弃是很自然的。在具备适应性的大前提下，若想研发体系持续运作下去，达到习惯成自然的程度，则需要改进者进行有效牵引。

某公司为了改变技术积累薄弱的现状，实施了经验案例共享机制。但在推行初期，研发工程师对于撰写技术案例的积极性并不高，不仅提交不及时，案例质量也差强人意。

为了扭转这种局面，推行者对执行细节做出调整：一方面对研发部门提交的技术案例明确规定了时间和数量；另一方面，对案例撰写者一律给予奖励，并定期评选优秀案例。结果大家的态度发生了很大变化，大量案例被提交上来，尽管质量参差不齐，但是总算有了一个良好的开端。

接下来就需要关注案例的质量。公司成立了技术专家委员会，专门负责评估案例质量，剔除了很多质量不达标、内容雷同的案例，并且对技术案例进行分类管理，便于工程师检索和使用。

最后，将提交案例作为部门 KPI 中的一项，同时对案例奖励提高了门槛。

通过上述几个步骤的实施，技术案例分享已经深入人心，成为例行工作的一部分。

上述案例是一个比较简单的制度落实过程。与之截然不同的，那些涉及范围广、与原有体系差异大的管理变革项目，其持续贯彻具有极大的挑战性。

不妨比较一下历史上著名的商鞅和张居正的变法，前者尽管商鞅个人被斩，但是变法图强的举措却为秦孝公和后继国君所坚持，使得秦国获得了凌驾于六国之上的实力；而后者也曾在短期内令颓废的明王朝为之一振，但后来却遭到万历皇帝的废除，王朝也逐渐没落。

我们大致可以做出这样的判断，称得上“变革”的研发体系改进工作，如果期望持续下去，必要条件是“企业核心层具有坚强意志”和“研发体系对于当前阶段有效”。

某些企业领导者希望“管理变革”获得广泛支持，以减少推行阻力。但这种想法却存在内在矛盾：那些影响大的管理变革，势必会涉及多数人的利益，多半会遭到反对与掣肘；那些影响不大的改进工作，尽管不会令多数人反对，对那些需要“管理变革”的企业而言却缺乏价值。因此，若开展大规模的“管理变革”，其时机选择、实施步骤就非常重要，这考验了企业决策者的经营智慧。

管理体系推行遇阻的应对措施：

➢ 明确重点环节和执行要求，加强培训引导，并进行监督检查。

➢ 保证领导层、推行小组、项目团队的顺畅沟通，及时了解并解决现实问题。

➢ 建立绩效牵引机制，激励各层面成员持续运作新流程，改变旧习惯。

5.4 研发的信息化管理

◎案例一：研发体系难以落地

某公司主营电源类产品，近年业务保持了稳定的高增长，研发能力的提升成为业务增长不可或缺的保证。该公司聘请了专业的咨询公司启动 IPD 咨询项目，主要内容包括产品开发流程、项目管理、产品规划、产品平台和研发绩效等模块。项目前后持续了 10 个月，构建了一套相对完善的研发管理体系。

该公司导入的 IPD 体系已经运营了 3 年，但效果并不理想。随着时间的推移，再加上当时参与咨询项目成员的变动，制定的流程体系成为“一堆 A4 纸”存了起来；在执行过程中逐步走样，甚至变形，体系也没有得到持续改进。

另外，研发过程资产和研发过程问题也没有适当的工具进行管理，BOM 靠人工转化，工作量大、效率低、易出错；变更管理仅限于研发体系，变更影响分析不彻底。因此，目前 IPD 只停留在理念层面。

◎案例二：PLM① 系统就是个文档服务器

某国家级高新技术企业，主导产品为电机整流子，业务涵盖了整流子的设计研发和生产制造。围绕整流子的生产实现，公司自主设计相关工艺路线，并配套自主研发的生产设备、工装夹具及模具。

该公司高层非常重视信息化建设，公司前些年花重金引入了国外主流的 PLM 平台以支撑公司的研发业务，但效果不理想。后面找到笔者，希望对该 PLM 平台进行优化与升级。

笔者调研后发现：由于当时用户认识的局限性，把实施 PLM 项目单纯看作一个 IT 项目，并没有对 PLM 实施所涉及的相关业务流程、组织制度、

① PLM：Product Lifecycle Management，产品生命周期管理系统。

工作方法进行优化，片面要求PLM系统适应现状。本来从业务规范和优化上可以轻松解决的问题，要求PLM系统通过功能开发来实现，造成实施中客户化开发量成倍增加，项目实施成本激增、项目周期延长、系统稳定性降低、用户热情下降。很多研发人员都不用这个平台，此系统彻底沦为一个研发的文档管理系统，此项目最终以失败收场。

为什么会发生这种情况？

研发管理体系建设需要考虑流程、组织、绩效管控三者之间的匹配，再辅以信息化系统进行固化。然而，业界诸多企业并未真正理解研发管理体系建设的全面性和复杂性。在建设过程中，有的企业花费大量的时间和金钱建立了一套产品开发流程体系，但流程并未能得到真正执行；有的企业直接引进研发管理的信息化系统，却未能将管理思想融入信息化系统，研发管理水平并没有得到提高。以上两种状况，都未能给企业带来预期的效益和效果。

实践表明，企业研发管理体系及其信息化建设，需要联合咨询顾问、软件实施团队和企业的业务骨干共同构建团队，进行科学的规划与实施；需要在明确企业研发战略的前提下，对企业现有的管理体系进行合理的梳理、优化，结合业界优秀实践和企业发展需要，采用典型的“咨询+IT”的理念及实施方法，以保证研发管理体系建设获得理想的应用效果。

5.4.1 如虎添翼：研发体系的信息化管理

1987年PRTM① 提出PACE理论体系，通过在企业的不断实践和提炼，逐步成为企业研发管理标准体系，IBM于20世纪90年代将之总结提炼为IPD体系，2001年PRTM在PACE基础上，结合新的信息技术应用，提出了下一代产品开发体系，并将之命名为ePACE体系。ePACE最大的提升在于将信息技术的应用融入产品研发体系中。如图5-3所示。

研发管理体系IT化的目标是帮助企业利用信息技术为团队管理和研发

① PRTM：Pittiglio Rabin todd&Mcgrath，该咨询公司最先于1986年提出了基于产品及周期优化法（PACE，Product And Cycle-time Excellence）理念的产品开发流程，许多公司把它作为最佳实践模型用于改进产品开发流程。

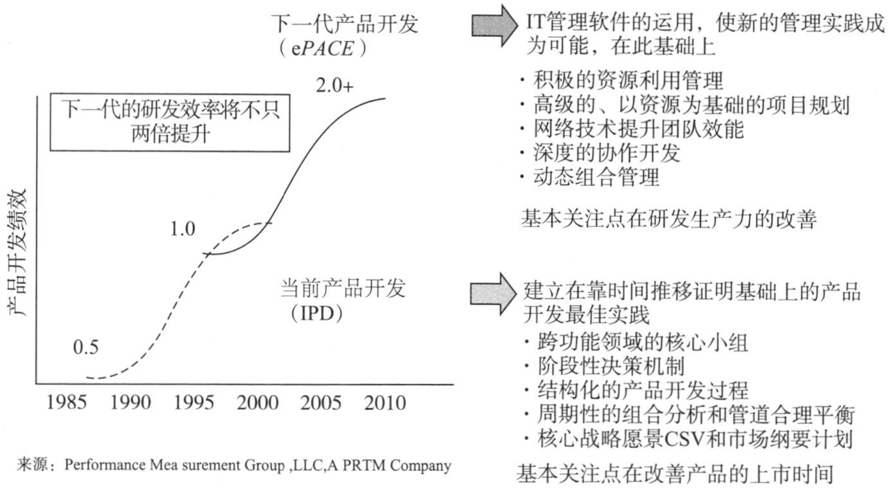

来源：Performance Mea surement Group ,LLC,A PRTM Company

图 5－3　ePACE 体系

体系的运作提供有力支持，以提高研发效率、降低研发成本，使得企业能开发和提供具有竞争力的产品以抢占市场先机。

通过研发管理体系的信息化建设，将会给企业带来如下收益：

➢ 增强研发管理体系的可操作性，“半强迫”地将流程制度落地和固化，而不是停留在理念层次。

➢ 将研发智力资产整合在一个集中的系统中，不断沉淀下来，最大程度地保障公司利益。

➢ 便于企业研发状态和信息的及时获取，随时了解体系运转情况并辅助业务决策。

➢ 通过文档管理、BOM 管理、工程更改管理及配置管理等功能，支持从开发到生命周期阶段的产品数据管理，为 IPD 流程提供骨干支撑，以提高在产品研发、生产等方面的效率，缩短产品开发周期和市场投放时间。

➢ 通过 PLM 系统的优势，可便捷的获取研发能力数据，实施过程持续改进，最终收获商业价值。

5. 4. 2　研发信息化系统的覆盖范围

PLM 是近些年发展起来的一套产品生命周期管理系统，它是一种应用于在单一地点的企业内部、分散在多个地点的企业内部，以及在产品研发领域具有协作关系的企业之间的，支持产品全生命周期的信息创建、管理、分发和应用的一系列 IT 应用解决方案，是一种将产品管理方式通过 IT 手段进行固化的平台与具体手段。

IPD 思想和 PLM 系统都强调产品生命周期管理，两者都借鉴了一些优秀企业的实践，但 PLM 不是为 IPD 而生，IPD 也不依赖于 PLM 系统而存在。一个企业推行 IPD，与其有没有 PLM 系统并没有必然的联系。

但客观上，由于国内很多企业的研发管理体系不够完善，在引进 PLM 系统时常常遇到障碍。因此在实施 PLM 前，利用 IPD 对研发管理体系进行梳理和完善是非常必要的。事实上，IPD 也的确可以在此过程中极大地帮助企业厘清研发管理的具体思路，建立高效的流程管理体系。因此完善的管理体系对于 PLM 系统的实施成功至关重要。同时，PLM 平台提供了一个可以固化 IPD 流程、模板、数据及人员工作的平台，能确保 IPD 的可操作与可执行。

IPD 是研发管理思想，PLM 是研发管理平台，要构建与 IPD 管理一致的 PLM 系统，PLM 必须从思想、流程、管理工具、方法、模板等方面与 IPD 进行多层次融合，两者有效融合是研发创新和效率提升的核心。

PLM 作为 IPD 落地的管理平台，至少可以从 9 个方面对 IPD 提供有力的支持。如图 5－4、表 5－5 所示。

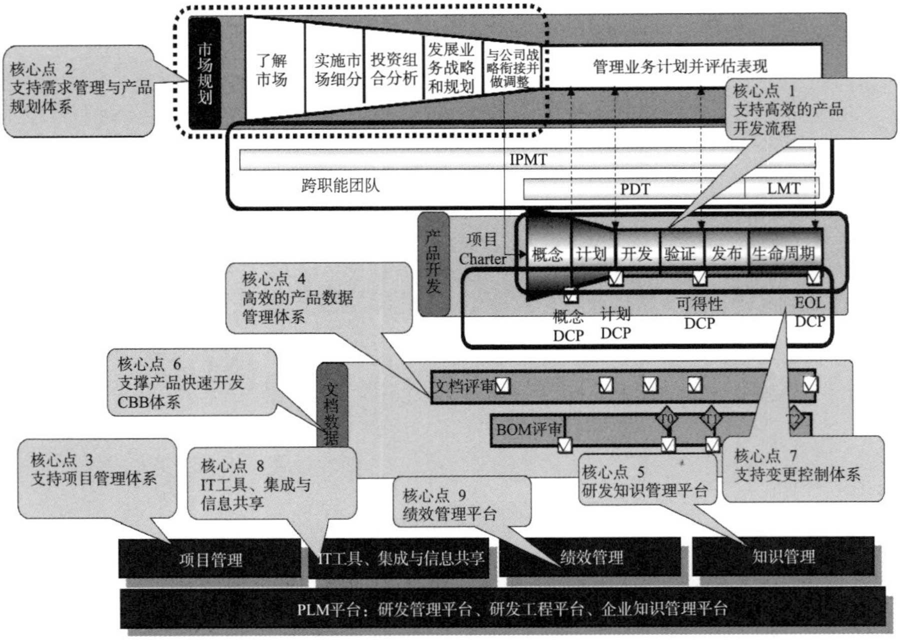

图 5－4　PLM 对 IPD 的支持关系

表5-5　PLM对IPD核心点说明支持

序号	核心点	说明
1	对产品开发流程体系的支持	➢ PLM在流程的操作层面具有强大的支持能力 ➢将流程与具体产品系列或文档类别联系起来，能够适时地将文档推送给相关开发人员 ➢实现流程的固化与自动化，确保执行不变形 ➢针对不同角色设定流程，实现流程的并行和协作 ➢实现流程的可视化运作，便于流程监控和资源调配 ➢将评审标准、决策信息进行结构化存储与共享，提升决策的及时性和准确率
2	对需求管理与产品规划的支持	➢统一的需求库和管理接口，保证产品生命周期的需求可追溯性 ➢将市场反馈问题和各类内外部需求实现闭环管理
3	对项目管理体系的支持	➢通过项目计划实现产品开发流程落地，实时了解团队成员的工作负荷及任务完成状况，支持跨部门团队的交流与协作 ➢实现项目过程的透明、可控，可以对不同项目计划基线进行管理和对比 ➢及时输出项目团队的绩效报表
4	对产品数据管理体系的支持	➢提供单一、完整的产品数据管理平台，避免“数出多门” ➢对物料、BOM、文档、变更、版本等数据用结构化的方式进行表达与管理，便于分类、查询和输出
5	对研发知识管理的支持	➢实现全面的知识管理，对知识的识别、获取、分类、组织和管理落到实处 ➢强大的文档管理功能，准确的查询功能 ➢使知识资产在研发领域得到有效的重用
6	对共用技术模块的支持	➢通过零部件库、配置管理、参数化/模块化等技术，支持基于平台的战略性产品开发 ➢通过变更和版本管理对系列化产品的演变过程进行管理
7	对变更控制的支持	➢加快变更响应速度，保证变更的一致性 ➢灵活定制流程以适应多种变更场景
8	对IT工具和信息共享的支持	➢实现QFD、CAD、CAPP、CAE、DFX、CASE等研发领域的IT工具集成与信息传递
9	对绩效管理的支持	➢及时提供丰富的绩效数据

5.4.3　研发信息化建设的典型步骤

将研发管理体系落地到信息化系统是一个复杂的过程，下面以典型的IPD体系落地至PLM为背景，展示具体的执行步骤。

- 流程建设与梳理

首先需要基于 IPD 思想，结合行业标杆和经验做法，确定公司的流程体系框架、操作级流程，以及相关的模板和操作指导书。如图 5－5 所示。

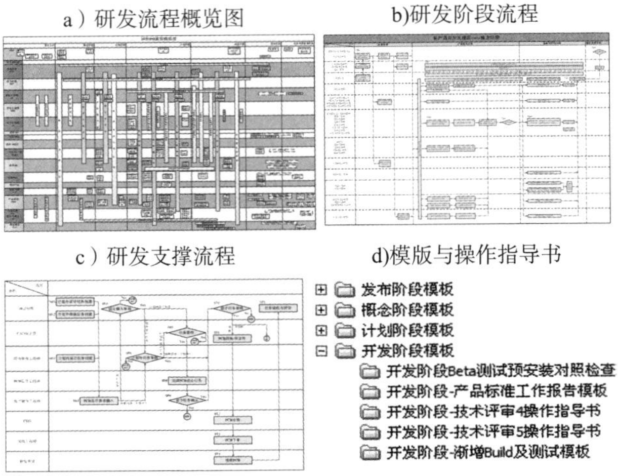

图 5－5　IPD 流程

IPD 流程 IT 化的成功关键在于，从 IPD 模型中分解出子流程与 IPD 活动，要对活动进行详细描述。这要求在梳理过程必须对研发活动的输入与输出标准、执行角色、评审与控制过程、评审角色、ChickList、模板等进行标准化。

然后需要以研发流程为基础，形成项目进度计划模板。如图 5－6 所示。

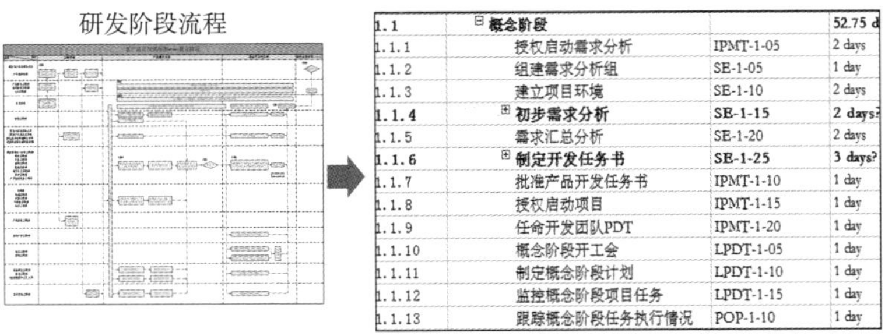

图 5－6　项目进度计划模板

这里必须保证阶段流程中的高风险活动被有效管理，即这部分活动需要列入进度计划，成为计划中的项目任务并严格执行。

最后，根据相应的活动业务场景，对流程进行拆分和整合，并确认流程活动接口与嵌套关系。如图5－7所示。

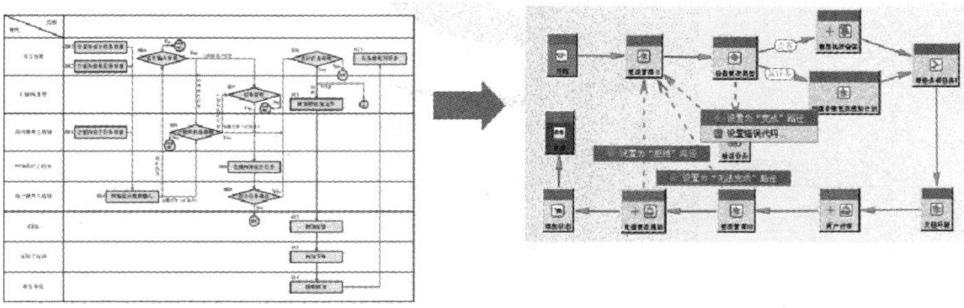

图5－7　流程的拆分和整合

IPD流程中低风险的独立活动或在项目过程中可能多次触发的流程，可不直接体现为项目计划的活动，但必须和计划任务活动进行关联，将以项目后台电子流方式进行定义，需要基于进度计划任务触发相应的支撑流程，以便从项目整体上进行管控和跟踪。

● 业务场景设计

基于业务要求优化完善产品数据，从流程、数据、项目管理等层面定义数据模型，实现产品数据和项目管理的融合。根据实际业务场景将流程体系所规范的检查表、模板、操作指导书等配置到流程模板中，保证规范体系在设计过程中被引用。如图5－8所示。

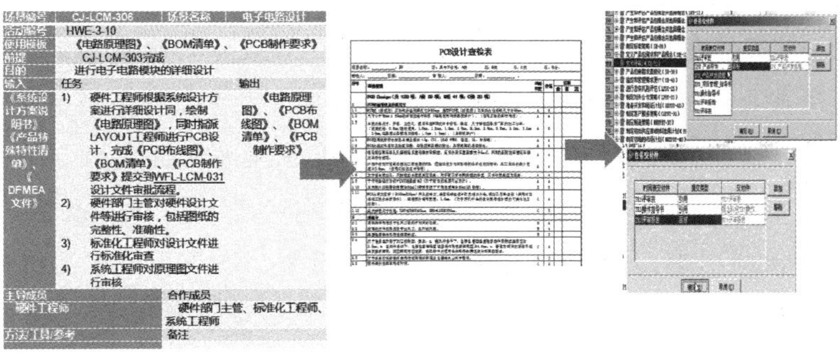

图5－8　业务场景设计

● 利用PLM管理业务场景

以PLM系统中电子化流程为基础，支持相关角色在PLM系统中动态、高效地获得文档权限，支持其在研发项目中的协同工作。如图5－9所示。

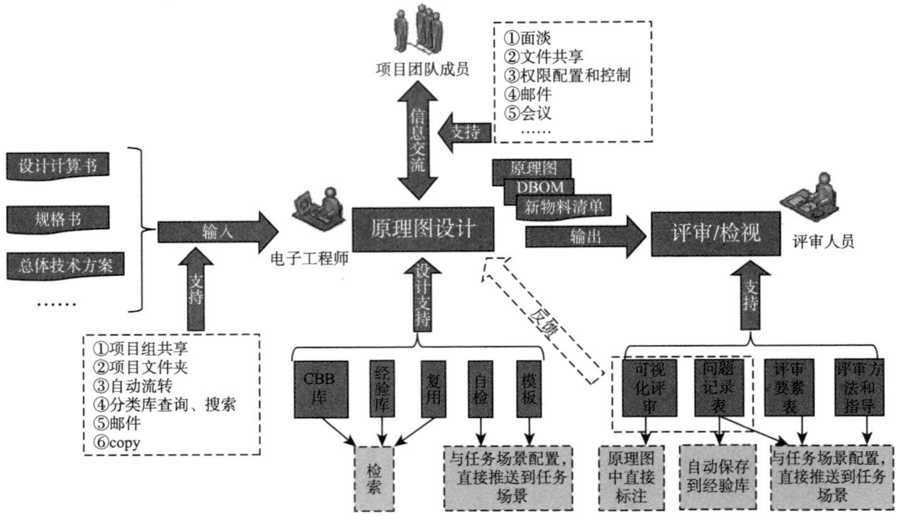

图5-9 利用PLM管理业务场景

5.4.4 IPD与Teamcenter① 的一体化解决方案介绍

某行业领先企业，专注于汽车智能类产品及外饰件产品的生产和服务。汽车行业面临着激烈的竞争，随着新车型推出周期缩短，个性化需求增加，全球化采购越来越明显，都给汽车外饰件设计这个行业带来巨大的冲击。该企业和众多制造企业一样，在市场压力之下，需要一个可扩展的研发平台，快速响应市场个性化需求，迎接未来发展的挑战。

该企业希望通过贯穿整个产品生命周期的解决方案，优化业务流程，解决实际问题。研发总监说："实施PLM，就是要企业重组业务流程，改造现有运行模式，这牵扯到组织、流程、方法等要素的定义和重构"。

该企业非常青睐IPD和PLM系统相结合的一体化解决方案。这种方法非常符合企业对研发最佳实践的想法，且企业管理层认为这种方法能够帮助他们成功实施PLM。如表5-6所示。

① Teamcenter，是西门子公司开发的一套现代化、自适应的产品生命周期管理系统。

表5-6 IPD和PLM系统相结合的一体化解决方案

业务挑战	➢统一物料清单（BOM）数据 ➢管理变更流程 ➢实现项目规划
成功关键	➢结合IPD与PLM的一体系化解决方案 ➢优化研发业务流程 ➢结合产品数据系统 ➢集成CRM/ERP与开发工具
项目成果	➢使各个业务的数据形成无缝衔接 ➢将因BOM出错而导致的变更数量减少30%以上 ➢优化研发流程，缩短40%的研发周期 ➢提高产品质量 ➢降低产品相关成本

该企业是国内首家集成IPD和PLM系统的实施项目，取得了预期效果，同时入选西门子全球PLM-STAR项目。项目实施收益如图5-10所示。

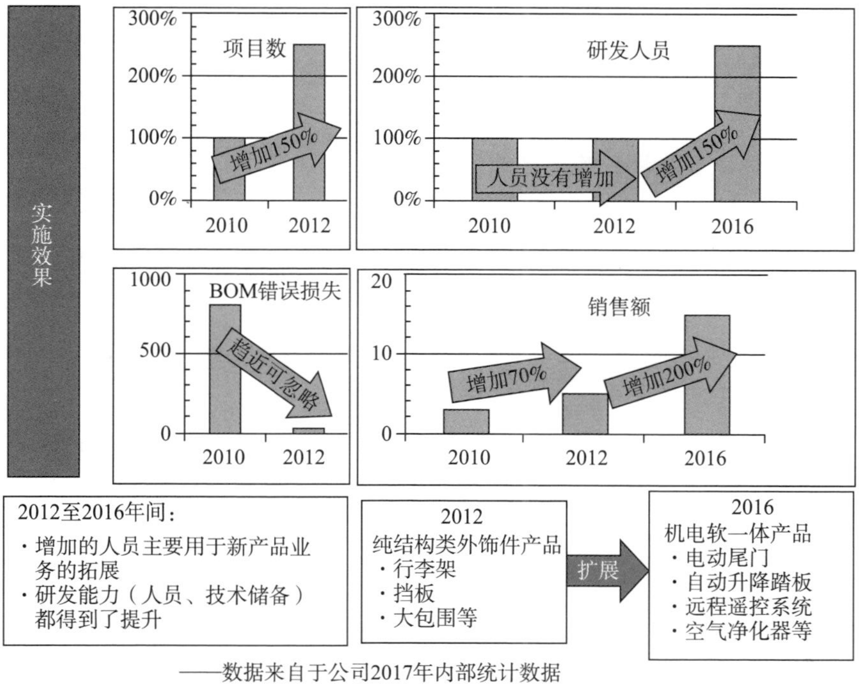

图5-10 项目实施收益

企业的研发总监对项目如此评价："IPD流程优化与PLM实施项目，

是公司成立以来做得最好的一个咨询类及IT实施类项目！”

企业的董事长对项目如此评价：“该项目不仅帮我们优化了业务，更重要的是，我发现一批不断成长的项目骨干，为公司的未来发展提供了持续的人力资源保障！”

本章要点

1. 方案推行是最具挑战性的一环，需要引起足够的重视。

2. 为了降低风险，方案推行一般分为试点运行和全面推行等两个阶段。

3. 推行团队不仅需要告诉项目团队做什么，更应该明确具体做法和交付标准。

4. 不同难度的推行对象，其推行方法和力度有所区别。

5. 对于反对声音，不应简单地压制、纵容和折中，而应从获得绩效提升的目标去理解不同意见。

6. 用实践去检验解决方案的有效性。

7. 区分推行过程中的问题和风险，采取恰当手段去应对。

8. 关键能力的提升往往是改进工作成败的决定性因素，没有能力支撑的改进仅仅是形而上学，无法获得真正的效果。

9. 从长期来看，适宜的研发体系容易被传承，不适宜的体系则容易被抛弃，这一点并不会以人的意志为转移。

10. 研发体系重大变革项目获得成功的关键在于：

➢ 公司核心层具有坚定决心和充分的思想准备。

➢ 变革的重要参与者在思想意识和业务调整方面达成一致性认识。

➢ 新型研发体系所需的资源/能力能够及时到位或者达到变革要求。

➢ 强力的绩效牵引措施。

➢明确的总体变革规划，坚决稳健的实施过程。

11. 研发管理体系改进和信息化系统建设工作良好地融合起来，将会产生显著的化学效应；

12. 研发体系与信息化系统需要从思想、流程、管理工具、方法、模板等方面进行多层次融合，并非简单地将流程在系统中实现。

第6章

研发体系改进实践

在钦佩标杆公司成就斐然的时候，您可曾领会到其研发体系历经着持续而坚决的改进，这种改进并非心血来潮、一蹴而就，而是在精心规划下的分步骤落实：每个阶段都是以先前的改进成果为基础，解决当前的主要矛盾，提供重要的竞争优势。这种谋定后动、脚踏实地、厚积薄发的工作思路，正是企业研发体系的改进之道。企业及其研发体系始终处于发展变化的状态，如何选择最恰当的时机和目标，启动研发体系的改进工作，使之卓有成效，本章给出了明确的答案。

研发体系改进是以解决企业实际问题、获得商业价值为唯一目标的系统性工作，改进过程中的每一个活动和工具并非割裂，而是以坚实的业务目标为红线贯穿始终。在这里，我们将要全景展示一个典型的企业研发体系改进案例，并且探讨一个崭新的话题：如何在企业的整个生命周期过程中，选择适当的时机去推动研发改进，使研发体系遵从于企业战略，成为战略实现的重要基石。

6.1 研发体系改进案例分享

某机械自动化设备公司目前遇到了比较棘手的问题，主要有：

➢ 原来以产品性价比取胜，但随着主要竞争对手营销策略的调整，产品在功能特性、质量可靠性等方面的劣势逐步凸显出来，因此急需塑造具有竞争力的产品，以改变目前的局面。

➢ 产品线配置不合理，部分产品定位重叠，不仅是客户，甚至公司的营销人员也感觉混乱。

➢ 市场一线信息无法顺畅反馈到研发体系，产品研发与市场脱节，相当一部分产品研发出来并没有明确的目标市场。

➢ 临时的、突发的研发项目很多，造成研发资源配置不当，很大程度上影响研发项目的有序开展。

针对上述典型问题，该公司期望引入产品管理机制，由产品经理对产品线实施统一管理，改变上述不利局面，使产品线焕发竞争力。

6.1.1 诊断研发体系

我们从研发体系的四大要素入手对该公司进行分析。如图6－1所示。

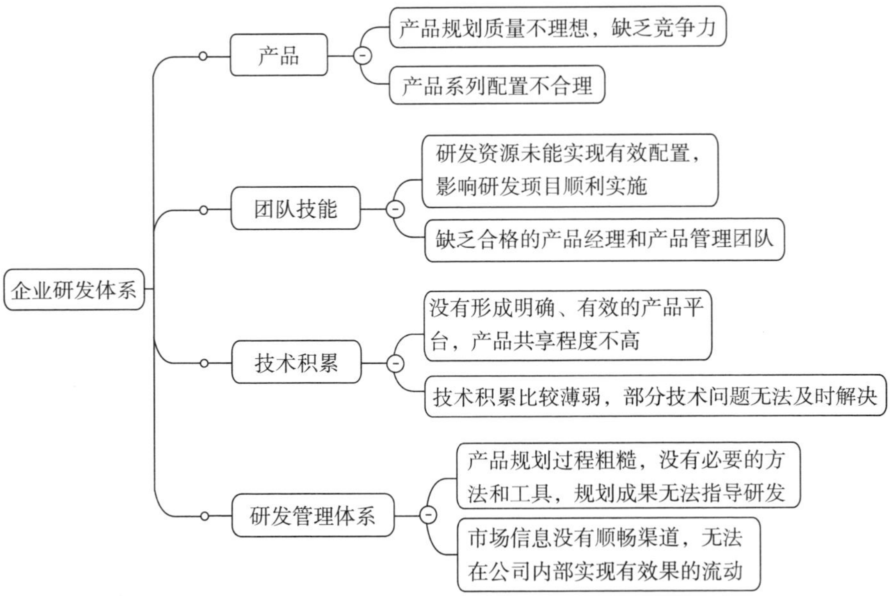

图6－1　企业研发体系

该公司尽管具有明确的产品战略，但是却没有强有力的措施将其落实到具体的产品研发路标和产品定义上面。因此，在产品实现过程中，出现了目标市场不明确、产品特性缺乏竞争力等严重问题。

产品作为研发体系的核心要素，对其他要素起到决定性作用。对于该公司而言，这也是首要的改进点。本改进项目目标就是在产品战略和产品实现之间建立桥梁，使产品战略以一种充分有效的方式落实到产品实现中，提高产品竞争力。

6.1.2 设计解决方案

产品管理的整个过程包括产品规划、产品实现、产品生命周期管理三个阶段。该公司的主要薄弱点出现在产品规划阶段，可以考虑将产品经理目前的主要工作定义为产品规划和立项，避免因精力分散、管理跨度过大而出现缺乏重点的问题；待时机成熟后，再考虑实现完整意义的产品管理。如图6－2所示。

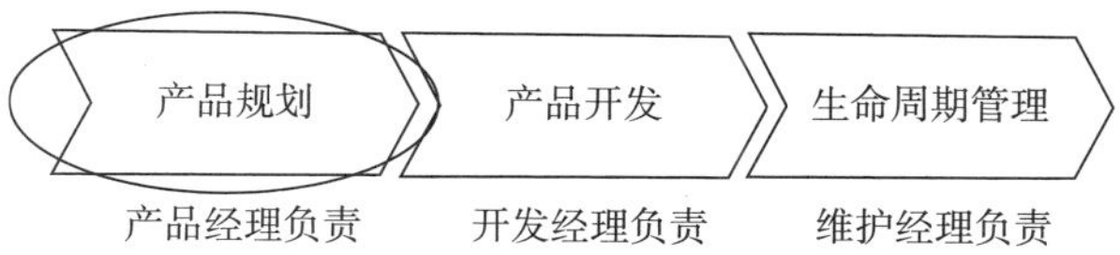

图6－2 产品管理

在该公司内部建立起产品管理机制，提升产品竞争力的过程并非一蹴而就。针对该公司产品管理薄弱的现状，将"**初步建立产品管理机制，有序实现产品规划和研发**"作为当前阶段的工作目标。

需要注意的是，这样的目标与该公司最初"**实现产品经理负责制，保证产品线获得持续市场成功**"的想法并不一致，但是却更加务实，具有可实现性。通过充分沟通，该公司的领导层认同了改进团队的意见，并调整了既定的工作目标。

在该公司的改进方案中，一方面需要建立符合其管理基础的、重点突出的产品管理机制；另一方面需要考虑产品管理人才的培养和招聘，使得产品管理工作质量有实质性的提升。

在组织方面，为公司主要的产品线配备了产品经理和产品管理专员，负责产品规划、产品立项与监督、市场信息管理与响应等例行工作。在开展规划工作时，根据需要组建跨职能团队，对规划质量负责。如图6－3所示。

在流程制度方面，主要是建立产品规划流程，并且强调采取市场细分、组合分析、业务设计等有效的管理工具，注重操作细节，提高产品规划质量。规划流程的框架图如图6－4所示。

在绩效管理方面，考虑到当前是初步建立产品管理体系，重点关注产品规划质量、立项成功率等过程指标，并且有意识地收集新产品占比、销

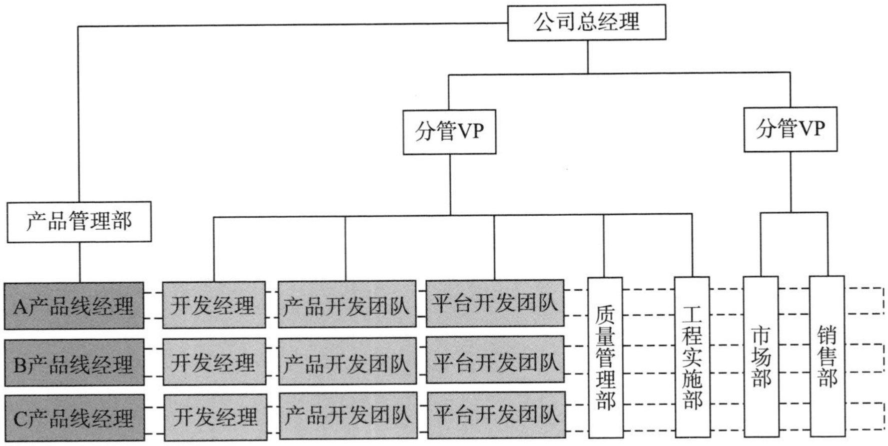

图 6-3 公司组织

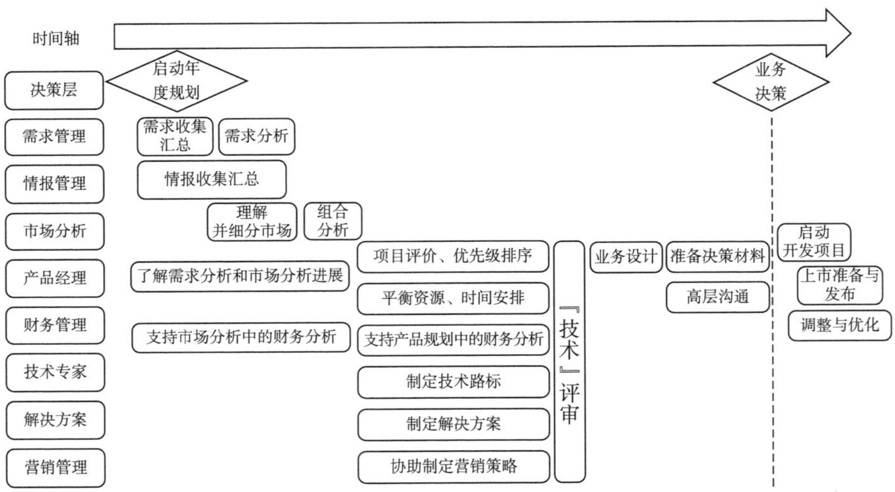

图 6-4 规划流程示意图

售利润、研发资源负荷等指标信息，适时地向市场成功进行牵引。

以上是该公司研发改进的初步设计成果。限于篇幅，并没有展示方案的细节。

6.1.3 完善解决方案

改进团队邀请了资深的研发主管和项目经理，通过模拟实践的方式去推敲初步设计成果。通过充分研讨，大家反馈的主要问题如下：

➢ 如何为产品规划过程提供有效的输入，以提高规划工作质量？

➢ 通过何种机制保证规划质量达标并督促其落实？

➢ 通过什么样的方式去培养产品经理，使之迅速成长？

为了解决上述问题，我们需要对初步设计成果进行重新审视，对其中不完善、缺乏操作性的问题进行弥补。主要的完善思路如下：

（1）建立由公司核心领导组成的产品决策委员会，负责产品规划成果的确认和重大资源的分配，保证产品规划紧密联系公司战略，通过资源承诺保证研发项目落实。如图6－5所示。

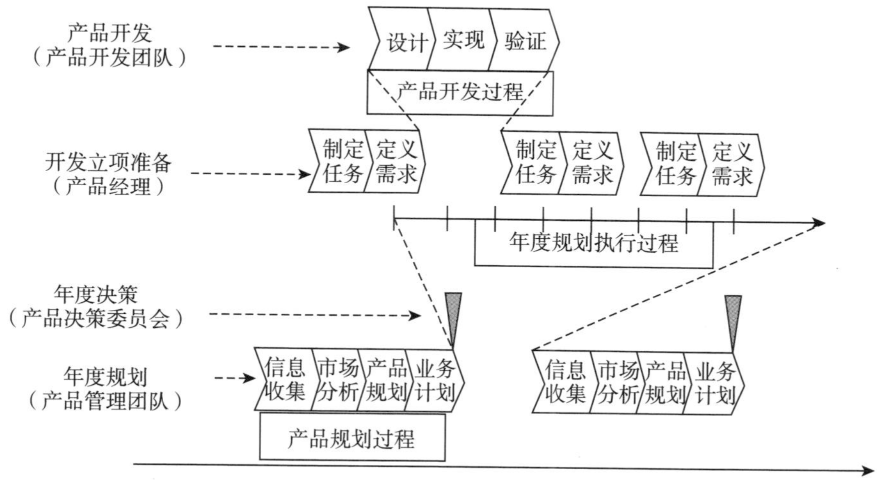

图6－5　产品管理体系框架

（2）建立市场需求库及管理过程，通过多种方法收集和分析市场需求，这样就为产品规划和产品研发提供了充分且高质量的输入。如图6－6所示。

（3）对于产品经理的培养工作，一方面采取外部招聘、内部选拔等手段选择具有工作经验和工作热情的资深骨干；另一方面采用定期工作交流与案例研讨、专业培训等方法提升产品经理的业务能力。该公司所选择的方法中，比较有特色的是邀请公司高层领导作为产品经理的业务导师，负责指导具体工作、解答困惑、提供资源等。

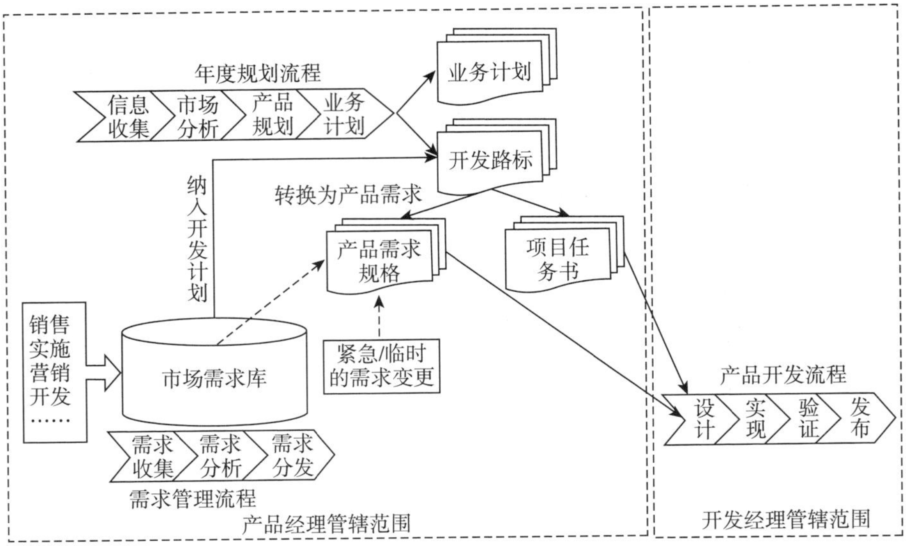

图 6－6　市场需求管理框架

6.1.4　推行解决方案

在实际推行过程中，该公司非常强调顺畅的沟通。为减少规划工作难度，特意将准备周期拉长，这样可以使产品规划团队有时间去收集分析市场信息；在规划过程中，强调规划团队的充分研讨沟通，集思广益，使大家共同创造的成果；在规划成果决策之前，产品经理与公司领导进行了反复沟通，将自己的思路汇报给领导，同时也获得了很多宝贵的专业指导。

初步的产品规划工作是令人满意的：公司上下对规划成果取得了一致性的认同，资源配置矛盾有了很大程度的好转。最重要的是，按照规划和立项过程定义的产品，具有鲜明的市场目标和功能特色，尽管还不能说具有竞争优势，但是原来混乱、含糊、自相矛盾的局面得到了遏制，产品管理正在步入正轨。

6.1.5　尾声

在产品规划改进工作初战告捷的情况下，该公司决定与咨询师合作，进一步深化产品管理机制，要求产品经理负责产品的全生命周期管理，并且对产品线的市场成功负责。

针对产品经理负责制的改进目标，相应的改进措施将包括建立产品管理团队及其运作机制，赋予产品经理更广泛的权力；设计产品财经管理、资源管道管理等业务流程，支撑产品全生命周期管理的落实；建立适当的绩效管理机制，指引其关注市场成功。与此同时，应重点培养合格的产品经理，以满足“对产品线市场负责”的能力需要。

6.2 最后的拼图

如果将研发体系改进看作一次高难度的智力拼图游戏，那么总有几块拼图是决定意义的。一旦放在合适的位置，眼界就会豁然开朗；最后的拼图就位后，整体游戏就将大功告成。我们接下来展现的就是两块最重要的拼图：提升研发效率、关键人才培养。这是促使研发体系高效运转最重要的保证，也是非常具有挑战性的话题。

6.2.1 再谈研发提速

在本书即将结束的时候，可能很多人感觉意犹未尽，还没有提及大家最关心的问题！是的，这就是缩短研发周期的问题。尽管我们在前面的章节中已经展现了如何分析项目延期的原因，并采取措施进行纠正的案例，但研发管理者迫切期望了解令研发体系提速的典型方法。

当我们不再局限于具体的研发项目，而是着眼于整个研发体系，基本经验公式如下：

$$研发周期=\frac{研发总工作量}{研发团队产出}$$

为了缩短研发周期，这就需要从降低研发总工作量、提升研发团队产出两个方面进行努力。具体思路如图6－7所示。

基于上述思路和长期研发改进实践，笔者总结了缩短研发周期的典型

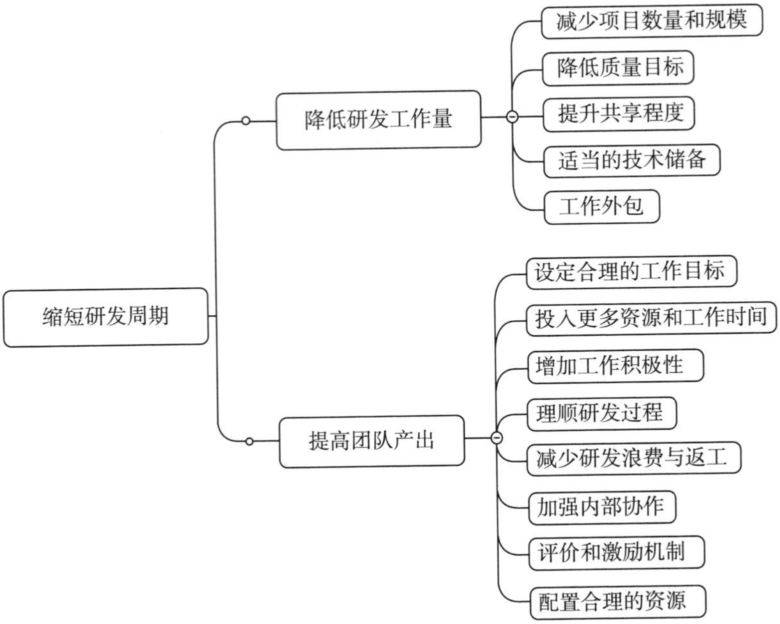

图 6－7　缩短研发周期的主要思路

方法，并将其归结到研发体系的四大要素中。如表 6－1 所示。

表 6－1　缩短研发周期的典型方法

分类	典型方法	影响范围	
		降低研发工作量	提升团队产出
产品	产品规划与技术规划	***	*
	确定项目优先次序	**	*
	调整/削减产品需求	***	－
	减低质量标准	*	－
	短周期迭代	*	*
团队技能	资源的管道管理	－	*
	增加关键性资源	－	***
	适当的工作压力	－	**
	团队激励	－	***
	组织气氛建设	－	*
	鼓励加班	－	**
	提升管理和研发技能	*	***

续表

分类	典型方法	影响范围	
		降低研发工作量	提升团队产出
技术积累	共享技术组件	***	*
	平台化研发模式	***	*
	购买成熟组件	*	*
	新技术、工具的运用	–	**
	技术储备	*	–
管理体系	工作外包	*	–
	度量与目标管理	–	**
	协同与联合办公	*	**
	过程裁剪，并行工作	–	*
	严格的监督与控制	–	**
	风险管理	–	*
	质量控制手段	–	*

需要指出的是，每种方法都有其适用场景，并没有绝对的“好与坏”“有效与无效”；由于边际收益递减的原则，过度采取某种方法将使其效果逐渐丧失殆尽。比如使用平台化的研发模式，可以大幅减少项目工作量，提升研发质量。但是平台化程度并非越高效果越好：不顾产品特点，一味追求高的共享程度，反而会限制产品实现的灵活性，激化平台开发和产品定制团队之间的矛盾，提高产品成本，令总体效率不升反降。加班现象在高技术企业中比较普遍，显然可以缩短研发周期，但同时需要辅以适当的目标管理和激励措施，让团队确实产生工作效率的提升。否则加班就成了做做样子，将8小时的工作放在12小时去做，反而唆使养成了作秀和拖沓的不良习惯。

从研发管理实践来看，并没有缩短周期的“灵丹妙药”。研发管理者需要灵活使用各种方法，并且考虑短期效果和长期积累，令研发体系效率获得积极稳定的提升。

6.2.2 培养关键性资源

研发体系的高效运转非常信赖研发团队，这里面不仅仅指研发人员的绝对数量，更为重要的是那些占据关键岗位，具备关键性技能的业务骨干。“良好的研发管理体系”声称可以“让不同的人做好相同的事情、减少对个人英雄的严重依赖”。实际上，采取“三个臭皮匠顶个诸葛亮”的方式，在很多情况下却是无奈之举，真正优秀的研发体系无不是以培养和提升研发关键性能力为己任，将人力资源看作自己最宝贵的智力资产。

关键性的研发资源是什么呢？

对于不同的行业、不同公司，甚至不同阶段，关键资源都将会有所不同。可能是资深的技术专家、深孚众望的产品总监、富有经验的项目经理，也可能是熟知产品的测试骨干、才华出众的架构师、精通制造的工艺工程师。研发体系好比一部紧密咬合、精密运转的机器，一旦某个环节出了问题，整部机器就会停工，而不仅是产品略有瑕疵。

随着公司的发展，关键性资源的匮乏往往成为约束研发体系运作的瓶颈。获取关键性资源的手段无外乎外部招聘和内部培养。前者简单易行，立竿见影；如果市场上无法招聘到合适人才，或者公司无意打造“雇佣兵集团”，那么就要诉诸内部培养：规模不断壮大，公司需要建立梯队式的关键性资源池，以支撑业务发展。

关键性资源如何培养？

最简单的方式就是培训，内容包括专业技能、流程制度、管理体系等。但实践证明，单纯的培训，无论课程设置得多么全面完整，受训人的提升并不明显，往往是谈论概念时头头是道，上手工作时踌躇不前。

美国总统小布什①曾如此评价实战的价值：“阿富汗战争教给美国的东西，远远胜过精英集团和智囊团体十年来提供的所有意见。”

军事理论家约米尼②也有着如此深刻的洞察：“假如让我考核选拔将才，那些能够把敌人行动判断得清清楚楚的人，我会把他们列在第一等；而对于深通战略理论的人只能摆在次一等。因为理论讲起来头头是道并不困难，而要真正实际实行，并非那么容易。”

---

① 乔治·沃克·布什（George Walker Bush），于2001—2009年担任美国第43任总统，任内遭遇了2001年的9·11事件，他因此发动了一连串反恐战争。

② 约米尼，瑞士裔法国将领、军事理论家，他和军事思想家克劳塞维茨并列为西方军事思想的两大权威。

为了迅速培养人才，除了理念灌输，更重要的是综合运用案例研讨、工作实践、自我学习、教练指导等多种手段，帮助备选者在短期内熟悉新的工作方式，积累经验，提升能力，成长为岗位所需的人才。

接下来，我们展示了一个产品经理培养的案例。

企业在管理模式创新或者转型期间，需要一批懂业务、懂管理的产品经理。培养产品经理，首先就要搞清楚产品经理的职责所在。在案例中，该公司的产品经理需要负责：组织市场调研，根据公司业务战略制定产品战略，并管理和拉通相关领域完成产品开发，通过合适的方式将最终产品销售到顾客手中。其职责定位如图6－8所示。

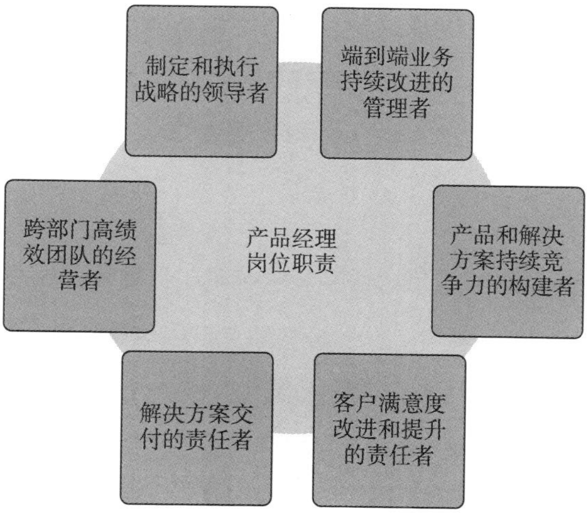

图6－8　产品经理岗位职责

我们再来分析一下产品经理重要的工作项目。如图6－9所示。

一个新晋的产品经理，顺畅地执行这些工作，并非轻而易举的事情。我们培训的目标就是在尽可能短的时间内，让备选的项目经理初步理解自己的职责所在，并且熟悉产品管理的基本套路，能够抓住重点，让产品线运作顺畅。伟人曾经教导我们："一万年太久，只争朝夕。"市场竞争日趋激烈，作为产品线的领军人物，面对战场上武装到牙齿的敌人（也就是竞争对手），至少应该让其持有趁手的武器，而不是带着烧火棍仓促上阵。

培养产品经理就需要从上述工作实践角度出发，综合使用十八般武

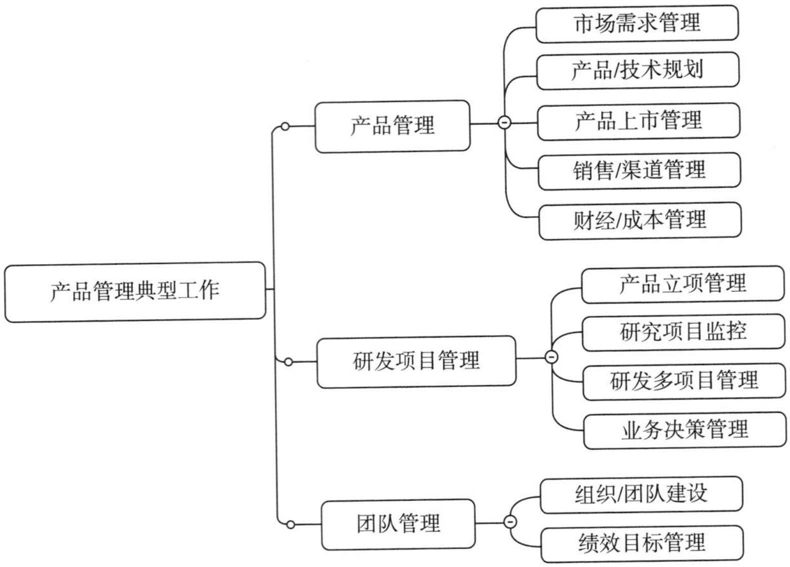

图 6－9　产品经理典型工作

艺，主要的培养方式如图 6－10 所示。

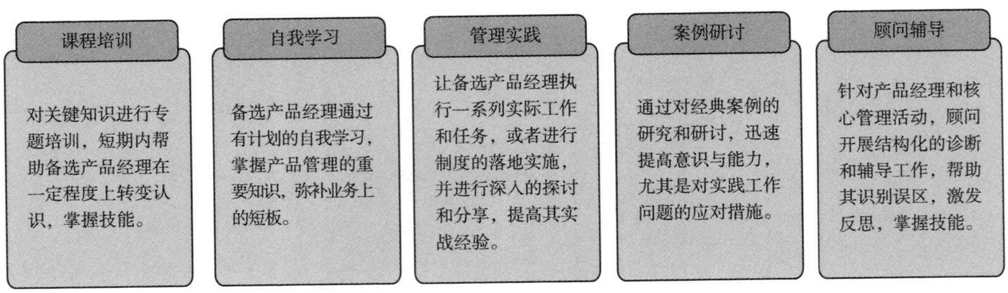

图 6－10　产品经理的培养方式

这样，我们就拥有了两个维度去培养产品经理：一是能力维度；二是方法维度。

其中，能力维度包括产品经理角色认知、市场需求管理、产品规划管理、产品上市管理、研发项目管理与多项目管理、业务决策管理、组织模式管理、绩效管理、产品经理领导力等。

方法维度包括课程培训、案例研讨、管理实践、自我学习、顾问辅导等多种培养方法。

将这两个维度交汇起来，就是我们培养产品经理的全部秘诀。如表 6－2 所示。

表6-2　培养产品经理的秘诀

	课程培训	自我学习	案例研讨	管理实践	顾问辅导
产品经理角色认知					
市场需求管理					
产品规划管理					
产品上市管理					
项目与多项目管理					
业务决策管理					
组织模式管理					
绩效管理					
产品经理领导力					

接下来需要将表6-2中每项空格填写清楚，明晰培养各项能力的具体细节，这里体现了培养体系设计者的专业能力。我们以“产品规划管理”专项能力培养为例，详细展示具体的行动步骤。如图6-11所示。

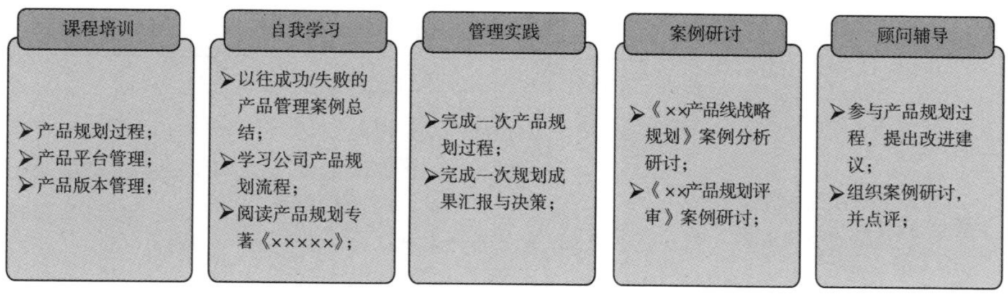

图6-11　产品规划管理的行动步骤

然后就是将每项培养活动落实下去，包括准备相应材料/素材、课件开发、案例收集、制定培养计划、成果检验等，整个培养过程需要具有一定紧迫性、前后逻辑贯通、张弛有度，并且对培养结果有明确的验证标准。这样的培养才能真正起作用。

对于规模较大的公司，将会建立完整的关键性人才管理体系，并不局限于培养，而是包括了人才盘点、培养、选拔、使用、评价等一系列步骤，目的是源源不断地造就和输送关键人才，支撑公司发展。限于篇幅，此处不再赘述。

6.3 研发体系改进的现状与未来

企业研发体系改进是一项系统化工作，它是由一系列紧密衔接的活动所组成，表 6－3 展现了完整的改进过程和典型方法。

表 6－3　企业研发体系改进

<table>
<tr><th>阶段</th><th>目标</th><th>主要活动</th><th>工具与方法</th><th>交付成果</th></tr>
<tr><td rowspan="2">诊断</td><td rowspan="2">全面、准确地掌握研发体系的现状和主要业务问题</td><td>确定改进目标</td><td>➢合理目标的三个标准
➢改进目标的约束矩阵</td><td>《研发体系改进目标》</td></tr>
<tr><td>研发体系调研</td><td>➢信息收集：发放问卷、调研访谈、阅读文档、收集度量数据、小组研讨、工作观摩
➢问题分析：根源分析法、标杆对比法、代入法、问题归并法、优先级排序法、类比法</td><td>《研发体系调研报告》</td></tr>
<tr><td rowspan="2">设计</td><td rowspan="2">提出解决思路，制定完整的解决方案</td><td>解决方案设计</td><td>➢方案设计的五个基本原则</td><td rowspan="2">《研发体系解决方案》、相关管理机制等</td></tr>
<tr><td>制定完整机制</td><td>➢产品开发流程设计
➢产品规划流程设计
➢研发项目管理制度设计
➢技术评审制度设计
➢研发组织结构设计
➢研发绩效管理机制设计
➢……</td></tr>
<tr><td rowspan="5">完善</td><td rowspan="5">完善并形成合格的解决方案</td><td>回顾工作目标</td><td></td><td rowspan="5">优化后的《研发体系解决方案》</td></tr>
<tr><td>检查典型缺点</td><td>➢解决方案的四个关键特征
➢方案有效性的经典问题</td></tr>
<tr><td>发现问题缺口</td><td>➢问题挖掘四步法
➢干系人分析矩阵</td></tr>
<tr><td>优化解决方案</td><td></td></tr>
<tr><td>优选解决方案</td><td>➢方案优选模型</td></tr>
<tr><td rowspan="2">推行</td><td rowspan="2">将解决方案付诸实践，并获得预期效果</td><td>方案试点运行</td><td rowspan="2">➢解决方案的典型推行过程
➢典型风险与应对措施</td><td rowspan="2">更新后的研发体系和实施效果</td></tr>
<tr><td>方案全面推行</td></tr>
</table>

之所以采取明确而严谨的过程去实施研发改进，其根本原因在于研发体系本身的重要性和体系改进的复杂性。改进方案在实践过程中，将不可避免地遇到意外事件，比如外部环境和机遇的改变、企业内部的重大变革、主要干系人的意愿变化等，这些事件增加了改进方案落实的不确定性。尽管改进工作并非能够精确地筹划和落实，但是从总体趋势而言，“取乎其上，得乎其中；取乎其中，得乎其下；取乎其下，则无所得矣”。如果没有对改进方案和改进工作提出高质量，甚至苛刻的要求，则改进工作的真实效果难以预期。

时代发展对企业，乃至企业研发体系不断提出新的挑战，研发改进也需要与时俱进，以贴近企业实际情况、卓有成效的方式去迎接这种挑战。本书对研发体系及其改进实践提出了创新观点，致力于搭建一座衔接企业当前研发体系与改进目标之间的桥梁，以一种逻辑严谨、积极稳妥的方式去开展改进工作，提升其成功率和实施效果。

我们对研发体系改进的整个过程已经了然于胸，接下来的问题就是选择什么时机去启动改进工作才能收获更大价值？

图 6－12 展现了华为研发体系的变革历程。我们不难从中发现，每个改进阶段都具有明确的目的性，针对当前阶段的主要业务问题或者能力提升需求去发起改进项目，并且都是在先前改进成果的基础上而获得进步。

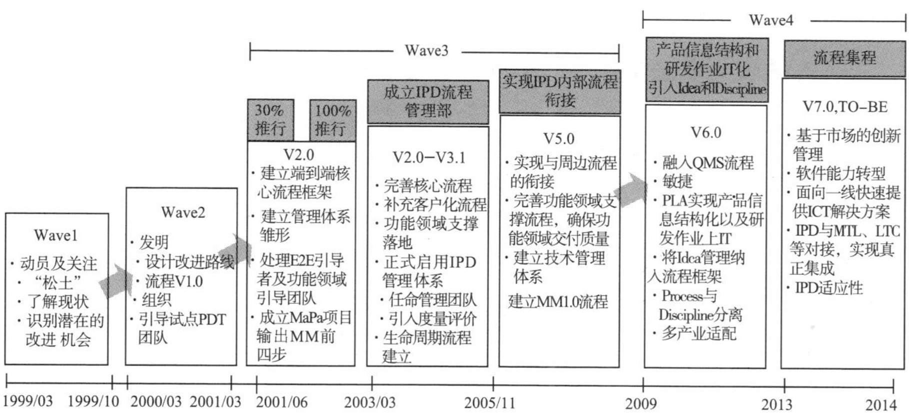

图 6－12　华为研发体系的变革历程

另外，我们也需要看到，华为内部数以万计的业务骨干是这场伟大变革的实践者，正是他们的艰巨付出，促使核心业务能力和技术积累获得持续提升，为变革事业奠定了坚实的基础，推动研发体系变革不断结出丰硕的成果。

当企业战略对研发体系提出了崭新要求、产品方向发生了重大调整、研发体系中四大要素失衡以致影响业务的有效开展时，标志着研发体系需要做出适应性改进。无论企业规模大小、在行业中处于何等地位，概莫能外。改进者需要对此趋势具有前瞻性的判断，当主要矛盾正在形成，却并未严重到拖累研发体系正常运作时，就是适当的体系改进机会窗口。时机选择过晚，迫在眉睫的业务危机将会令企业无暇顾及改进工作；时机选择过早，则会由于目标不明确、缺乏改进意愿而令改进收益难以显现。

伴随着企业发展的全过程，研发体系一直在不断发生着变化。作为研发体系改进者，需要适时判断出主要矛盾和改进方向，采取进取和务实的姿态去推动研发体系不断演进，充分释放效率，使之成为企业发展的重要基石。

本章要点

1. 研发体系改进是一个紧密衔接的完整过程，一般是以项目形式运作。

2. 本章提供了多种缩短研发周期的典型方法，使用时需要根据企业的管理实践做出取舍。

3. 关键性人才是确保研发体系高效运转的基础，人才培养的关键就是通过实践去历练，而不是仅仅满足于理论学习。

4. 改进工作应该促使核心业务能力和技术积累的不断提升，收效才能明显而持续。

5. 企业战略调整、产品方向发生重大变化、研发体系中要素之间严重失衡，这些都标志着研发体系需要改进。

6. 对研发体系前瞻性的判断，有利于选择合适的改进时机。

推荐作者得新书！

博瑞森征稿启事

亲爱的读者朋友：

感谢您选择了博瑞森图书！希望您手中的这本书能给您带来实实在在的帮助！

博瑞森一直致力于发掘好作者、好内容，希望能把您最需要的思想、方法，一字一句地交到您手中，成为管理知识与管理实践的桥梁。

但是我们也知道，有很多深入企业一线、经验丰富、乐于分享的优秀专家，或者忙于实战没时间，或者缺少专业的写作指导和便捷的出版途径，只能茫然以待……

还有很多在竞争大潮中坚守的企业，有着异常宝贵的实践经验和独特的洞察，但缺少专业的记录和整理者，无法让企业的经验和故事被更多的人了解、学习……

对读者而言，这些都太遗憾了！

博瑞森非常希望能将这些埋藏的"宝藏"发掘出来，贡献给广大读者，让更多的人从中受益。

所以，我们真心地邀请您，我们的老读者，帮我们搜寻：

推荐作者

可以是您自己或您的朋友，只要对本土管理有实践、有思考；可以是您通过网络、杂志、书籍或其他途径了解的某位专家，不管名气大小，只要他的思想和方法曾让您深受启发。

可以是管理类作品，也可以超出管理，各类优秀的社科作品或学术作品。

推荐企业

可以是您自己所在的企业，或者是您熟悉的某家企业，其创业过程、运营经历、产品研发、机制创新，等等。无论企业大小，只要乐于分享、有值得借鉴书写之处。

总之，好内容就是一切！

博瑞森绝非"自费出书"，出版费用完全由我们承担。您推荐的作者或企业案例一经采用，我们会立刻向您赠送书币 1000 元，可直接换取任何博瑞森图书的纸书或电子书。

感谢您对本土管理原创、博瑞森图书的支持！

推荐投稿邮箱：bookgood@126.com　　推荐手机：13611149991

1120 本土管理实践与创新论坛

这是由 100 多位本土管理专家联合创立的企业管理实践学术交流组织，旨在孵化本土管理思想、促进企业管理实践、加强专家间交流与协作。

论坛每年集中力量办好两件大事：第一，“**出一本书**”，汇聚一年的思考和实践，把最原创、最前沿、最实战的内容集结成册，贡献给读者；第二，“**办一次会**”，每年 11 月 20 日本土管理专家们汇聚一堂，碰撞思想、研讨案例、交流切磋、回馈社会。

论坛理事名单（以年龄为序，以示传承之意）

首届常务理事：

彭志雄　曾　伟　施　炜　杨　涛　张学军　郭　晓　程绍珊　胡八一
王祥伍　李志华　陈立云　杨永华

理　　事：

张再林　卢根鑫　刘文瑞　王铁仁　周荣辉　罗　珉　房西苑　曾令同
黄民兴　陆和平　孟广桥　宋杼宸　张国祥　刘承元　叶兴平　曹子祥
宋新宇　吴越舟　吴　坚　杜建君　戴欣明　仲昭川　刘春雄　刘祖轲
张茂泽　段继东　陈立胜　梁　涛　何　慕　秦国伟　贺兵一　罗海容
张小虎　陈忠建　郭　剑　余晓雷　黄中强　朱玉童　沈　坤　阎立忠
张　进　丁兴良　朱仁健　薛宝峰　史贤龙　卢　强　史幼波　黄剑黎
叶敦明　王　涛　李文才　王　强　张远凤　陈　明　廖信琳　岑立聪
方　刚　何足奇　周　俊　杨　奕　孙行健　孙嘉晖　张东利　郭富才
叶　宁　何　屹　沈　奎　王明胤　王　超　马宝琳　谭长春　杨竣雄
夏惊鸣　张　博　段传敏　李洪道　胡浪球　孙　波　唐江华　程　翔
翟玉忠　刘红明　杨鸿贵　伯建新　高可为　李　蓓　王春强　孔祥云
戴　勇　贾同领　罗宏文　张兵武　史立臣　李政权　余　盛　陈小龙
尚　锋　邢　雷　余伟辉　李小勇　苗庆显　孙　巍　陈继展　全怀周
林延君　王清华　初勇钢　陈　锐　高继中　聂志新　黄　屹　沈　拓
徐伟泽　潦　寒　谭洪华　崔自三　王玉荣　蒋　军　侯军伟　黄润霖
朱伟杰　金国华　吴　之　葛新红　周　剑　崔海鹏　李治江　陈海超
柏　龑　唐道明　刘书生　朱志明　曲宗恺　杜　忠　黄渊明　王献永
范月明　吕　林　刘文新　赵晓萌　张　伟　韩　旭　韩友诚　熊亚柱
秦海林　孙彩军　刘　雷　贺小林　王庆云　黄　娜　俞士耀　田　军
丁　昀　张小峰　黄　磊　罗晓慧　赵海永　伏泓霖　任彭枞　梁小平
鄢圣安　马方旭　乐　涛　杨晓燕　欧阳莉华　陈　慧　张　璐

企业案例·老板传记

	书名．作者	内容/特色	读者价值
企业案例·老板传记	**你不知道的加多宝：原市场部高管讲述** 曲宗恺　牛玮娜　著	前加多宝高管解读加多宝	全景式解读，原汁原味
	借力咨询：德邦成长背后的秘密 官同良　王祥伍　著	讲述德邦是如何借助咨询公司的力量进行自身与发展的	来自德邦内部的第一线资料，真实、珍贵，令人受益匪浅
	娃哈哈区域标杆：豫北市场营销实录 罗宏文　赵晓萌　等著	本书从区域的角度来写娃哈哈河南分公司豫北市场是怎么进行区域市场营销，成为娃哈哈全国第一大市场、全国增量第一高市场的一些操作方法	参考性、指导性，一线真实资料
	六个核桃凭什么：从0过100亿 张学军　著	首部全面揭秘养元六个核桃裂变式成长的巨著	学习优秀企业的成长路径，了解其背后的理论体系
	像六个核桃一样：打造畅销品的36个简明法则 王　超　范　萍　著	本书分上下两篇：包括"六个核桃"的营销战略历程和36条畅销法则	知名企业的战略历程极具参考价值，36条法则提供操作方法
	解决方案营销实战案例 刘祖轲　著	用10个真案例讲明白什么是工业品的解决方案式营销，实战、实用	有干货、真正操作过的才能写得出来
	招招见销量的营销常识 刘文新　著	如何让每一个营销动作都直指销量	适合中小企业，看了就能用
	我们的营销真案例 联纵智达研究院　著	五芳斋粽子从区域到全国/诺贝尔瓷砖门店销量提升/利豪家具出口转内销/汤臣倍健的营销模式	选择的案例都很有代表性，实在、实操！
	中国营销战实录：令人拍案叫绝的营销真案例 联纵智达　著	51个案例，42家企业，38万字，18年，累计2000余人次参与……	最真实的营销案例，全是一线记录，开阔眼界
	双剑破局：沈坤营销策划案例集 沈　坤　著	双剑公司多年来的精选案例解析集，阐述了项目策划中每一个营销策略的诞生过程，策划角度和方法	一线真实案例，与众不同的策划角度令人拍案叫绝、受益匪浅
	宗：一位制造业企业家的思考 杨　涛　著	1993年创业，引领企业平稳发展20多年，分享独到的心得体会	难得的一本老板分享经验的书
	简单思考：AMT咨询创始人自述 孔祥云　著	著名咨询公司（AMT）的CEO创业历程中点点滴滴的经验与思考	每一位咨询人，每一位创业者和管理经营者，都值得一读
	边干边学做老板 黄中强　著	创业20多年的老板，有经验、能写、又愿意分享，这样的书很少	处处共鸣，帮助中小企业老板少走弯路
	三四线城市超市如何快速成长：解密甘雨亭 IBMG国际商业管理集团　著	国内外标杆企业的经验+本土实践量化数据+操作步骤、方法	通俗易懂，行业经验丰富，宝贵的行业量化数据，关键思路和步骤
	中国首家未来超市：解密安徽乐城 IBMG国际商业管理集团　著	本书深入挖掘了安徽乐城超市的试验案例，为零售企业未来的发展提供了一条可借鉴之路	通俗易懂，行业经验丰富，宝贵的行业量化数据，关键思路和步骤

互联网+

	书名．作者	内容/特色	读者价值
互联网+	**新营销** 刘春雄　著	新营销的新框架体系是场景是产品逻辑，IP是品牌逻辑，社群是连接逻辑，传播是营销逻辑	助力品牌商实现由传统营销到新营销的理念和行动的跨越，助力企业打赢升级转型之仗
	企业微信营销全指导 孙　巍　著	专门给企业看到的微信营销书，手把手教企业从小白到微信营销专家	企业想学微信营销现在还不晚，两眼一抹黑也不怕，有这本书就够

续表

互联网+	**企业网络营销这样做才对：B2B大宗B2C** 张　进　著	简单直白拿来就用，各种窍门信手拈来，企业网络营销不麻烦也不用再头疼，一般人不告诉他	B2B、大宗B2C企业有福了，看了就能学会网络营销
	互联网时代的银行转型 韩友诚　著	以大量案例形式为读者全面展示和分析了银行的互联网金融转型应对之道	结合本土银行转型发展案例的书籍
	正在发生的转型升级·实践 本土管理实践与创新论坛　著	企业在快速变革期所展现出的管理变革新成果、新方法、新案例	重点突出对于未来企业管理相关领域的趋势研判
	触发需求：互联网新营销样本·水产 何足奇　著	传统产业都在苦闷中挣扎前行，本书通过鲜活的案例告诉你如何以需求链整合供应链，从而把大家熟知的传统行业打碎了重构、重做一遍	全是干货，值得细读学习，并且作者的理论已经经过了他亲自操刀的实践检验，效果惊人，就在书中全景展示
	移动互联新玩法：未来商业的格局和趋势 史贤龙　著	传统商业、电商、移动互联，三个世界并存，这种新格局的玩法一定要懂	看清热点的本质，把握行业先机，一本书搞定移动互联网
	微商生意经：真实再现33个成功案例操作全程 伏泓霖　罗晓慧　著	本书为33个真实案例，分享案例主人公在做微商过程中的经验教训	案例真实，有借鉴意义
	阿里巴巴实战运营——14招玩转诚信通 聂志新　著	本书主要介绍阿里巴巴诚信通的十四个基本推广操作，从而帮助使用诚信通的用户及企业更好地提升业绩	基本操作，很多可以边学边用，简单易学
	阿里巴巴实战运营2：诚信通热卖技巧 聂嵘海　著	诚信通TOP商家赚钱的密码箱，手把手教你操作，拿来就用	图文并茂，内容齐全，直接可以对照使用
	抖音营销如何做：未来抖商 刘大贺　著	解密从0到1亿粉丝的实操路径，深度剖析抖音营销全系统策略	企业做抖音营销的第一书
	微商团队长：从入门到精通 罗品牌　著	由浅入深，涵盖微商团队长必学技能的方方面面	只要照着做，就能当好微商团队长
	互联网精准营销 蒋　军　著	怎么在互联网时代整体策划、包装品牌和产品，并在此基础上为企业设计商业模式，技术实现并运营落地	为有基础的小微企业（大企业的新项目）1年实现销售额过亿，2年对接资本，3年左右准IPO
	今后这样做品牌：移动互联时代的品牌营销策略 蒋　军　著	与移动互联紧密结合，告诉你老方法还能不能用，新方法怎么用	今后这样做品牌就对了
	互联网+"变"与"不变"：本土管理实践与创新论坛集萃·2016 本土管理实践与创新论坛　著	本土管理领域正在产生自己独特的理论和模式，尤其在移动互联时代，有很多新课题需要本土专家们一起研究	帮助读者拓宽眼界、突破思维
	创造增量市场：传统企业互联网转型之道 刘红明　著	传统企业需要用互联网思维去创造增量，而不是用电子商务去转移传统业务的存量	教你怎么在"互联网+"的海洋中创造实实在在的增量
	重生战略：移动互联网和大数据时代的转型法则 沈　拓　著	在移动互联网和大数据时代，传统企业转型如同生命体打算与再造，称之为"重生战略"	帮助企业认清移动互联网环境下的变化和应对之道
	画出公司的互联网进化路线图：用互联网思维重塑产品、客户和价值 李　蓓　著	18个问题帮助企业一步步梳理出互联网转型思路	思路清晰、案例丰富，非常有启发性
	7个转变，让公司3年胜出 李　蓓　著	消费者主权时代，企业该怎么办	这就是互联网思维，老板有能这样想，肯定倒不了
	跳出同质思维，从跟随到领先 郭　剑　著	66个精彩案例剖析，帮助老板突破行业长期思维惯性	做企业竟然有这么多玩法，开眼界

续表

行业类：零售、白酒、食品/快消品、农业、医药、建材家居等

	书名．作者	内容/特色	读者价值
零售·超市·餐饮·服装	**总部有多强大，门店就能走多远** IBMG 国际商业管理集团　著	如何把总部做强，成为门店的坚实后盾	了解总部建设的方法与经验
	超市卖场定价策略与品类管理 IBMG 国际商业管理集团　著	超市定价策略与品类管理实操案例和方法	拿来就能用的理论和工具
	连锁零售企业招聘与培训破解之道 IBMG 国际商业管理集团　著	围绕零售企业组织架构、培训体系建设等内容进行深刻探讨	破解人才发现和培养瓶颈的关键点
	中国首家未来超市：解密安徽乐城 IBMG 国际商业管理集团　著	介绍了乐城作为中国首家未来超市从无到有的传奇经历	了解新型零售超市的运作方式及管理特色
	三四线城市超市如何快速成长：解密甘雨亭 IBMG 国际商业管理集团　著	揭秘一家三四线连锁超市的经验策略	不但可以欣赏它的优点，而且可以学会它成功的方法
	新零售　新终端 迪智成咨询团队　著	梳理和提炼新零售的系统打法，将之落地在新终端建设上	让新零售这一看似形而上的商业概念有了可以落地的立足点
	新零售动作分解：建材　家居　家具 盛斌子　著	第一本锁定在家居建材、家电、家装等耐用消费品领域谈新零售的书	第一本谈新零售的具体动作、策略、方法、招术的书，拿来就用
	新零售进化趋势与未来格局 李政权　著	通过业态、品类、体验、场景等，逐一呈现新零售的未来进化	就新零售未来的发展方向与进化趋势给出一个确定性的未来
	涨价也能卖到翻 村松达夫　【日】	提升客单价的 15 种实用、有效的方法	日本企业在这方面非常值得学习和借鉴
	移动互联下的超市升级 联商网专栏频道　著	深度解析超市转型升级重点	帮助零售企业把握全局、看清方向
	手把手教你做专业督导：专卖店、连锁店 熊亚柱　著	从督导的职能、作用，在工作中需要的专业技能、方法，都提供了详细的解读和训练办法，同时附有大量的表单工具	无论是店铺需要统一培训，还是个人想成为优秀的督导，有这一本就够了
	百货零售全渠道营销策略 陈继展　著	没有照本宣科、说教式的絮叨，只有笔者对行业的认知与理解，庖丁解牛式的逐项解析、展开	通俗易懂，花极少的时间快速掌握该领域的知识及趋势
	零售：把客流变成购买力 丁　昀　著	如何通过不断升级产品和体验式服务来经营客流	如何进行体验营销，国外的好经营，这方面有启发
	餐饮企业经营策略第一书 吴　坚　著	分别从产品、顾客、市场、盈利模式等几个方面，对现阶段餐饮企业的发展提出策略和思路	第一本专业的、高端的餐饮企业经营指导书
	餐饮新营销 杨　勇　程绍珊　著	在新环境下，对餐饮营销管理进行了全面深入的解读，提供了方式方法	全面性、系统性，区别于市面上的纯操作类作品
	电影院的下一个黄金十年：开发·差异化·案例 李保煜　著	对目前电影院市场存大的问题及如何解决进行了探讨与解读	多角度了解电影院运营方式及代表性案例
	赚不赚钱靠店长：从懂管理到会经营 孙彩军　著	通过生动的案例来进行剖析，注重门店管理细节方面的能力提升	帮助终端门店店长在管理门店的过程中实现经营思路的拓展与突破
耐消品	**商用车经销商运营实战** 杜建君　王朝阳　章晓青　等著	从管理到经营，从销售到服务，系统化运作全指导	为经销商经营开阔思路，掌握方法
	汽车配件这样卖：汽车后市场销售秘诀 100 条 俞士耀　著	汽配销售业务员必读，手把手教授最实用的方法，轻松得来好业绩	快速上岗，专业实效，业绩无忧

续表

耐消品	**润滑油销售:这样说这样做更有效** 张金荣　著	针对渠道、经销商、终端的超实用话术	上车看,下车用,3分钟就能学会。
	新经销:新零售时代,教你做大商 黄润霖　著	从选址、产品、促销、团队、规模阐述新经销变与不变的市场手法和操作思路	实地拜访近100位经销商在传统营销手法上的创新、新营销工具的发现
	珠宝黄金新营销 崔德乾　著	营销、品牌、产品、连接、场景、社群、服务、传播、管理及产业价值链	新营销在珠宝行业的实战应用,业内必备第一书
	跟行业老手学经销商开发与管理:家电、耐消品、建材家居 黄润霖　著	全部来源于经销商管理的一线问题,作者用丰富的经验将每一个问题落实到最便捷快速的操作方法上去	书中每一个问题都是普通营销人亲口提出的,这些问题你也会遇到,作者进行的解答则精彩实用
白酒	**酒水饮料快消品餐饮渠道营销手册** 朱伟杰　著	主要针对快消品(酒水、饮料)的餐饮渠道,提供了区域、商圈、不同业态的规划和促销安排等多种工具,并提出了经销商、批发商等相关人员的管理方法	一本酒水饮料如何在餐饮渠道销售的全能手册,内容深入翔实,可以直接照搬套用,这样的便利简直千金不换
	白酒到底如何卖 赵海永　著	以市场实战为主,多层次、全方位、多角度地阐释了白酒一线市场操作的最新模式和方法,接地气	实操性强,37个方法、6大案例帮你成功卖酒
	变局下的白酒企业重构 杨永华　著	帮助白酒企业从产业视角看清趋势,找准位置,实现弯道超车的书	行业内企业要减少90%,自己在什么位置,怎么做,都清楚了
	1. 白酒营销的第一本书(升级版) **2. 白酒经销商的第一本书** 唐江华　著	华泽集团湖南开口笑公司品牌部长,擅长酒类新品推广、新市场拓展	扎根一线,实战
	区域型白酒企业营销必胜法则 朱志明　著	为区域型白酒企业提供35条必胜法则,在竞争中赢销的葵花宝典	丰富的一线经验和深厚积累,实操实用
	10步成功运作白酒区域市场 朱志明　著	白酒区域操盘者必备,掌握区域市场运作的战略、战术、兵法	在区域市场的攻伐防守中运筹帷幄,立于不败之地
	酒业转型大时代:微酒精选2014－2015 微酒　主编	本书分为五个部分:当年大事件、那些酒业营销工具、微酒独立策划、业内大调查和十大经典案例	了解行业新动态、新观点,学习营销方法
快消品·食品	**中国快消品营销的这些年** 史贤龙　著	作者精华文章的合集,一本书浓缩了过去十五年,中国营销的实战历程与前沿思考	快消品营销行业的案例和方法都原汁原味呈现,在反映当时风貌的同时,展望与反思
	营销中国茶:2小时读懂茶叶营销 史贤龙　著	从不同视角对中国的茶营销进行了思考,内容涉及中国茶产业战略困境、茶企规模化、茶品牌崛起、茶文化、茶营销、茶消费、茶零售、茶道等	内容丰富扎实,文字流畅,浓缩的都是精华,让你2小时读懂茶叶营销
	这样打造快消品标杆市场 罗宏文　著	帮助你解决如何成功打造标杆市场和进行持续增量管理两大问题	一套系统的方法论,通俗易懂,可以直接套用
	5小时读懂快消品营销:中国快消品案例观察 陈海超　著	多年营销经验的一线老手把案例掰开了、揉碎了,从中得出的各种手段和方法给读者以帮助和启发	营销那些事儿的个中秘辛,求人还不一定告诉你,这本书里就有
	快消品招商的第一本书:从入门到精通 刘　雷　著	深入浅出,不说废话,有工具方法,通俗易懂	让零基础的招商新人快速学习书中最实用的招商技能,成长为骨干人才
	乳业营销第一书 侯军伟　著	对区域乳品企业生存发展关键性问题的梳理	唯一的区域乳业营销书,区域乳品企业一定要看

续表

快消品·食品	**金龙鱼背后的粮油帝国** 余　盛　著	讲述金龙鱼品牌及母公司丰益国际的商业冒险故事	在精彩的阅读体验中学到营销管理的方法
	食用油营销第一书 余　盛　著	10 多年油脂企业工作经验，从行业到具体实操	食用油行业第一书，当之无愧
	中国茶叶营销第一书 柏　龑　著	如何跳出茶行业"大文化小产业"的困境，作者给出了自己的观察和思考	不是传统做茶的思路，而是现在商业做茶的思路
	调味品企业八大必胜法则 张　戟　著	八大规律性的关键成功要素，背后都有本土调味品企业的成功实践	"观点阐述 + 案例描述"，行业必读
	调味品营销第一书 陈小龙　著	国内唯一一本调味品营销的书	唯一的调味品营销的书，调味品的从业者一定要看
	快消品营销人的第一本书：从入门到精通 刘　雷　伯建新　著	快消行业必读书，从入门到专业	深入细致，易学易懂
	变局下的快消品营销实战策略 杨永华　著	通胀了，成本增加，如何从被动应战变成主动的"系统战"	作者对快消品行业非常熟悉、非常实战
	快消品经销商如何快速做大 杨永华　著	本书完全从实战的角度，评述现象，解析误区，揭示原理，传授方法	为转型期的经销商提供了解决思路，指出了发展方向
	快消品营销：一位销售经理的工作心得 2 蒋　军　著	快消品、食品饮料营销的经验之谈，重点图书	来源与实战的精华总结
	快消品营销与渠道管理 谭长春　著	将快消品标杆企业渠道管理的经验和方法分享出来	可口可乐、华润的一些具体的渠道管理经验，实战
	成为优秀的快消品区域经理（升级版） 伯建新　著	用"怎么办"分析区域经理的工作关键点，增加 30% 全新内容，更贴近环境变化	可以作为区域经理的"速成催化器"
	销售轨迹：一位快消品营销总监的拼搏之路 秦国伟　著	本书讲述了一个普通销售员打拼成为跨国企业营销总监的真实奋斗历程	激励人心，给广大销售员以力量和鼓舞
	快消老手都在这样做：区域经理操盘锦囊 方　刚　著	非常接地气，全是多年沉淀下来的干货，丰富的一线经验和实操方法不可多得	在市场摸爬滚打的"老油条"，那些独家绝招妙招一般你问都是问不来的
	动销四维：全程辅导与新品上市 高继中　著	从产品、渠道、促销和新品上市详细讲解提高动销的具体方法，总结作者 18 年的快消品行业经验，方法实操	内容全面系统，方法实操
农业	**饲料营销有方法：策略　案例　工具** 陈石平　著	跳出饲料看饲料，根据饲料营销的关键成功要素（KSF）提出 7 大核心命题	紧跟农牧产业发展大势，提高饲料企业营销竞争力
	新农资如何换道超车 刘祖轲　等著	从农业产业化、互联网转型、行业营销与经营突破四个方面阐述如何让农资企业占领先机、提前布局	南方略专家告诉你如何应对资源浪费、生产效率低下、产能严重过剩、价格与价值严重扭曲等
	中国牧场管理实战：畜牧业、乳业必读 黄剑黎　著	本书不仅提供了来自一线的实际经验，还收入了丰富的工具文档与表单	填补空白的行业必读作品
	中小农业企业品牌战法 韩　旭　著	将中小农业企业品牌建设的方法，从理论讲到实践，具有指导性	全面把握品牌规划，传播推广，落地执行的具体措施
	农资营销实战全指导 张　博　著	农资如何向"深度营销"转型，从理论到实践进行系统剖析，经验资深	朴实、使用！不可多得的农资营销实战指导
	农产品营销第一书 胡浪球　著	从农业企业战略到市场开拓、营销、品牌、模式等	来源于实践中的思考，有启发
	变局下的农牧企业 9 大成长策略 彭志雄　著	食品安全、纵向延伸、横向联合、品牌建设……	唯一的农牧企业经营实操的书，农牧企业一定要看

续表

医药	**在中国，医药营销这样做：时代方略精选文集** 段继东　主编	专注于医药营销咨询15年，将医药营销方法的精华文章合编，深入全面	可谓医药营销领域的顶尖著作，医药界读者的必读书
	医药新营销：制药企业、医药商业企业营销模式转型 史立臣　著	医药生产企业和商业企业在新环境下如何做营销？老方法还有没有用？如何寻找新方法？新方法怎么用？本书给你答案	内容非常现实接地气，踏实谈问题说方法
	医药企业转型升级战略 史立臣　著	药企转型升级有5大途径，并给出落地步骤及风险控制方法	实操性强，有作者个人经验总结及分析
	新医改下的医药营销与团队管理 史立臣　著	探讨新医改对医药行业的系列影响和医药团队管理	帮助理清思路，有一个框架
	医药营销与处方药学术推广 马宝琳　著	如何用医学策划把"平民产品"变成"明星产品"	有真货、讲真话的作者，堪称处方药营销的经典！
	医药行业大洗牌与药企创新 林延君　沈　斌　著	一方面，围绕着变革，多角度阐述药企的应对之道；另一方面，紧扣实践，介绍近百家医药企业创新实践案例	医改变革10年，医药企业如何应对大洗牌？重磅出击的药企人必读书
	新医改了，药店就要这样开 尚　锋　著	药店经营、管理、营销全攻略	有很强的实战性和可操作性
	电商来了，实体药店如何突围 尚　锋　著	电商崛起，药店该如何突围？本书从促销、会员服务、专业性、客单价等多重角度给出了指导方向	实战攻略，拿来就能用
	OTC医药代表药店销售36计 鄢圣安　著	以《三十六计》为线，写OTC医药代表向药店销售的一些技巧与策略	案例丰富，生动真实，实操性强
	OTC医药代表药店开发与维护 鄢圣安　著	要做到一名专业的医药代表，需要做什么、准备什么、知识储备、操作技巧等	医药代表药店拜访的指导手册，手把手教你快速上手
	引爆药店成交率1：店员导购实战 范月明　著	一本书解决药店导购所有难题	情景化、真实化、实战化
	引爆药店成交率2：经营落地实战 范月明　著	最接地气的经营方法全指导	揭示了药店经营的几类关键问题
	引爆药店成交率：专业化销售解决方案 范月明　著	药品搭配分析与关联销售	为药店人专业化助力
	处方药合规推广实战宝典 赵佳震　著	推广体系搭建、推广人员岗位工作内容、推广服务外包商管理等六个方面	解决"医药代表转型"和"推广服务外包商管理"的困惑
	医药代理商实操全指导：新环境　新战法 戴文杰　著	结合医药市场政策环境解读新环境下医药招商的战法，着重分析药品产业链的盈利机会	医药销售业务人员的必备读物
	攻略基层诊所：医药营销这样做 张江民　著	对基层诊所的开发、维护和动销，拿来就用的方式方法	实战是本书的主旨，只要用心去看，就能在基层诊所市场中运用
	互联网医药的未来 动脉网　编著	介绍了互联网医药发展的现状与趋势	帮助创业者和投资人看清未来，把握当下
	处方药零售这样做 田　军　著	阐述了处方药零售的重要性，以及做处方药零售市场的具体措施和方法	系统性了解和掌握处方药零售方法
建材家居	**成为最赚钱的家具建材经销商** 李治江　著	从销售模式、产品、门店等老板们最关注和最需要的方面解决问题、提供方法	只要你是建材、家具、家居用品的经销商老板，这就是一本必读的书
	定制家居黄金十年 韩　锋　翁长华　著	梳理了定制家居的商业模式和发展情况	帮助定制家居看清方向，把握当下
	家具建材促销与引流 薛　亮　李永峰　著	十大促销模式的详细方法和工具	让你天天签大单

续表

<table>
<tr><td rowspan="8">建材家居</td><td>家具行业操盘手
王献永　著</td><td>家具行业问题的终结者</td><td>解决了干家具还有没有前途？为什么同城多店的家具经销商很难做大做强等问题</td></tr>
<tr><td>建材家居营销：除了促销还能做什么
孙嘉晖　著</td><td>一线老手的深度思考，告诉你在建材家居营销模式基本停滞的今天，除了促销，营销还能怎么做</td><td>给你的想法一场革命</td></tr>
<tr><td>建材家居营销实务
程绍珊　杨鸿贵　主编</td><td>价值营销运用到建材家居，每一步都让客户增值</td><td>有自己的系统、实战</td></tr>
<tr><td>家居建材门店6力爆破
贾同领　著</td><td>合盘道出一线品牌销量秘籍</td><td>6力招招见血，既有招数，又有策略</td></tr>
<tr><td>建材家居门店销量提升
贾同领　著</td><td>店面选址、广告投放、推广助销、空间布局、生动展示、店面运营等</td><td>门店销量提升是一个系统工程，非常系统、实战</td></tr>
<tr><td>10步成为最棒的建材家居门店店长
徐伟泽　著</td><td>实际方法易学易用，让员工能够迅速成长，成为独当一面的好店长</td><td>只要坚持这样干，一定能成为好店长</td></tr>
<tr><td>手把手帮建材家居导购业绩倍增：成为顶尖的门店店员
熊亚柱　著</td><td>生动的表现形式，让普通人也能成为优秀的导购员，让门店业绩长红</td><td>读着有趣，用着简单，一本在手、业绩无忧</td></tr>
<tr><td>建材家居经销商实战42章经
王庆云　著</td><td>告诉经销商：老板怎么当、团队怎么带、生意怎么做</td><td>忠言逆耳，看着不舒服就对了，实战总结，用一招半式就值了</td></tr>
<tr><td rowspan="11">工业品</td><td>销售是门专业活：B2B、工业品
陆和平　著</td><td>销售流程就应该跟着客户的采购流程和关注点的变化向前推进，将一个完整的销售过程分成十个阶段，提供具体方法</td><td>销售不是请客吃饭拉关系，是个专业的活计！方法在手，走遍天下不愁</td></tr>
<tr><td>解决方案营销实战案例
刘祖轲　著</td><td>用10个真案例讲明白什么是工业品的解决方案式营销，实战、实用</td><td>有干货、真正操作过的才能写得出来</td></tr>
<tr><td>变局下的工业品企业7大机遇
叶敦明　著</td><td>产业链条的整合机会、盈利模式的复制机会、营销红利的机会、工业服务商转型机会……</td><td>工业品企业还可以这样做，思维大突破</td></tr>
<tr><td>工业品市场部实战全指导
杜　忠　著</td><td>工业品市场部经理工作内容全指导</td><td>系统、全面、有理论、有方法，帮助工业品市场部经理更快提升专业能力</td></tr>
<tr><td>工业品营销管理实务
李洪道　著</td><td>中国特色工业品营销体系的全面深化、工业品营销管理体系优化升级</td><td>工具更实战，案例更鲜活，内容更深化</td></tr>
<tr><td>工业品企业如何做品牌
张东利　著</td><td>为工业品企业提供最全面的品牌建设思路</td><td>有策略、有方法、有思路、有工具</td></tr>
<tr><td>丁兴良讲工业4.0
丁兴良　著</td><td>没有枯燥的理论和说教，用朴实直白的语言告诉你工业4.0的全貌</td><td>工业4.0是什么？本书告诉你答案</td></tr>
<tr><td>资深大客户经理：策略准，执行狠
叶敦明　著</td><td>从业务开发、发起攻势、关系培育、职业成长四个方面，详述了大客户营销的精髓</td><td>满满的全是干货</td></tr>
<tr><td>两化融合管理系统贯标流程与方法
戴　勇　张华杰　张百荣　编著</td><td>全面梳理贯标流程和方法</td><td>帮助企业成功贯标</td></tr>
<tr><td>一切为了订单：订单驱动下的工业品营销实战
唐道明　著</td><td>其实，所有的企业都在围绕着两个字在开展全部的经营和管理工作，那就是“订单”</td><td>开发订单、满足订单、扩大订单。本书全是实操方法，字字珠玑、句句干货，教你获得营销的胜利</td></tr>
<tr><td rowspan="2">金融</td><td>交易心理分析
(美)马克·道格拉斯　著
刘真如　译</td><td>作者一语道破赢家的思考方式，并提供了具体的训练方法</td><td>不愧是投资心理的第一书，绝对经典</td></tr>
<tr><td>精品银行管理之道
崔海鹏　何　屹　主编</td><td>中小银行转型的实战经验总结</td><td>中小银行的教材很多，实战类的书很少，可以看看</td></tr>
</table>

续表

金融	**支付战争** Eric M. Jackson　著 徐　彬　王　晓　译	PayPal 创业期营销官，亲身讲述 PayPal 从诞生到壮大到成功出售的整个历史	激烈、有趣的内幕商战故事！了解美国支付市场的风云巨变
	中外并购名著专业阅读指南 叶兴平　等著	在 5000 多本并购类图书中精选的 200 著作，在阅读的基础上写的读书评价	精挑细选 200 本并一一评介，省去读者挑选的烦恼，快捷、高效
	新三板信息披露全流程：操作与工具 和珩科技　著	详细拆解董秘日常工作过程中所需的信息披露流程	董秘案头必备用书
	成功并购 300 本：一本书搞定并购难题 浩德军师并购联盟　著	从财务，税务，法律等角度详细解答疑问	能解决 80% 的并购问题
	互联网时代的银行转型 韩友诚　著	以大量案例形式为读者全面展示和分析了银行的互联网金融转型应对之道	结合本土银行转型发展案例的书籍
房地产	**产业园区/产业地产规划、招商、运营实战** 阎立忠　著	目前中国第一本系统解读产业园区和产业地产建设运营的实战宝典	从认知、策划、招商到运营全面了解地产策划
	人文商业地产策划 戴欣明　著	城市与商业地产战略定位的关键是不可复制性，要发现独一无二的"味道"	突破千城一面的策划困局
	中国城市群房地产投资策略 吕俊博　著	全方位、多角度分析城市群房地产现状是趋势	让亿元资产投资更理性、更安全
	电影院的下一个黄金十年：开发・差异化・案例 李保煜　著	对目前电影院市场存大的问题及如何解决进行了探讨与解读	多角度了解电影院运营方式及代表性案例
能源	**全能型班组：城市能源互联网与电力班组升级** 国网天津市电力公司　编著	借鉴国内外优秀企业的转型升级思路，通过对于新型班组组织模式和运行机制的大胆设想，力图构建充分适应内外环境变化的全能型班组	看看庞大的国企在新环境下是如何顺应时代的
	国网天津电力全能型班组建设实务 国网天津市电力公司　编著	本书聚焦于天津电力公司在探索全能型班组转型升级时的优秀实践	电力行业的班组实践，具体、可操作性强

经营类：企业如何赚钱，如何抓机会，如何突破，如何"开源"

	书名．作者	内容/特色	读者价值
抓方向	**让经营回归简单．升级版** 宋新宇　著	化繁为简抓住经营本质：战略、客户、产品、员工、成长	经典，做企业就这几个关键点！
	混沌与秩序Ⅰ：变革时代企业领先之道 **混沌与秩序Ⅱ：变革时代管理新思维** 彭剑锋　尚艳玲　主编	汇集华夏基石专家团队 10 年来研究成果，集中选择了其中的精华文章编纂成册	作者都是既有深厚理论积淀又有实践经验的重磅专家，为中国企业和企业家的未来提出了高屋建瓴的观点
	活系统：跟任正非学当老板 孙行健　尹　贤　著	以任正非的独到视角，教企业老板如何经营公司	看透公司经营本质，激活企业活力
	重构：快消品企业重生之道 杨永华　著	从 7 个角度，帮助企业实现系统性的改造	提供转型思想与方法，值得参考
	公司由小到大要过哪些坎 卢　强　著	老板手里的一张"企业成长路线图"	现在我在哪儿，未来还要走哪些路，都清楚了
	企业二次创业成功路线图 夏惊鸣　著	企业曾经抓住机会成功了，但下一步该怎么办？	企业怎样获得第二次成功，心里有个大框架了
	老板经理人双赢之道 陈　明　著	经理人怎养选平台、怎么开局，老板怎样选/育/用/留	老板生闷气，经理人牢骚大，这次知道该怎么办了

续表

抓方向	**简单思考:AMT 咨询创始人自述** 孔祥云　著	著名咨询公司(AMT)的 CEO 创业历程中点点滴滴的经验与思考	每一位咨询人,每一位创业者和管理经营者,都值得一读
	企业文化的逻辑 王祥伍　黄健江　著	为什么企业绩效如此不同,解开绩效背后的文化密码	少有的深刻,有品质,读起来很流畅
	使命驱动企业成长 高可为　著	钱能让一个人今天努力,使命能让一群人长期努力	对于想做事业的人,'使命'是绕不过去的
思维突破	**盈利原本就这么简单** 高可为　著	从财务的角度揭示企业盈利的秘密	多方面解读商业模式与盈利的关系,通俗易懂,受益匪浅
	经营:打造你的盈利系统 高可为　著	从盈利角度梳理了系统化的经营方式	让企业掌舵者把控经营全局
	创模式:23 个行业创新案例 段传敏　著	23 位行业精英的创新对话	创业者、转型者的实战参考
	企业良性成长:用顶层设计突破瓶颈 刘建兆　著	全方位介绍企业顶层设计的方法和思路	帮助企业用顶层设计突破成长瓶颈
	移动互联新玩法:未来商业的格局和趋势 史贤龙　著	传统商业、电商、移动互联,三个世界并存,这种新格局的玩法一定要懂	看清热点的本质,把握行业先机,一本书搞定移动互联网
	画出公司的互联网进化路线图:用互联网思维重塑产品、客户和价值 李　蓓　著	18 个问题帮助企业一步步梳理出互联网转型思路	思路清晰、案例丰富,非常有启发性
	重生战略:移动互联网和大数据时代的转型法则 沈　拓　著	在移动互联网和大数据时代,传统企业转型如同生命体打算与再造,称之为"重生战略"	帮助企业认清移动互联网环境下的变化和应对之道
	创造增量市场:传统企业互联网转型之道 刘红明　著	传统企业需要用互联网思维去创造增量,而不是用电子商务去转移传统业务的存量	教你怎么在"互联网 +"的海洋中创造实实在在的增量
	7 个转变,让公司 3 年胜出 李　蓓　著	消费者主权时代,企业该怎么办	这就是互联网思维,老板有能这样想,肯定倒不了
	跳出同质思维,从跟随到领先 郭　剑　著	66 个精彩案例剖析,帮助老板突破行业长期思维惯性	做企业竟然有这么多玩法,开眼界
	互联网 +"变"与"不变":本土管理实践与创新论坛集萃·2016 本土管理实践与创新论坛　著	加速本土管理思想的孕育诞生,促进本土管理创新成果更好地服务企业、贡献社会	各个作者本年度最新思想,帮助读者拓宽眼界、突破思维
	消费升级:实践　研究(文集) 本土管理实践与创新论坛　著	38 位管理专家及 7 位学者的精华思想,从经营、管理、行业及思想研究四个方面阐述中国企业在消费升级下的实践与研究	思想启发,行业借鉴
财务	**写给企业家的公司与家庭财务规划——从创业成功到富足退休** 周荣辉　著	本书以企业的发展周期为主线,写各阶段企业与企业主家庭的财务规划	为读者处理人生各阶段企业与家庭的财务问题提供建议及方法,让家庭成员真正享受财富带来的益处
	互联网时代的成本观 程　翔　著	本书结合互联网时代提出了成本的多维观,揭示了多维组合成本的互联网精神和大数据特征,论述了其产生背景、实现思路和应用价值	在传统成本观下为盈利的业务,在新环境下也许就成为亏损业务。帮助管理者从新的角度来看待成本,进一步做好精益管理

续表

财务	财报背后的投资机会 蒋　豹　著	以具体的公司案例分析，教你迅速看出财务报表与企业经营的关系、所反映的企业经营现状，从而找到投资机会	前四大会计所员工为读者解密财报，发现投资机会
管理类：效率如何提升，如何实现经营目标，如何“节流”			
书名．作者		内容/特色	读者价值
通用管理	**让管理回归简单·升级版** 宋新宇　著	从目标、组织、决策、授权、人才和老板自己层面教你怎样做管理	帮助管理抓住管理的要害，让管理变得简单
	让经营回归简单·升级版 宋新宇　著	从战略、客户、产品、员工、成长、经营者自身等七个方面，归纳总结出简单有效的经营法则	总结出的真正优秀企业的成功之道：简单
	让用人回归简单 宋新宇　著	从用人的原则、用人的难题与误区、用人的方法和用人者的修炼四大方面，总结出适合中小企业做好人才管理工作的法则	帮助管理者抓住用人的要害，让用人变得简单
	历史深处的管理智慧1：组织建设与用人之道 刘文瑞　著	对历史之典故、政事、人事、政制进行管理解析，鉴照企业人才的选用育留	推动理论与实践的对接，实现理性与情感的渗透，用中国话语说明管理智慧
	历史深处的管理智慧2：战略决策与经营运作 刘文瑞　著	对历史之典故、政事、人事、政制进行管理解析，鉴照企业战略设计与经营实践	推动理论与实践的对接，实现理性与情感的渗透，用中国话语说明管理智慧
	历史深处的管理智慧3：领导修炼与文化素养 刘文瑞　著	对历史之典故、政事、人事、政制进行管理解析，鉴照企业领导职业能力提升与文化修养	推动理论与实践的对接，实现理性与情感的渗透，用中国话语说明管理智慧
	管理的尺度 刘文瑞　著	对管理中的种种普遍性问题进行了批评	提高把握管理尺度的能力
	管理学在中国 刘文瑞　著	系统性介绍了管理学在中国的发展和演变	了解管理学在中国的发展脉络，更清晰理解管理学的本质
	看电影，懂管理 刘文瑞　著	16部经典电影，带你感悟管理智慧	能够帮助读者放松身心，驰骋想象，在不知不觉中增长智慧
	管理：以规则驾驭人性 王春强　著	详细解读企业规则的制定方法	从人与人博弈角度提升管理的有效性
	打造集成供应链：走出挂一漏十的改善困境 王春强　著	详解集成供应链全过程	帮助企业优化供应链管理
	用好骨干员工：关键人才培养与激励 王　敏　著	系统化分享关键人才打造与激励方法	企业能实在用人的最大化价值
	改变世界的管理学大师1：管理学的前世今生 刘文瑞　编著	介绍了古典管理学时期的大师事迹和思想	深入了解管理大师们的思想和智慧
	成为企业欢迎的咨询师 张国祥　著	从调研到落地，手把手教你咨询流程	不走弯路，方便直接的学到老咨询师的套路
	员工心理学超级漫画版 邢　雷　著	以漫画的形式深度剖析员工心理	帮助管理者更了解员工，从而更轻松地管理员工
	老板有想法，高层有干法：企业中的将帅之道 王清华　著	深入剖析老板与高管的异同	各司其职，各行其是，相辅相成
	分股合心：股权激励这样做 段磊　周剑　著	通过丰富的案例，详细介绍了股权激励的知识和实行方法	内容丰富全面、易读易懂，了解股权激励，有这一本就够了
	边干边学做老板 黄中强　著	创业20多年的老板，有经验、能写、又愿意分享，这样的书很少	处处共鸣，帮助中小企业老板少走弯路

续表

通用管理	**成为敏感而体贴的公司** 王　涛　著	本书为作者对企业的观察和冥想的随笔记录。从生活中的一个现象入手，进而探索现象背后的本质	从全新角度认识公司
	中国企业的觉醒：正直　善良　成长 王　涛　著	围绕着企业人如何发生转化展开，对中国人、中国文化及由此导致的企业现状的观察和思考	企业除了要利润，还需要道德
	有意识的思考：轻松化解问题的7个思考习惯 王　涛　著	本书是对思想、思考过程、思考方式进行的细致观察	养成好的思考习惯，更深刻地看问题
	中国式阿米巴落地实践之从交付到交易 胡八一　著	本书主要讲述阿米巴经营会计，"从交付到交易"，这是成功实施了阿米巴的标志	阿米巴经营会计的工作是有逻辑关联的，一本书就能搞定
	中国式阿米巴落地实践之激活组织 胡八一　著	重点讲解如何科学划分阿米巴单元，阐述划分的实操要领、思路、方法、技术与工具	最大限度减少"推行风险"和"摸索成本"，利于公司成功搭建适合自身的个性化阿米巴经营体系
	中国式阿米巴落地实践之持续盈利 胡八一　著	把企业做成平台，企业才能做大（格局）；把平台做成阿米巴，企业才能做强（专业）；把阿米巴做成合伙制，企业才能做久（机制）	中国式阿米巴落地实践三部曲的最后一部，告诉你企业如何做大做强做久
	集团化企业阿米巴实战案例 初勇钢　著	一家集团化企业阿米巴实施案例	指导集团化企业系统实施阿米巴
	阿米巴经营的中国模式 李志华　著	让员工从"要我干"到"我要干"，价值量化出来	阿米巴在企业如何落地，明白思路了
	欧博心法：好管理靠修行 曾　伟　著	用佛家的智慧，深刻剖析管理问题，见解独到	如果真的有'中国式管理'，曾老师是其中标志性人物
	领导这样点燃你的下属 孟广桥　著	领导者如何才能让员工积极主动地工作？如何让你的员工和下属保持工作的热情，自动自发？看了这本书就知道	只要你希望手下的"兵将"永远充满工作的斗志，这本书将使你获益良多
流程管理	**1. 用流程解放管理者** **2. 用流程解放管理者2** 张国祥　著	中小企业阅读的流程管理、企业规范化的书	通俗易懂，理论和实践的结合恰到好处
	跟我们学建流程体系 陈立云　著	畅销书《跟我们学做流程管理》系列，更实操，更细致，更深入	更多地分享实践，分享感悟，从实践总结出来的方法论
	人人都要懂流程 金国华　余雅丽　著	当前各企业流程管理方面最为典型的痛点现象及问题案例	通俗易懂，适合企业全员阅读
质量管理	**IATF16949 质量管理体系详解与案例文件汇编：TS16949 转版 IATF16949：2016** 谭洪华　著	针对 IATF 的新标准做了详细的解说，同时指出了一些推行中容易犯的错误，提供了大量的表单、案例	案例、表单丰富，拿来就用
	五大质量工具详解及运用案例：APQP/FMEA/PPAP/MSA/SPC 谭洪华　著	对制造业必备的五大质量工具中每个文件的制作要求、注意事项、制作流程、成功案例等进行了解读	通俗易懂、简便易行，能真正实现学以致用
	ISO9001：2015 新版质量管理体系详解与案例文件汇编 谭洪华　著	紧密围绕 2015 年新版质量管理体系文件逐条详细解读，并提供可以直接套用的案例工具，易学易上手	企业质量管理认证、内审必备
	ISO14001：2015 新版环境管理体系详解与案例文件汇编 谭洪华　著	紧密围绕 2015 年新版环境管理体系文件逐条详细解读，并提供可以直接套用的案例工具，易学易上手	企业环境管理认证、内审必备

续表

质量管理	**ISO9001:2015 完整文件汇编:制造业** 贺红喜　著	按照 ISO9001 标准并超出标准的要求,提供了一套完整的制造业的质量管理体系文件	原汁原味完整收入,直接可以拿来就用
	SA8000:2014 社会责任管理体系认证实战 吕　林　著	作者根据自己的操作经验,按认证的流程,以相关案例进行说明 SA8000 认证体系	简单,实操性强,拿来就能用
	精益质量管理实战工具 贺小林　著	制造类企业日常工作中所需要的精益管理工具的归纳整理,并进行案例操作的细致分析	可以直接参考,实际解决生产中的具体问题
战略落地	**重生——中国企业的战略转型** 施　炜　著	从前瞻和适用的角度,对中国企业战略转型的方向、路径及策略性举措提出了一些概要性的建议和意见	对企业有战略指导意义
	公司大了怎么管:从靠英雄到靠组织 AMT 金国华　著	第一次详尽阐释中国快速成长型企业的特点、问题及解决之道	帮助快速成长型企业领导及管理团队理清思路,突破瓶颈
	低效会议怎么改:每年节省一半会议成本的秘密 AMT 王玉荣　著	教你如何系统规划公司的各级会议,一本工具书	教会你科学管理会议的办法
	年初订计划,年尾有结果:战略落地七步成诗 AMT 郭晓　著	7 个步骤教会你怎么让公司制定的战略转变为行动	系统规划,有效指导计划实现
人力资源	**HRBP 是这样炼成的之"菜鸟起飞"** 新　海　著	以小说的形式,具体解析 HRBP 的职责,应该如何操作,如何为业务服务	实践者的经验分享,内容实务具体,形式有趣
	HRBP 是这样炼成的之中级修炼 新　海　著	本书以案例故事的方式,介绍了 HRBP 在实际工作中碰到的问题和挑战	书中的 HR 解决方案讲究因时因地制宜、简单有效的原则,重在启发读者思路,可供各类企业 HRBP 借鉴
	HRBP 是这样炼成的之高级修炼 新　海　著	以故事的形式,展现了 HRBP 工作者在职业发展路上的层层深入和递进	为读者提供 HRBP 在实际工作中遇到种种问题的解决方案
	新任 HR 高管如何从 0 到 1 黄渊明　著	全景式展现新任高管华丽转身全过程	助力新任高管安全着陆
	HR 的劳动法内参 李皓楠　著	100 个劳动法案例和分析	轻松掌握劳动法知识,方便运用
	把面试做到极致:首席面试官的人才甄选法 孟广桥　著	作者用自己几十年的人力资源经验总结出的一套实用的确定岗位招聘标准、提升面试官技能素质的简便方法	面试官必备,没有空泛理论,只有巧妙的实操技能
	人力资源体系与 e－HR 信息化建设 刘书生　陈　莹　王美佳　著	将作者经历的人力资源管理变革、人力资源管理信息化咨询项目方法论、工具和成果全面展现给读者,使大家能够将其快速应用到管理实践中	系统性非常强,没有废话,全部是浓缩的干货
	回归本源看绩效 孙　波　著	让绩效回顾"改进工具"的本源,真正为企业所用	确实是来源于实践的思考,有共鸣
	世界 500 强资深培训经理人教你做培训管理 陈　锐　著	从 7 大角度具体细致地讲解了培训管理的核心内容	专业、实用、接地气

续表

人力资源	**曹子祥教你做激励性薪酬设计** 曹子祥　著	以激励性为指导,系统性地介绍了薪酬体系及关键岗位的薪酬设计模式	深入浅出,一本书学会薪酬设计
	曹子祥教你做绩效管理 曹子祥　著	复杂的理论通俗化,专业的知识简单化,企业绩效管理共性问题的解决方案	轻松掌握绩效管理
	把招聘做到极致 远　鸣　著	作为世界 500 强高级招聘经理,作者数十年招聘经验的总结分享	带来职场思考境界的提升和具体招聘方法的学习
	人才评价中心．超级漫画版 邢　雷　著	专业的主题,漫画的形式,只此一本	没想到一本专业的书,能写成这效果
	走出薪酬管理误区 全怀周　著	剖析薪酬管理的 8 大误区,真正发挥好枢纽作用	值得企业深读的实用教案
	集团化人力资源管理实践 李小勇　著	对搭建集团化的企业很有帮助,务实,实用	最大的亮点不是理论,而是结合实际的深入剖析
	我的人力资源咨询笔记 张　伟　著	管理咨询师的视角,思考企业的 HR 管理	通过咨询师的眼睛对比很多企业,有启发
	本土化人力资源管理 8 大思维 周　剑　著	成熟 HR 理论,在本土中小企业实践中的探索和思考	对企业的现实困境有真切体会,有启发
企业文化	**36 个拿来就用的企业文化建设工具** 海融心胜　主编	数十个工具,为了方便拿来就用,每一个工具都严格按照工具属性、操作方法、案例解读划分,实用、好用	企业文化工作者的案头必备书,方法都在里面,简单易操作
	企业文化建设超级漫画版 邢　雷　著	以漫画的形式系统教你企业文化建设方法	轻松易懂好操作
	华夏基石方法:企业文化落地本土实践 王祥伍　谭俊峰　著	十年积累、原创方法、一线资料,和盘托出	在文化落地方面真正有洞察,有实操价值的书
	企业文化的逻辑 王祥伍　著	为什么企业之间如此不同,解开绩效背后的文化密码	少有的深刻,有品质,读起来很流畅
	企业文化激活沟通 宋杼宸　安　琪　著	透过新任 HR 总经理的眼睛,揭示出沟通与企业文化的关系	有实际指导作用的文化落地读本
	在组织中绽放自我:从专业化到职业化 朱仁健　王祥伍　著	个人如何融入组织,组织如何助力个人成长	帮助企业员工快速认同并投入到组织中去,为企业发展贡献力量
	企业文化定位·落地一本通 王明胤　著	把高深枯燥的专业理论创建成一套系统化、实操化、简单化的企业文化缔造方法	对企业文化不了解,不会做?有这一本从概念到实操,就够了
生产管理	**精益思维:中国精益如何落地** 刘承元　著	笔者二十余年企业经营和咨询管理的经验总结	中国企业需要灵活运用精益思维,推动经营要素与管理机制的有机结合,推动企业管理向前发展
	300 张现场图看懂精益 5S 管理 乐　涛　编著	5S 现场实操详解	案例图解,易懂易学
	高员工流失率下的精益生产 余伟辉　著	中国的精益生产必须面对和解决高员工流失率问题	确实来源于本土的工厂车间,很务实
	车间人员管理那些事儿 岑立聪　著	车间人员管理中处理各种“疑难杂症”的经验和方法	基层车间管理者最闹心、头疼的事,‘打包’解决

续表

生产管理	**1. 欧博心法:好管理靠修行** **2. 欧博心法:好工厂这样管** 曾　伟　著	他是本土最大的制造业管理咨询机构创始人,他从 400 多个项目、上万家企业实践中锤炼出的欧博心法	中小制造型企业,一定会有很强的共鸣
	欧博工厂案例 1:生产计划管控对话录 **欧博工厂案例 2:品质技术改善对话录** **欧博工厂案例 3:员工执行力提升对话录** 曾　伟　著	最典型的问题、最详尽的解析,工厂管理 9 大问题 27 个经典案例	没想到说得这么细,超出想象,案例很典型,照搬都可以了
	工厂管理实战工具 欧博企管　编著	以传统文化为核心的管理工具	适合中国工厂
	苦中得乐:管理者的第一堂必修课 曾　伟　编著	曾伟与师傅大愿法师的对话,佛学与管理实践的碰撞,管理禅的修行之道	用佛学最高智慧看透管理
	比日本工厂更高效 1:管理提升无极限 刘承元　著	指出制造型企业管理的六大积弊;颠覆流行的错误认知;掌握精益管理的精髓	每一个企业都有自己不同的问题,管理没有一剑封喉的秘笈,要从现场、现物、现实出发
	比日本工厂更高效 2:超强经营力 刘承元　著	企业要获得持续盈利,就要开源和节流,即实现销售最大化,费用最小化	掌握提升工厂效率的全新方法
	比日本工厂更高效 3:精益改善力的成功实践 刘承元　著	工厂全面改善系统有其独特的目的取向特征,着眼于企业经营体质(持续竞争力)的建设与提升	用持续改善力来飞速提升工厂的效率,高效率能够带来意想不到的高效益
	3A 顾问精益实践 1:IE 与效率提升 党新民　苏迎斌　蓝旭日　著	系统的阐述了 IE 技术的来龙去脉以及操作方法	使员工与企业持续获利
	3A 顾问精益实践 2:JIT 与精益改善 肖志军　党新民　著	只在需要的时候,按需要的量,生产所需的产品	提升工厂效率
	化工企业工艺安全管理实操 黄　娜　编著	化工企业工艺安全管理全指导	帮助企业树立安全意识,强化安全管理方法
	手把手教你做专业的生产经理 黄　娜　著	物流、信息流、资金流,让生产经理管理有抓手	从菜鸟到能把控全局
员工素质提升	**TTT 培训师精进三部曲(上):深度改善现场培训效果** 廖信琳　著	现场把控不用慌,这里有妙招一用就灵	课程现场无论遇到什么样的情况都能游刃有余
	TTT 培训师精进三部曲(中):构建最有价值的课程内容 廖信琳　著	这样做课程内容,学员有收获培训师也有收获	优质的课程内容是树立个人品牌的保证
	TTT 培训师精进三部曲(下):职业功力沉淀与修为提升 廖信琳　著	从内而外提升自己,职业的道路一帆风顺	走上职业 TTT 内训师的康庄大道
	培训师,如何让你的事业长青:自我管理的 10 项法则 廖信琳　著	建立了一套完整的培训师自我管理体系,为培训师的职业成长与发展提供有益的指引	培训师如何在自己的职业道路上越走越高,事业长青,一直有所收获与成长? 本书将给你答案
	管理咨询师的第一本书:百万年薪　千万身价 熊亚柱　著	从问题出发,发现问题、分析问题、解决问题,让两眼一抹黑的新人快速成长	管理咨询师初入职场,让这本书开启百万年薪之路

续表

员工素质提升	**手把手教你做专业督导:专卖店、连锁店** 熊亚柱　著	从督导的职能、作用,在工作中需要的专业技能、方法,都提供了详细的解读和训练办法,同时附有大量的表单工具	无论是店铺需要统一培训,还是个人想成为优秀的督导,有这一本就够了
	跟老板“偷师”学创业 吴江萍　余晓雷　著	边学边干,边观察边成长,你也可以当老板	不同于其他类型的创业书,让你在工作中积累创业经验,一举成功
	销售轨迹:一位快消品营销总监的拼搏之路 秦国伟　著	本书讲述了一个普通销售员打拼成为跨国企业营销总监的真实奋斗历程	激励人心,给广大销售员以力量和鼓舞
	在组织中绽放自我:从专业化到职业化 朱仁健　王祥伍　著	个人如何融入组织,组织如何助力个人成长	帮助企业员工快速认同并投入到组织中去,为企业发展贡献力量
	企业员工弟子规:用心做小事,成就大事业 贾同领　著	从传统文化《弟子规》中学习企业中为人处事的办法,从自身做起	点滴小事,修养自身,从自身的改善得到事业的提升
	手把手教你做顶尖企业内训师:TTT培训师宝典 熊亚柱　著	从课程研发到现场把控、个人提升都有涉及,易读易懂,内容丰富全面	想要做企业内训师的员工有福了,本书教你如何抓住关键,从入门到精通
	28天速成文案高手 秦士安丽　著	解构优秀品牌和出彩文案背后的逻辑,28天循序渐进成为文案高手	让优质文案变成“智慧工厂”般的工序管理与稳定出品
	让投诉顾客满意离开:客户投诉应对与管理 孟广桥　著	立足于投诉处理的实践,剖析了不同投诉者投诉的特点和应对措施,并提供各种技巧方法、赢得客户信赖所需培养的品质修炼、处理投诉应掌握的法律法规等工具	是投诉处理人员适应岗位职能需要、提升工作技能的良师益友,是企业变诉为金、培养业务骨干的法宝

营销类:把客户需求融入企业各环节,提供“客户认为”有价值的东西

	书名．作者	内容/特色	读者价值
营销模式	**精品营销战略** 杜建君　著	以精品理念为核心的精益战略和营销策略	用精品思维赢得高端市场
	变局下的营销模式升级 程绍珊　叶　宁　著	客户驱动模式、技术驱动模式、资源驱动模式	很多行业的营销模式被颠覆,调整的思路有了!
	动销操盘:节奏掌控与社群时代新战法 朱志明　著	在社群时代把握好产品生产销售的节奏,解析动销的症结,寻找动销的规律与方法	都是易读易懂的干货!对动销方法的全面解析和操盘
	弱势品牌如何做营销 李政权　著	中小企业虽有品牌但没名气,营销照样能做的有声有色	没有丰富的实操经验,写不出这么具体、详实的案例和步骤,很有启发
	老板如何管营销 史贤龙　著	高段位营销16招,好学好用	老板能看,营销人也能看
	洞察人性的营销战术:沈坤教你28式 沈　坤　著	28个匪夷所思的营销怪招令人拍案叫绝,涉及商业竞争的方方面面,大部分战术可以直接应用到企业营销中	各种谋略得益于作者的横向思维方式,将其操作过的案例结合其中,提供的战术对读者有参考价值
	动销:产品是如何畅销起来的 吴江萍　余晓雷　著	真真切切告诉你,产品究竟怎么才能卖出去	击中痛点,提供方法,你值得拥有
	1000铁杆女粉丝 张兵武　著	连接是女性与生俱来的特质。能善用连接的营销人员,就像拿到打开女性荷包的钥匙	重新认识女性的传播力量
	360°谈营销:一位营销咨询师20年实战洞察 王清华　古怀亮　著	各个角度,全方位,多视点剥营销	思路单一,此书帮你破

续表

营销模式	**营销按钮:扣动一触即发的力量** 老　苗　著	提供各种奇形怪状的营销武器	一定会带给你不一样的思维震撼
	孙子兵法营销战 刘文新　著	逐句解读孙子兵法,以及在营销方面的感悟	帮助营销人用智慧打营销仗
销售	**资深大客户经理:策略准,执行狠** 叶敦明　著	从业务开发、发起攻势、关系培育、职业成长四个方面,详述了大客户营销的精髓	满满的全是干货
	大客户销售这样说这样做 陆和平　著	大客户销售十大模块68个典型销售场景应对策略和话术,直接拿来就用	从"为什么要这么干"到"干什么、怎么干"
	成为资深的销售经理:B2B、工业品 陆和平　著	围绕"销售管理的六个关键控制点"一一展开,提供销售管理的专业、高效方法	方法和技术接地气,拿来就用,从销售员成长为经理不再犯难
	销售是门专业活:B2B、工业品 陆和平　著	销售流程就应该跟着客户的采购流程和关注点的变化向前推进,将一个完整的销售过程分成十个阶段,提供具体方法	销售不是请客吃饭拉关系,是个专业的活计!方法在手,走遍天下不愁
	向高层销售:与决策者有效打交道 贺兵一　著	一套完整有效的销售策略	有工具,有方法,有案例,通俗易懂
	学话术　卖产品 张小虎　著	分析常见的顾客异议,将优秀的话术模块化	让普通导购员也能成为销售精英
组织和团队	**升级你的营销组织** 程绍珊　吴越舟　著	用"有机性"的营销组织替代"营销能人",营销团队变成"铁营盘"	营销队伍最难管,程老师不愧是营销第1操盘手,步骤方法都很成熟
	用数字解放营销人 黄润霖　著	通过量化帮助营销人员提高工作效率	作者很用心,很好的常备工具书
	成为优秀的快消品区域经理(升级版) 伯建新　著	用"怎么办"分析区域经理的工作关键点,增加30%全新内容,更贴近环境变化	可以作为区域经理的"速成催化器"
	成为资深的销售经理:B2B、工业品 陆和平　著	围绕"销售管理的六个关键控制点"一一展开,提供销售管理的专业、高效方法	方法和技术接地气,拿来就用,从销售员成长为经理不再犯难
	一位销售经理的工作心得 蒋　军　著	一线营销管理人员想提升业绩却无从下手时,可以看看这本书	一线的真实感悟
	快消品营销:一位销售经理的工作心得2 蒋　军　著	快消品、食品饮料营销的经验之谈,重点突出	来源于实战的精华总结
	销售轨迹:一位快消品营销总监的拼搏之路 秦国伟　著	本书讲述了一个普通销售员打拼成为跨国企业营销总监的真实奋斗历程	激励人心,给广大销售员以力量和鼓舞
	用营销计划锁定胜局:用数字解放营销人2 黄润霖　著	全方位教你怎么做好营销计划,好学好用真简单	照搬套用就行,做营销计划再也不头痛
	快消品营销人的第一本书:从入门到精通 刘　雷　伯建新　著	快消行业必读书,从入门到专业	深入细致,易学易懂
产品	**产品开发管理方法·流程·工具:从作坊式到规范化** 任彭枞　著	产品研发管理体系全指导	既有工具,又能开拓思路
	新产品开发管理,就用IPD(升级版) 郭富才　著	10年IPD研发管理咨询总结,国内首部IPD专业著作	一本书掌握IPD管理精髓

续表

产品	**这样打造大单品：案例 策略 方法** 迪智成咨询团队 著	囊括十三个不同行业、企业的实际案例，从不同角度详细剖析、总结了这些品牌厂家打造大单品的成功经验或者失败教训	厘清大单品打造的策划与路径，得出持续经营的思路与方法
	研发体系改进之道 靖 爽 陈年根 马鸣明 著	提出一套系统性的方法与工具	指引企业少走弯路，提高成功率
	资深项目经理这样做新产品开发管理 秦海林 著	以 IPD 为思想，系统讲解新产品开管理的细节	提供管理思路和实用工具
	产品炼金术Ⅰ：如何打造畅销产品 史贤龙 著	满足不同阶段、不同体量、不同行业企业对产品的完整需求	必须具备的思维和方法，避免在产品问题上走弯路
	产品炼金术Ⅱ：如何用产品驱动企业成长 史贤龙 著	做好产品、关注产品的品质，就是企业成功的第一步	必须具备的思维和方法，避免在产品问题上走弯路
品牌	**中小企业如何建品牌** 梁小平 著	中小企业建品牌的入门读本，通俗、易懂	对建品牌有了一个整体框架
	采纳方法：破解本土营销 8 大难题 朱玉童 编著	全面、系统、案例丰富、图文并茂	希望在品牌营销方面有所突破的人，应该看看
	中国品牌营销十三战法 朱玉童 编著	采纳 20 年来的品牌策划方法，同时配有大量的案例	众包方式写作，丰富案例给人启发，极具价值
	今后这样做品牌：移动互联时代的品牌营销策略 蒋 军 著	与移动互联紧密结合，告诉你老方法还能不能用，新方法怎么用	今后这样做品牌就对了
	中小企业如何打造区域强势品牌 吴 之 著	帮助区域的中小企业打造自身品牌，如何在强壮自身的基础上往外拓展	梳理误区，系统思考品牌问题，切实符合中小区域品牌的自身特点进行阐述
渠道通路	**深度分销：掌控渠道价值链** 施 炜 著	制造商通过掌控渠道价值链，将管理触角延伸至零售层面及顾客现场，对市场根部精耕细作，从而挖掘需求，构筑区域市场尤其是三四级市场的竞争壁垒	深度分销是中国企业对世界营销的独特贡献。实践证明，互联网时代深度分销仍有生命力
	快消品营销与渠道管理 谭长春 著	将快消品标杆企业渠道管理的经验和方法分享出来	可口可乐、华润的一些具体的渠道管理经验，实战
	传统行业如何用网络拿订单 张 进 著	给老板看的第一本网络营销书	适合不懂网络技术的经营决策者看
	采纳方法：化解渠道冲突 朱玉童 编著	系统剖析渠道冲突，21 个渠道冲突案例、情景式讲解，37 篇讲义	系统、全面
	学话术 卖产品 张小虎 著	分析常见的顾客异议，将优秀的话术模块化	让普通导购员也能成为销售精英
	向高层销售：与决策者有效打交道 贺兵一 著	一套完整有效的销售策略	有工具，有方法，有案例，通俗易懂
	通路精耕操作全解：快消品 20 年实战精华 周 俊 陈小龙 著	通路精耕的详细全解，每一步的具体操作方法和表单全部无保留提供	康师傅二十年的经验和精华，实践证明的最有效方法，教你如何主宰通路

管理者读的文史哲·生活

	书名．作者	内容/特色	读者价值
思想·文化	**德鲁克管理思想解读** 罗 珉 著	用独特视角和研究方法，对德鲁克的管理理论进行了深度解读与剖析	不仅是摘引和粗浅分析，还是作者多年深入研究的成果，非常可贵
	德鲁克与他的论敌们：马斯洛、戴明、彼得斯 罗 珉 著	几位大师之间的论战和思想碰撞令人受益匪浅	对大师们的观点和著作进行了大量的理论加工，去伪存真、去粗存精，同时有自己独特的体系深度

续表

思想·文化	**德鲁克管理学** 张远凤　著	本书以德鲁克管理思想的发展为线索,从一个侧面展示了20世纪管理学的发展历程	通俗易懂,脉络清晰
	王阳明"万物一体"论:从"身-体"的立场看(修订版) 陈立胜　著	以身体哲学分析王阳明思想中的"仁"与"乐"	进一步了解传统文化,了解王阳明的思想
	自我与世界:以问题为中心的现象学运动研究 陈立胜　著	以问题为中心,对现象学运动中的"意向性""自我""他人""身体"及"世界"各核心议题之思想史背景与内在发展理路进行深入细致的分析	深入了解现象学中的几个主要问题
	作为身体哲学的中国古代哲学 张再林　著	上篇为中国古代身体哲学理论体系奠基性部分,下篇对由"上篇"所开出的中国身体哲学理论体系的进一步的阐发和拓展	了解什么是真正原生态意义上的中国哲学,把中国传统哲学与西方传统哲学加以严格区别
	中西哲学的歧异与会通 张再林　著	本书以一种现代解释学的方法,对中国传统哲学内在本质尝试一种全新的和全方位的解读	发掘出掩埋在古老传统形式下的现代特质和活的生命,在此基础上揭示中西哲学"你中有我,我中有你"之旨
	治论:中国古代管理思想 张再林　著	本书主要从儒、法墨三家阐述中国古代管理思想	看人本主义的管理理论如何不留斧痕地克服似乎无法调解的存在于人类社会行为与社会组织中的种种两难和对立
	车过麻城　再晤李贽 张再林　著	系统全面而又简明扼要地展示了李贽独到的学术眼力和超拔的理论建树	帮助读者重新认识李贽的思想
	中国古代政治制度(修订版)上:皇帝制度与中央政府 刘文瑞　著	全面论证了古代皇帝制度的形成和演变的历程	有助于读者从政治制度角度了解中国国情的历史渊源
	中国古代政治制度(修订版)下:地方体制与官僚制度 刘文瑞　著	全面论证了古代地方政府的发展演变过程	有助于读者从政治制度角度了解中国国情的历史渊源
	中国思想文化十八讲(修订版) 张茂泽　著	中国古代的宗教思想文化,如对祖先崇拜、儒家天命观、中国古代关于"神"的讨论等	宗教文化和人生信仰或信念紧密相联,在文化转型时期学习和研究中国宗教文化就有特别的现实意义
	史幼波《大学》讲记 史幼波　著	用儒释道的观点阐释大学的深刻思想	一本书读懂传统文化经典
	史幼波《周子通书》《太极图说》讲记 史幼波　著	把形而上的宇宙、天地,与形而下的社会、人生、经济、文化等融合在一起	将儒家的一整套学修系统融合起来
	史幼波《中庸》讲记(上下册) 史幼波　著	全面、深入浅出地揭示儒家中庸文化的真谛	儒释道三家思想融会贯通
	梁涛讲《孟子》之万章篇 梁　涛　著	《万章》主要记录孟子与万章的对话,涉及孝道、亲情、友情、出仕为官等	作者的解读能帮助读者更好地理解孟子及儒学
	两晋南北朝十二讲(修订版) 李文才　著	作为一本普及性读物,作者尊重史实,运用"历史心理学"的叙事方法,分12个专题对两晋南北朝的历史进行阐述	让读者轻松了解两晋南北朝的历史
	每个中国人身上的春秋基因 史贤龙　著	春秋368年(公元前770-公元前403年),每一个中国人都可以在这段时期的历史中找到自己的祖先,看到真实发生的事件,同时也看到自己	长情商、识人心
	与《老子》一起思考:德篇 **与《老子》一起思考:道篇** 史贤龙　著	打通文史,回归哲慧,纵贯古今,放眼中外,妙语迭出,在当今的老子读本中别具一格	深读有深读的回味,浅尝有浅尝的机敏,可给读者不同的启发